LA BOÎTE À OUTILS DU DESIGN THINKING

Emmanuel Brunet

67 outils clés en main

+ 4 vidéos d'approfondissement

2e édition

DUNOD

Crédits iconographiques

Dessin de quatrième de couverture : Anne Monot

Illustrations et icônes dans le livre : © Rawpixel - Shutterstock ; © Parkjisun - Noun Project ; © Alena - Noun Project ; © ProSymbols - Noun Project ; © ibrandify - Noun Project ; © Olivia - Noun Project ; © iconixar - Noun Project ; © A. Stone - Noun Project ; © Rawpixel - Shutterstock ; © Philippe Devreuil Photographe de Meeting Villages ; © Fizkes - Shutterstock ; © Suzam Shrestha - Noun Project ; © PSD Graphics ; © Iakov Filimonov - Shutterstock ; © Jacob Lund – Shutterstock ; © klakov Filimonov - Shutterstock ; © Delwar Hossain – Noun Project ; © Vectors Market – Noun Project ; © bryan mcc – Noun Project ; © Illarion Gordon – Noun Project ; © Hunotika - Noun Project ; © Max Hancock - Noun Project ; © Adrien Coquet - Noun Project ; © LSE Designs - Noun Project ; © Travis Avery - Noun Project ; © Paisley - Noun Project ; © Mooncy - Shutterstock ; © Monkey Business Images - Shutterstock ; © Alfonso López-Sanz - Noun Project ; © Gérald Géronimi ; © FBianchi - Noun Project ; © Ben Davis - Noun Project ; © Monkey Business Images - Shutterstock ; ;© Pressmaster – Shutterstock ; © Aurélie Chadaine ; © Quentin Chevrier_ Makery ; © Grégory Montigny - Noun Project ; © Chanut is Industries - Noun Project ; © monkik - Noun Project ; © corpus delicti - Noun Project ; © Arthur Shlain - Noun Project ; © OliM - Noun Project ; © emma mitchell - Noun Project ; © James Smith - Noun Project ; © Philipp Petzka - Noun Project ; © Guillaume Oliver ; © Eko Purnomo - Noun Project ; © Nithinan Tatah - Noun Project ; © Ardhian Rama - Noun Project.

Mise en page : Belle Page
Création maquette intérieure et couverture : mokmok.agency

NOUS NOUS ENGAGEONS EN FAVEUR DE L'ENVIRONNEMENT :

PAPIER CERTIFIÉ

Nos livres sont imprimés sur des papiers certifiés pour réduire notre impact sur l'environnement.

Le format de nos ouvrages est pensé afin d'optimiser l'utilisation du papier.

Depuis plus de 30 ans, nous imprimons 70 % de nos livres en France et 25 % en Europe et nous mettons tout en œuvre pour augmenter cet engagement auprès des imprimeurs français.

Nous limitons l'utilisation du plastique sur nos ouvrages (film sur les couvertures et les livres).

11 rue Paul Bert, 92240 Malakoff
www.dunod.com

ISBN 978-2-10-085543-8

VOUS AUSSI, AYEZ LE RÉFLEXE

Boîte à outils

Des **outils classés** par dossiers thématiques

Une **présentation visuelle** de chaque outil

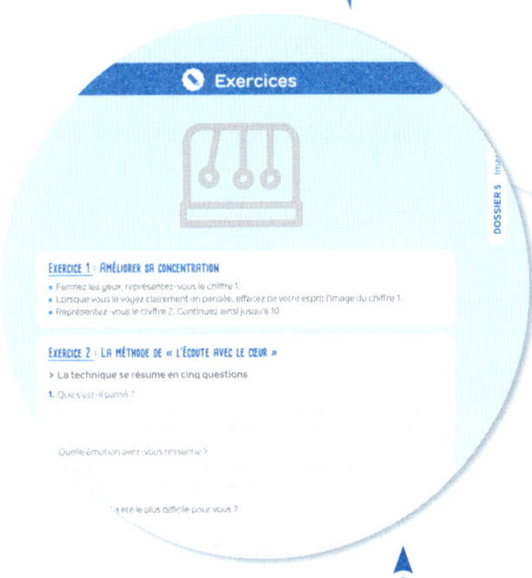

Des **exemples, cas ou exercices** pour approfondir

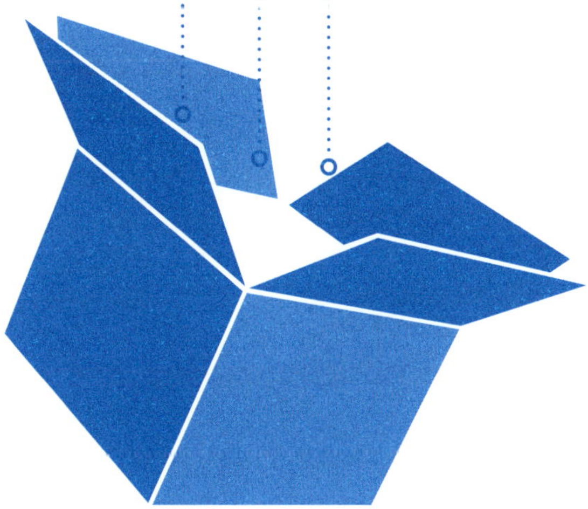

Remerciements

Pour cette 2e édition, il est temps pour moi de remercier toutes les personnes qui ont eu, de près ou de loin, une influence bénéfique sur ce livre.

Je voudrais remercier en premier lieu Laure Duclaud, éditrice d'acquisition chez Dunod et Sandrine Paniel, éditrice, pour leurs conseils toujours avisés, pertinents et bienveillants. Je suis très fier de proposer désormais 2 livres (celui-ci et *La boîte à outils de la Facilitation)* dans une collection aussi prestigieuse et respectée par la profession. C'est toujours un plaisir de continuer l'aventure...

Sans oublier Odile Marion, ancienne directrice éditoriale chez Dunod, qui a su reconnaître en moi, dès la première édition de ce livre en 2019, cette incroyable envie de transmettre et de diffuser le Design Thinking à un public le plus large possible.

Merci à Élise Tissier, directrice de Bpifrance Le Lab, pour avoir accepté instantanément de rédiger la préface. Nous avons la même vision et ambition d'apporter plus d'humanité au futur.

Un coup de chapeau à Anne Monot, l'illustratrice de la quatrième de couverture de ce livre pour son enthousiasme sans fin et sa capacité à mettre en image les pensées les plus compliquées... en un tour de main. N'hésitez pas à la contacter si vous recherchez une facilitatrice graphique de talent.

Un merci tout particulier à chacune des personnes interviewées dans les « Cas d'entreprise ». Vous avez apporté à ces pages toute la valeur de l'expérience que vous avez vécue grâce au Design Thinking. Je vous souhaite d'en récolter les fruits au quotidien et pendant longtemps.

Merci à mes clients qui croient en l'Institut du Design Thinking chaque jour et tout au long des ateliers, animations et formations que je mets en place avec eux, qu'ils travaillent pour de grandes organisations privées ou publiques, des associations ou des PME. Leurs besoins réels et nos expériences partagées m'ont permis de nourrir le contenu de ce livre et de l'améliorer avec cette 2e édition, que vous tenez dans les mains.

Et enfin, merci à vous, chers lecteurs, de me faire confiance en lisant ce livre. J'espère de tout mon cœur que les quelques heures que nous passerons ensemble vous aideront à stimuler votre esprit d'innovation. Je l'ai écrit en pensant à vous afin de satisfaire aussi bien les novices que les plus aguerris au Design Thinking. J'ai même réalisé cette nouvelle édition en Design Thinking justement, dans le but d'être encore plus proche de votre soif de connaissances et vos envies de pratiquer ce processus. J'ai écouté les nombreux retours des lecteurs français, belges, suisses ou même d'encore plus loin : États-Unis, Maroc, Canada, Inde ou encore Éthiopie... C'est fou comme un simple livre peut avoir une portée si large !

Je vous laisse mon adresse e-mail pour que vous puissiez m'envoyer vos commentaires à propos des outils que vous avez utilisés, sur les éventuelles améliorations que vous leur avez apportées (car aucun outil n'est figé et chacun pourra amener les modifications nécessaires aux caractéristiques de son projet et de ses participants). Envoyez-moi aussi des photos prises lors de vos ateliers et mises en pratique. Restons connectés et prolongeons l'expérience même après la lecture de ce livre.

Belle immersion dans le Design Thinking !

Emmanuel Brunet
Cofondateur de l'Institut du Design Thinking
emmanuel@institut-design-thinking.com

Préface

« On a toujours fait comme ça », « Pourquoi changer? »... Tout dirigeant ou tout manager est régulièrement confronté à ces deux remarques.
C'est encore plus vrai dans une organisation où les choses ont plutôt l'air de bien se passer.
La question « pourquoi changer? » devient plus cruciale : pourquoi changer si tout va bien?
Or, le monde dans lequel les organisations évoluent laisse peu de chance à celles qui ne sont pas en capacité de s'adapter rapidement aux nouvelles exigences du consommateur/usager. L'adaptation, la capacité à se remettre en cause sans nier le passé, l'agilité, la volonté d'aller de l'avant, sont des éléments clés dans le monde d'aujourd'hui. Et au cœur de cet impératif d'innovation, il y a des hommes et des femmes. Je suis fascinée à quel point les bouleversements économiques et sociétaux que nous vivons touchent toutes les organisations, petites ou grandes, publiques ou privées. Et pour chacune se pose la même question « comment faire adhérer les équipes au changement? ». Celui qui décide a envie d'imposer ses ambitions et son rythme, mais dans les faits, les vrais décideurs, ce sont les hommes et les femmes qui décident de s'engager. La meilleure façon de faire adhérer est d'impliquer les équipes dans le processus de génération des idées.
Le Design Thinking en est une réponse, quel que soit le métier. Quand une personne a réalisé pendant longtemps le même métier, sans qu'on ne lui ait jamais demandé son avis, il est difficile de passer à un monde où son avis compte. Débrider la créativité, oser les idées nouvelles, qu'elles paraissent banales ou folles, sont permises par le Design Thinking.
Contrairement à une idée reçue, le Design Thinking ne sert pas qu'aux entreprises technologiques. Ce n'est pas non plus une succession de réunions inutiles qui ne mobilisent que les directions informatique, marketing ou innovation de l'entreprise.
Les avantages du Design Thinking sont nombreux, tant pour les consommateurs/usagers qui sont les bénéficiaires finaux, que pour les collaborateurs qui y voient une nouvelle façon de s'impliquer et peuvent y trouver un sens nouveau par rapport à leurs missions traditionnelles.
Le Design Thinking est une méthode pour développer l'innovation. Pour être bien utilisée et donc efficace, elle exige du travail et de l'apprentissage. D'où cet ouvrage qui s'adresse à toute personne s'intéressant au Design Thinking et voulant l'utiliser. Réalisé sous forme de fiches pratiques, il permet à chacun de bien comprendre en quoi consiste le Design Thinking, et de s'y reporter chaque fois qu'il en a besoin.
Le Design Thinking est accessible à tous. Il est simple, ludique et créatif. Il permet de créer un état d'esprit différent du quotidien, et de lutter contre les préjugés qui contrarient la créativité et nuisent à l'innovation. Alors n'hésitez plus, ouvrez ce guide pratique. Bonne lecture!

Élise Tissier
Directrice de Bpifrance Le Lab
Le laboratoire d'idées au service des PME françaises

Avant-propos

> «
>
> Si nous commençons à nous concentrer sur nous-mêmes au lieu de nous concentrer sur nos clients, ce sera le début de la fin.
>
> Jeff Bezos, fondateur d'Amazon

Le Design Thinking (ou la Pensée Visuelle) est une méthode centrée sur l'humain avec pour but de créer de l'innovation en réduisant les risques et les incertitudes. Elle puise sa force dans la manière de penser en intégrant le plus tôt possible les besoins réels des utilisateurs/clients/collaborateurs, les faisabilités techniques et la viabilité du projet. De grandes entreprises utilisent le Design Thinking pour proposer en permanence de nouveaux produits ou services innovants, pour moderniser leur façon de penser ou pour développer le travail collaboratif, dans le but d'améliorer leur performance. Le Design Thinking est désormais utilisé et approuvé par de nombreuses organisations (services publics, associations, PME...) en France et dans le monde. Même les entrepreneurs, intrapreneurs et créateurs d'associations ou d'entreprises s'y mettent avec succès.
Ce livre a pour but de démocratiser les concepts de l'innovation par le Design Thinking pour le plus grand nombre, et d'aider toute personne ou organisation à être plus innovante, apprenante et collaborative, résolument tournée vers l'empathie et l'humain.

La naissance du Design Thinking

Si le Design Thinking semble nouveau, il est surtout la somme de techniques développées par plusieurs entités dès les années 1950. À cette époque, le publicitaire américain Alex Osborn mettait déjà au point des méthodes de brainstorming au sein de son agence. Tout s'accélère vraiment en 1973, lorsque Robert McKim, professeur à l'université de Stanford, publie *Experiences in Visual Thinking*. Il y explique la résolution d'un problème en l'abordant avec une approche visuelle et globale.
Dans les années 1980, lors d'un cours à Stanford, Rolf Faste évoque les besoins de l'utilisateur et la notion d'une approche multidisciplinaire. Il définit alors pour la première fois les bases du Design Thinking.
En 1991, David M. Kelley crée l'agence d'innovation IDEO et démocratise, avec Tim Brown, le Design Thinking pour l'appliquer à toutes formes d'organisations.

Pour qui ?

Cette méthode et ces outils sont destinés à tous ceux qui souhaitent lancer ou améliorer un produit, un service, un espace, une expérience client ou collaborateur, un site Internet ou une application ou de l'organisationnel, en partant d'une idée ou d'un simple ressenti, mais aussi à ceux qui veulent insuffler un nouvel état d'esprit collaboratif à leur organisation ou leurs équipes.

Comment faire pour que ça marche ?

Le Design Thinking n'est pas une baguette magique qui effacerait tout le travail à faire et changerait les mentalités en quelques instants. C'est surtout l'apprentissage d'un état d'esprit positif, basé sur l'humain, la confiance, la co-création et l'amélioration continue. Il nécessite, comme toute nouvelle méthode, du travail et une implication sans faille de toutes les personnes concernées, des porteurs de projet et des dirigeants de l'organisation.

Pour quels bénéfices ?

Grâce au Design Thinking, vous découvrirez des méthodes de réflexion où toute idée est potentiellement une idée utile, peut-être même une future poule aux œufs d'or... Mais surtout, et c'est le vrai « plus » du Design Thinking, vous comprendrez que vos clients ne sont plus des données statistiques sur un tableur. Considérez-les comme de vrais humains, avec leurs problèmes, leurs envies, leurs idées pour vous faire avancer et surtout leurs propres manières de penser.

Le Design Thinking amène naturellement plus d'empathie envers les utilisateurs finaux, mais aussi entre les membres de l'équipe projet, véritable argument de QVT (qualité de vie au travail) d'une organisation. Travailler en Design Thinking change le quotidien de tous et perdure même après le projet. Il donne l'opportunité de travailler entre toutes les cultures, les sexes, les opinions politiques, les religions et les orientations. Pendant mes ateliers, j'ai vu des Ukrainiens travailler avec des Russes, des stagiaires avec des seniors, des sourds avec des non-sourds, des membres de CODIR avec des personnes déscolarisées...

Vous le voyez, le Design Thinking n'est pas qu'une méthode, c'est surtout un état d'esprit ! Attendez-vous à ce que vos équipes et vous-même changiez de manière de penser pour devenir plus performants, plus innovants, plus créatifs, plus libres de proposer des solutions et surtout plus à l'écoute de l'autre car c'est là que se trouve la réponse... Le changement positif et empathique est en marche !

Sommaire des vidéos

Certains dossiers sont accompagnés de vidéos, accessibles par QR codes, qui complètent, développent ou illustrent le propos :

- Le processus du Design Thinking (outil 3)
- Le parcours client (outil 28)
- Le World Café (outil 40)
- Le business model canvas (outil 60)

Sommaire

1

DOSSIER

Les fondamentaux du Design Thinking

“

Les dirigeants devraient encourager les expérimentations et accepter qu’il n’y ait rien de mal à échouer tant que cela se produit tôt et devient une source d’apprentissage.

Tim Brown

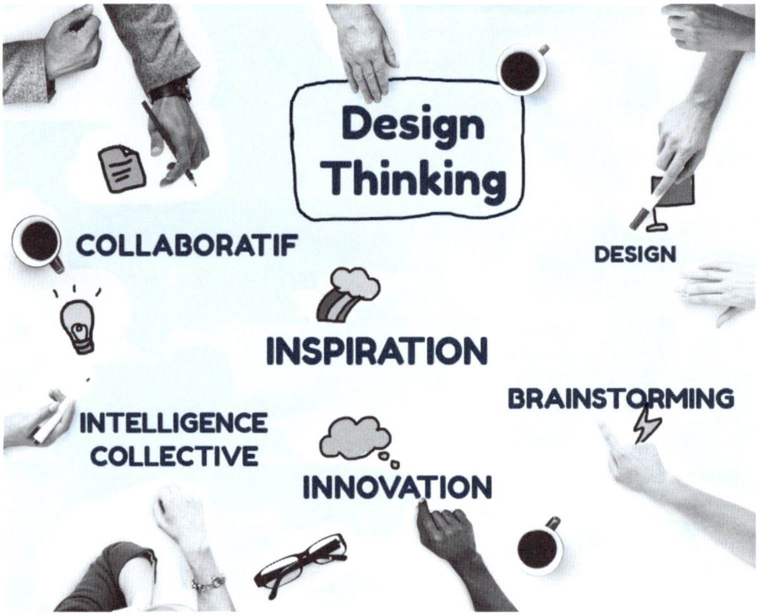

La première partie de ce dossier est consacrée au cœur du sujet : le processus de Design Thinking. Envisagez ce processus comme une lumière dans le tunnel parfois obscur de l'innovation et non comme une contrainte. Les outils proposés tout au long de ce livre sont à utiliser en fonction de votre projet, équipe, budget et temps imparti. C'est pourquoi je vous conseille de lire chaque dossier avant de vous lancer dans la phase dédiée. Vous pourrez ainsi sélectionner les outils appropriés pour votre projet et même les personnaliser.

Une méthode stimulatrice d'innovation

Le Design Thinking rend définitivement hors-jeu les brainstormings infructueux et les longues réunions qui ne débouchent sur rien. Basées exclusivement sur le « Learning by doing », c'est-à-dire apprendre en faisant, les réunions sont désormais remplacées par des ateliers (ou « Workshop »), où l'on co-construit ensemble en avançant toujours un peu plus vers l'objectif final.

L'outil collaboratif et de co-création idéal

L'attrait pour le Design Thinking est aussi lié à deux problématiques toujours plus présentes dans les entreprises et les organisations : le travail collaboratif (mieux faire travailler les équipes ensemble) et la co-création (collaboration active des clients et collaborateurs dans le cycle de création de produits, services, processus, lieux…). Le processus de Design Thinking inclut d'emblée ces deux éléments pour faire participer et interagir un maximum de parties prenantes tout au long de l'élaboration du projet.

Le Design Thinking pour différents besoins

Les trois derniers outils de ce dossier abordent trois manières spécifiques de réaliser des actions de Design Thinking, en fonction de votre projet et de vos besoins : but organisationnel, but prospectif ou une action de Design Thinking menée sur 4 jours (Design Sprint).

Les outils

Outil 1

Dans quel cas utiliser le Design Thinking ?

> *Le commencement est beaucoup plus que la moitié de l'objectif.*
>
> Aristote

En quelques mots

Le Design Thinking répond à un **besoin d'innovation** de la part des organisations et des clients ou usagers. En innovation classique, la solution parfaite est la **réunion de trois facteurs** : l'envie réelle de votre client d'utiliser et/ou d'acheter votre solution (**désirable**), la rentabilité économique du projet (**viable**) et la capacité technique à pouvoir le concevoir (**constructible**). En Design Thinking, on ajoute le critère **Innovation4Good**, c'est-à-dire une part importante de créer quelque chose dans l'intérêt des clients. Le Design Thinking est donc lié en permanence à l'envie d'aider l'autre.

L'INNOVATION « CLASSIQUE » PAR RAPPORT AU DESIGN THINKING

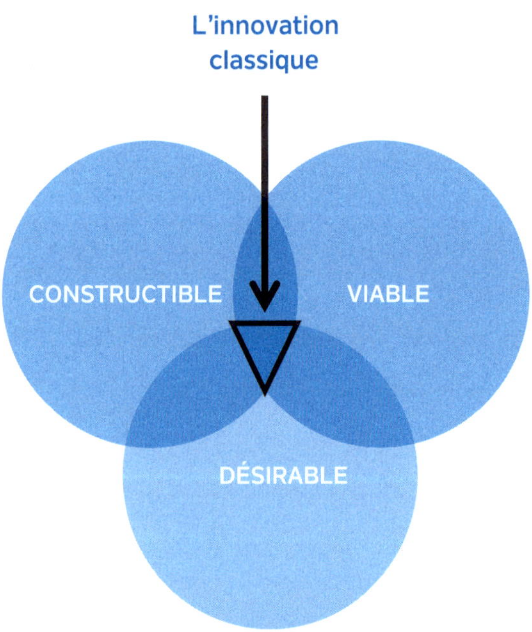

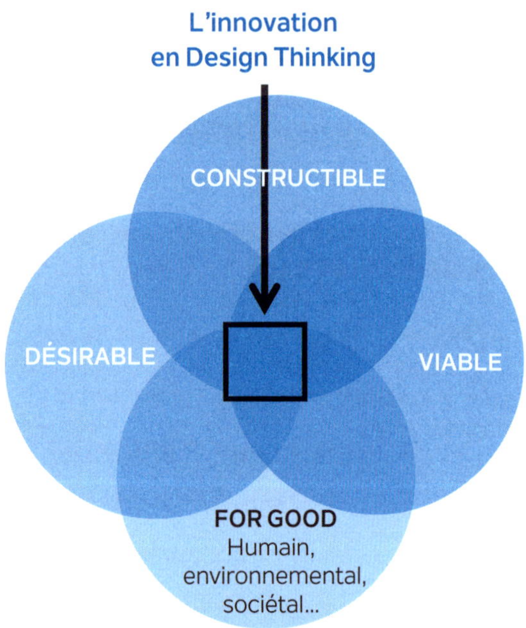

? POURQUOI L'UTILISER ?

Objectif

Le Design Thinking a pour but d'innover et de réduire les incertitudes grâce à l'écoute de l'utilisateur final.
Cela permet de minimiser les risques de produire une innovation qui ne répond à aucune demande ou besoin réels.

Contexte

Le Design Thinking apporte une innovation forte, collaborative et maîtrisée pour toute organisation, entreprise, service public, mais aussi PME, TPE ou auto-entrepreneur désirant mettre en place un changement bénéfique pour ses clients ou futurs clients.

COMMENT L'UTILISER ?

Étapes

Chaque projet étant unique, voici quelques affirmations qui confirmeront que le déploiement de votre idée est compatible avec le Design Thinking.

1. Votre projet ou votre idée est à destination d'utilisateurs, clients, usagers.
Cet utilisateur ressent un manque, il n'est pas totalement épanoui, il a un problème à résoudre.

2. Votre projet sera développé à plusieurs : équipe projet, collègues, clients, fournisseurs ou même juste un groupe d'amis si vous travaillez en solo.

3. Vous n'avez aucune idée préconçue concernant le résultat de votre travail. Seul l'avenir vous dira si votre idée est bien **désirable, constructible, viable et *ForGood*.**

4. Vous souhaitez insuffler un vent d'innovation dans votre projet et votre équipe.

C'est donc le début d'une passionnante aventure qui vous mènera plus loin que vous ne l'imaginez !

Méthodologie et conseils

Voici trois exemples de projets réels, développés en mettant l'humain au centre :

- Le groupe hôtelier AccorHotels voulait redonner vie à ses halls d'accueil, souvent vides et sans âme. En utilisant le Design Thinking, ils ont transformé le lobby de leurs hôtels en espaces conviviaux pour les clients et non-clients (corner de vente de produits locaux et design, espace de co-working, lieu évènementiel...).
- Starbucks est passé de quelques magasins à 30 000 points de vente en observant et en demandant à ses clients et non-clients ce qu'ils recherchaient en entrant dans leur coffee-shop. La réponse n'avait rien à voir avec le café !
  Les gens voulaient simplement un lieu de détente à l'atmosphère feutrée où l'on pourrait travailler comme chez soi.
  C'est pour cela que les tables sont petites et rondes : elles évitent l'impression de solitude que pourrait avoir une personne seule à une table.
- Des ingénieurs spécialisés en conception de machines IRM ont collé des stickers sur leurs machines et dans la salle car ils ont découvert que l'expérience ressentie était stressante et aseptisée. Ils ont alors créé une fabuleuse Aventure Pirate avec un scénario dédié, dans le but de déstresser les petits patients mais aussi leurs parents et le personnel soignant.

Avant de vous lancer...

✓ **Le Design Thinking propose de trouver la solution innovante parfaite pour concevoir ou améliorer un objet, un service, une organisation humaine, un espace (de travail ou de vie, par exemple), une expérience client, un site Internet, une application mobile, un processus interne... voire des projets personnels (événementiels, familiaux, associatifs...).**

Outil 2

L'état d'esprit du Design Thinking

> *Une équipe créative doit disposer du temps, de l'espace et du budget nécessaires pour commettre des erreurs.*
>
> Tim Brown

En quelques mots

Mettre en marche un processus de Design Thinking est une **excellente manière d'initier un changement d'esprit** dans une organisation. Il n'est pas rare de commencer par **tester la méthode** sur un projet d'envergure réduite ou ne nécessitant pas beaucoup d'investissements afin d'avoir un **premier retour** dans les plus brefs délais et, voyant que les résultats sont positifs et que l'état d'esprit des équipes a évolué en bien, de déployer le Design Thinking à tout un service voire à toute l'organisation… en ayant toujours en tête que **l'on ne sait rien** et que **la solution provient de l'utilisateur**.

PENSER EN SE METTANT À LA PLACE DE L'UTILISATEUR

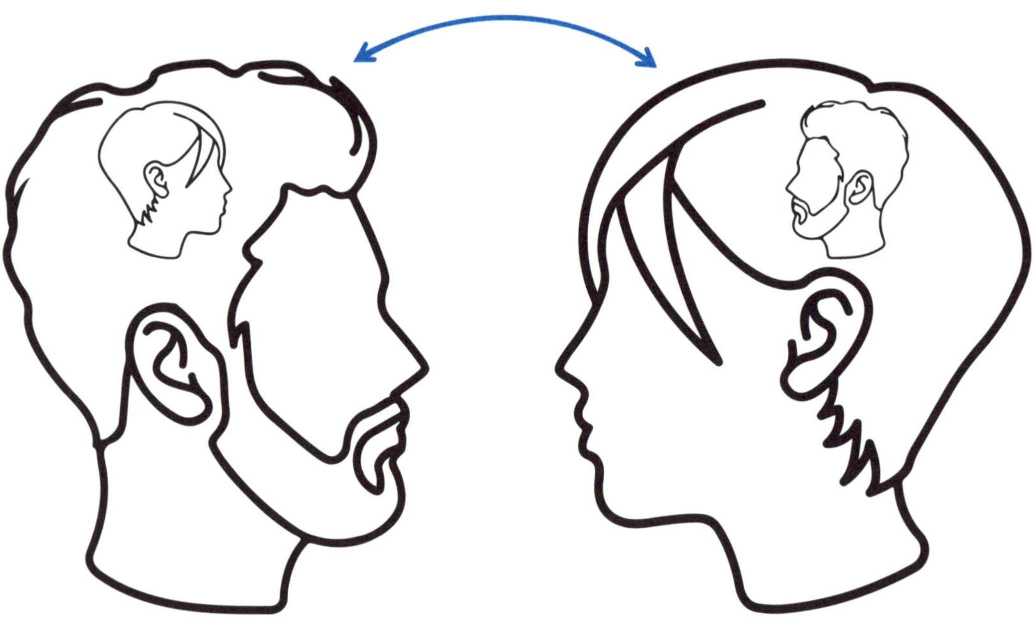

POURQUOI L'UTILISER ?

Objectif

Insuffler un état d'esprit positif, créatif, collaboratif, transversal et tourné vers l'humain permet de donner un véritable sens au travail de chacun. En effet, grâce au Design Thinking, on ne travaille plus essentiellement pour ses responsables, sa Direction ou ses actionnaires..., mais pour l'utilisateur final. Ceci change radicalement la donne dans une société en quête de sens et de motivation.

Contexte

En découvrant que la méthode Design Thinking libère les esprits de toutes contraintes créatives, les équipes prennent très vite en main le processus afin d'innover et de développer plus sereinement leurs projets de manière plus autonome.

COMMENT L'UTILISER ?

Étapes

L'état d'esprit du Design Thinking pourrait se résumer ainsi :

1. Préférer la pratique à la théorie : « faire » plutôt « qu'apprendre à faire ».

2. Avoir le droit à l'erreur : c'est grâce à ce droit essentiel que les idées les plus innovantes peuvent émerger sans peur.

3. Faire est mieux que parfaire : nous verrons qu'il ne sert à rien, dans un premier temps, de trop parfaire votre solution car une marche arrière totale en cas d'insatisfaction de l'utilisateur serait alors une pure perte de temps.

4. Expliquer en dessinant plutôt qu'en parlant, car un dessin ou même un gribouillage vaut mieux qu'un long discours.

5. S'appuyer sur des valeurs humaines en étant empathique et en essayant de penser comme le client.

6. Rester le plus clair possible, dans les productions et dans les explications.

7. Privilégier l'expérimentation afin de tester chaque solution le plus rapidement possible.

8. Collaborer, grâce à l'intelligence collective, pour faire émerger des points de vue très variés.

9. « Oui, et... » plutôt que « Non, mais... » : en acceptant les idées des autres et en les améliorant plutôt qu'en les rejetant et en imposant les vôtres.

Méthodologie et conseils

Parfois, certaines personnes ont plus de mal avec le précepte du « Oui, et... » plutôt que « Non, mais... ». Ne paniquez pas, les outils développés dans ce livre aideront chacun à progresser à son rythme vers l'état d'esprit recherché.

Une question importante revient lorsque je rencontre de futurs clients : « Cette méthode est-elle plus rapide et moins chère que nos méthodes actuelles ? ». J'ai l'habitude de répondre que la rapidité vient naturellement après une première expérience. En prenant le temps de bien réaliser chaque partie du processus, on gagne un temps incroyable lors du lancement du projet, lorsque les équipes sont sûres de sa désirabilité, constructibilité et viabilité.

Concernant le budget, il est toujours préférable de se tromper le plus vite possible et de changer de trajectoire plutôt que de s'enfoncer, sans s'en rendre compte, dans une solution qui ne plaira pas aux clients, après 6 mois ou 1 an de travail acharné.

Avant de vous lancer...

- ✓ **Le Design Thinking est une manière de travailler autrement, plus en profondeur et en efficacité.**
- ✓ **Les meilleurs résultats ne se déclenchent que lorsque l'état d'esprit centré vers l'humain est pleinement intégré par toute l'équipe.**

Outil 3

Le processus en double diamant du Design Thinking

“ *Le design peut aider à améliorer nos vies dans le présent. Le Design Thinking peut nous aider à tracer la voie de l'avenir.*

Tim Brown

En quelques mots

Si vous avez déjà déployé une **démarche d'innovation** dans votre organisation, vous l'avez peut-être effectuée de façon linéaire, comme le management classique d'un projet (démarrage, planification, exécution, vérification, livraison). Le processus de Design Thinking est différent : **ses 5 étapes semblent linéaires** mais il est tout à fait possible de **faire marche arrière** pour **répéter certaines étapes** si besoin. Le but étant de toujours proposer une solution en phase avec le marché et les utilisateurs finaux, d'éviter les risques d'échec et de vous différencier de la concurrence.

UN PROCESSUS PAR DIVERGENCE ET CONVERGENCE, EN 5 ÉTAPES

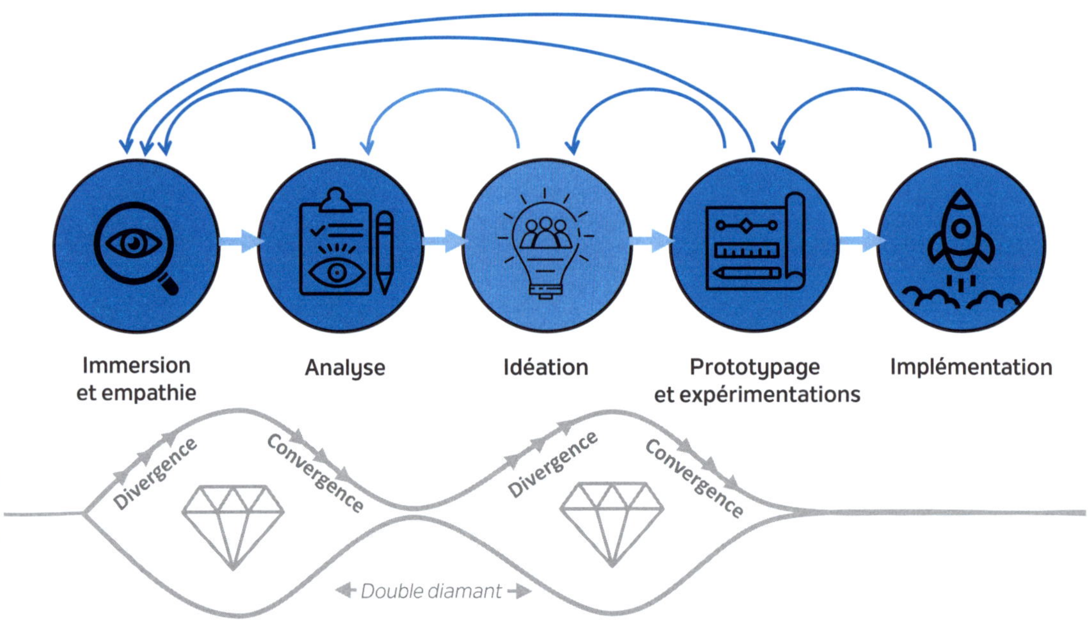

http://dunod.link/aft3jdy

POURQUOI L'UTILISER ?

Objectif

L'état d'esprit du Design Thinking accepte le droit à l'erreur. En adoptant ce processus, vous effectuerez ce que l'on appelle du « Test and Learn » permanent, à savoir essayer de nombreuses possibilités et apprendre en permanence de vos succès mais aussi de vos erreurs.

Contexte

Le double diamant est une succession de deux périodes de divergence puis convergence. Pour la divergence, on part du principe que l'on ne sait plus rien et que l'on va tout apprendre. Pour la convergence, l'équipe projet prend des décisions en les sélectionnant et les priorisant. La notion de diamant vient de sa forme ascendante et descendante, visible sur le visuel de gauche.

COMMENT L'UTILISER ?

Étapes

Voici les 5 étapes du Design Thinking :

1. Immersion et empathie : la base du processus, celle par qui tout va se jouer ensuite. C'est un moment privilégié d'écoute et de recueil de données auprès de vos utilisateurs, futurs clients et experts.

2. Analyse : une fois les parties prenantes rencontrées, cette deuxième étape (dite de convergence) permet de rassembler, exploiter et prioriser les informations utiles au projet. Une synthèse précise conclut cette phase et donne le cap à suivre.

3. Idéation : une des phases préférées des participants, qui permet de lâcher prise pour proposer toutes les idées qui leur passent par la tête. Cette étape se termine par une priorisation des idées. Il est important de noter que l'on ne commence à partager ses idées et à trouver des solutions qu'après avoir rencontré les utilisateurs (phase d'immersion et empathie) et synthétisé leurs besoins (phase d'analyse), sans quoi la phase Idéation ne serait tournée que vers l'équipe projet et non les utilisateurs.

4. Prototypage et expérimentations : un moment de co-construction passionnant ! On commence à façonner notre solution avec les mains et avec différents matériaux, très simples pour commencer, puis de plus en plus sophistiqués au fur et à mesure de la confirmation du bien-fondé de nos idées par nos utilisateurs finaux lors d'entretiens dédiés. C'est ainsi que l'on implique de futurs clients ou utilisateurs dans la résolution du problème et que l'on diminue les risques.

5. Implémentation : dernière phase du processus, elle est souvent oubliée ou tout simplement mal réalisée alors qu'elle est essentielle au lancement, puis à la mise sur orbite d'un projet viable et durable.

Méthodologie et conseils

Le processus illustré sur la page ci-contre se lit de gauche à droite. Les flèches matérialisent un possible retour en arrière vers une ou plusieurs phases à la fois. Cette action de revenir sur une étape s'appelle **itération** et est nécessaire lorsque l'on s'aperçoit que le projet fait fausse route ou que l'on a besoin de plus d'informations ou de données. Un projet de Design Thinking peut donc inclure une ou de nombreuses itérations. N'hésitez pas à revenir sur vos pas si vous avez besoin de préciser ou améliorer quoi que ce soit.

Avant de vous lancer...

- ✓ **Soyez en permanence conscient du processus et de l'endroit exact où vous en êtes.**
- ✓ **Si besoin, gardez le visuel du processus sous les yeux ou affichez-le dans la salle de travail.**

Outil 4

Les 10 règles du Design Thinking

> “
> *Il n'y a de vent favorable que pour celui qui sait où il va.*
>
> Sénèque

En quelques mots

Vous l'avez peut-être déjà remarqué : **empathie, intelligence collaborative, brainstorming, utilisateur final, état d'esprit positif, prototypage** sont des expressions qui reviendront tout au long de votre aventure Design Thinking. Et ce ne seront pas les seules ! En guise de boussole qui vous fera garder le bon cap, voici **10 règles à respecter en permanence** pour être au mieux de votre créativité et réussir votre démarche d'innovation. Ces principes sont valables pendant toutes les phases du Design Thinking et je vous souhaite même de les développer sur d'autres sujets…

10 RÈGLES INCONTOURNABLES

- N'ayez pas peur du jugement
- Encouragez les idées folles
- Trompez-vous tôt et souvent
- Construisez vos idées à partir de celles des autres
- Restez visuel

- Restez centré sur l'usager
- Restez concentré sur le sujet
- Une seule conversation à la fois
- Recherchez la quantité
- Sachez où vous en êtes dans le processus

POURQUOI L'UTILISER ?

Objectif

Grâce à ces 10 règles très simples, vous pourrez approfondir au maximum l'état d'esprit du Design Thinking et optimiser tout travail de groupe.

Contexte

Rien n'est plus difficile que d'apprendre à utiliser correctement une nouvelle démarche ou méthode car nous devons tous faire face à notre résistance au changement. Sachez juste une chose : vous pouvez connaître sur le bout des doigts l'ensemble des outils de ce livre, si vous et votre équipe projet n'adhérez pas à ces règles simples, votre projet risque de connaître bien des déboires...

COMMENT L'UTILISER ?

Étapes

1. N'ayez pas peur du jugement des autres : chaque idée, même farfelue au premier abord, est une innovation potentielle.

2. Encouragez les idées folles : c'est souvent d'une idée étonnante que naît une innovation.

3. Trompez-vous tôt et souvent : grâce aux nombreuses itérations du processus, vous pouvez imaginer diverses options et les tester tout de suite auprès des utilisateurs finaux. Plus vous testerez votre projet et moins vous aurez d'incertitudes.

4. Construisez vos idées à partir de celles des autres : les nombreux outils de ce livre vous aideront à développer l'intelligence collective de votre équipe.

5. Restez visuel : préférez dessiner ou modéliser plutôt qu'expliquer longuement afin d'éviter que chacun ne se fasse sa propre représentation.

6. Restez centré sur l'usager/l'utilisateur/le client : c'est en le connaissant pleinement que vous vous mettrez à penser comme lui.

7. Restez concentré sur le sujet, en évitant les digressions.

8. Une seule conversation à la fois : on évite de couper la parole ou de prendre part à des conversations croisées entre participants. Chacun doit avoir le même niveau d'information que les autres.

9. Recherchez la quantité : ayez de grandes quantités de données à exploiter, beaucoup d'idées à proposer lors des brainstormings et plusieurs options à montrer à vos clients finaux lors du prototypage.
Plus vous aurez le choix et meilleure sera l'issue.

10. Sachez où vous en êtes dans le processus : ayez toujours en tête la phase du Design Thinking que vous êtes en train d'explorer.
Il arrive parfois qu'à force d'itérations, certains membres de l'équipe (surtout s'ils n'ont pas été présents pendant l'entièreté du processus) ne sachent plus vraiment à quelle phase se vouer.
Remettez-vous toujours dans le contexte.

Méthodologie et conseils

Tout au long de votre aventure Design Thinking, évitez aussi les formules telles qu'« On l'a déjà fait et ça n'a pas marché ».
Effectivement, cela n'a pas fonctionné dans un cas précis, mais c'est peut-être aussi parce que vous n'avez pas étudié ou laissé une chance à toutes les possibilités.
Dans ce cas, préférez rebondir avec un « Oui, et... on pourrait faire/créer/ajouter/organiser/imaginer... ».

Avant de vous lancer...

- ✓ Ces 10 règles doivent devenir, pour vous et votre équipe, des réflexes permanents.
- ✓ Rappelez-les dès que nécessaire, notamment lorsque le groupe dévie ou commence à prendre de mauvaises habitudes.

Outil 5 Une équipe multidisciplinaire

> “
> *Toi, plus moi, plus eux, plus tous ceux qui le veulent...*
>
> Grégoire

En quelques mots

Le processus de Design Thinking est un processus clair et défini mais l'essentiel de votre réussite repose sur la **capacité à faire travailler ensemble des personnes d'horizons différents**. Plus la **multidisciplinarité** de votre groupe de travail sera forte, et plus votre projet répondra exactement aux attentes de votre utilisateur final. Il en est de même pour générer un grand nombre d'idées : plus les participants seront différents (et donc complémentaires) par leurs expériences, leur vécu, leur âge, leur poste dans l'organisation... et plus les idées seront multiples, protéiformes et exploitables.

UNE ÉQUIPE AUX CARACTÈRES VOLONTAIREMENT DIFFÉRENTS

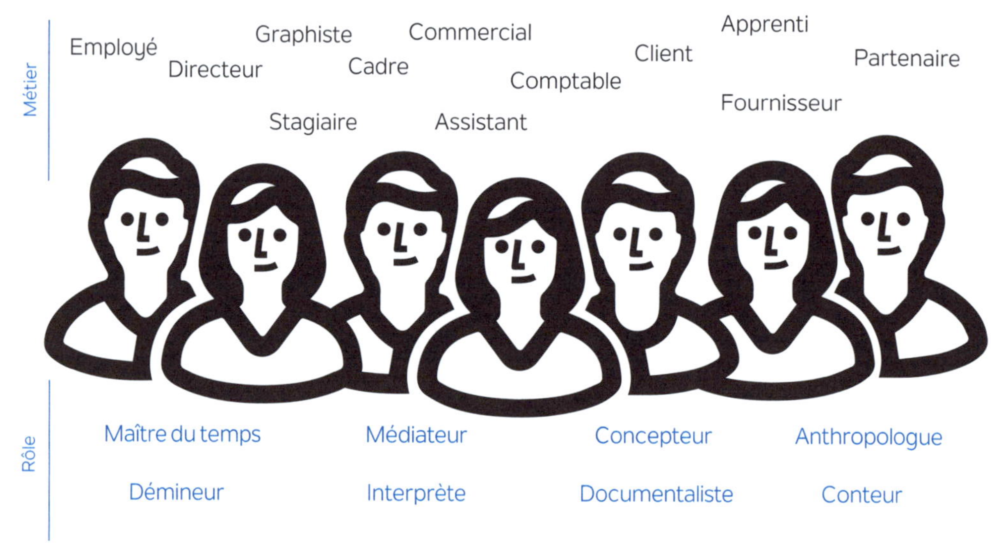

POURQUOI L'UTILISER ?

Objectif

S'appuyer sur une équipe projet (aussi appelée *Task Force* ou *Core Team*) aux différentes facettes permet de mieux développer l'empathie envers les utilisateurs finaux, d'apprendre et de se nourrir en permanence de l'expérience et du vécu des autres, d'apporter un regard neuf sur la problématique, de multiplier les façons de penser et de réfléchir et enfin d'améliorer la cohésion de l'équipe.

Contexte

Le noyau dur de l'équipe, c'est-à-dire les personnes qui développeront le projet Design Thinking du début à la fin, se compose habituellement de 5 à 8 personnes.

Vous pourrez ensuite faire converger temporairement d'autres personnes au fur et à mesure de l'avancement, des outils utilisés et de vos besoins.

COMMENT L'UTILISER ?

Étapes

1. Si vous travaillez dans une **grande structure** (entreprise de plus de 50 collaborateurs, agence, institution, etc.), impliquez dans le projet les personnes qui auront à gérer directement votre futur projet et/ou qui seront directement impactées par celui-ci (chef de projet, chargé de marketing, directeur, comptable, commercial, stagiaire...), voire quelques clients actuels.

2. Si vous êtes **indépendant** ou travaillez dans une **petite structure**, mettez toute la force de vos équipes sur ce projet Design Thinking et/ou impliquez des clients, des prospects, des fournisseurs ou même des amis dans le processus.

L'objectif étant d'avoir une large variété de personnalités et d'expertises.

Méthodologie et conseils

Une équipe composée de personnes aux caractères différents apportera un bien meilleur résultat. Il est donc important de bien choisir les personnes qui participeront à votre projet Design Thinking.

Par exemple, les groupes de travail de projets très technologiques ont tendance à négliger le nombre de femmes. Or, une étude effectuée par l'université de Cambridge, associée à des chercheurs de l'Institut Pasteur et de l'université Paris Diderot, confirme que les femmes sont psychologiquement plus empathiques que les hommes.

On ira aussi chercher des gauchers qui ont, en général, une manière différente d'aborder la phase d'idéation que les droitiers.

Enfin, pensez à bien inclure des collaborateurs qui sont en relation directe avec vos clients actuels (vendeurs, conseillers, hotlineurs, personnel d'accueil, serveurs, dépanneurs...), car ce sont eux les vrais experts de la connaissance clients.

Naturellement, ils ont tendance à proposer des idées réalistes tout en faisant remonter les futurs problèmes.

Avant de vous lancer...

- ✓ **N'hésitez pas à inclure des personnalités qui ne connaissent pas du tout le projet, elles interviendront ponctuellement et de façon impartiale et non biaisée.**
- ✓ **Certaines personnalités peuvent très bien se rendre disponibles pendant la phase d'idéation ou de prototypage sans être disponibles pendant l'ensemble du processus. Il faudra alors veiller à bien recontextualiser à chaque nouvelle étape pour les nouveaux arrivants.**

Outil 6 Un espace modulable

> “ L'esprit occupe à chaque instant tout l'espace dont il dispose.
>
> Jean Paulhan

En quelques mots

Dans votre salle de réunion ou dans un tout autre endroit ? Assis, debout ? En grand groupe, en petits groupes ou en solo ? Le Design Thinking est un peu tout ça à la fois… Et le **lieu** où se déroule votre projet Design Thinking est aussi **important** à son bon déroulement. Il influence directement **l'état d'esprit, l'humeur et le lâcher-prise** de votre équipe. S'il est mal agencé, les informations ne pourront pas circuler correctement, au risque de biaiser les décisions. On se dit souvent qu'une salle de réunion va faire l'affaire mais ce n'est pas toujours si simple…

UN LIEU POUR DE MULTIPLES UTILISATIONS

POURQUOI L'UTILISER ?

Objectif

L'espace que vous utilisez pour réaliser votre projet de Design Thinking doit être perçu par les participants comme une « aire de jeu » pour adultes (rappelez-vous qu'il faut savoir rester sérieux sans se prendre au sérieux). Il doit donc y avoir suffisamment de place autour des tables pour pouvoir se lever, se déplacer, imaginer des solutions, jouer la comédie, réfléchir en étant tous debout autour d'un même objet... sans être contraint de se faufiler entre le mur et la table.
Plus l'endroit sera perçu comme positif et plus il stimulera la créativité.

Contexte

Pendant les phases d'immersion et d'empathie, d'idéation et de prototypage, et si vous faites intervenir de nouveaux participants, faites les travailler sur des sujets ou des thèmes différents par groupe de 5 ou 6 personnes. Chaque groupe occupera une table.

COMMENT L'UTILISER ?

Étapes

1. Veillez à ce que la salle de Design Thinking soit suffisamment grande pour que chacun ait la liberté de dessiner sur une feuille posée sur la table, de s'exprimer en étant debout, de débattre en groupe, de faire un jeu de rôle, de coller des notes adhésives sur les murs, sur les fenêtres, d'utiliser un paperboard...

2. On y mettra évidemment des chaises mais on peut aussi ajouter un canapé, des tabourets ou des poufs pour proposer aux équipes des postures différentes tout au long de la journée.
Le corps a besoin de changer de position pour réfléchir sur la longueur.

3. Faites place nette sur les murs pour que les groupes puissent y coller des feuilles blanches et des Post-it.
S'il n'y a pas assez d'espaces sur les murs, on peut amener de grands panneaux amovibles, l'objectif étant d'avoir de grandes surfaces sur lesquelles travailler en groupe avec suffisamment de recul.

4. Assurez-vous qu'il n'y aura pas de bruit persistant pendant les moments de réflexion (travaux à côté, réunion bruyante dans une salle mitoyenne...).

Méthodologie et conseils

Préparez bien votre salle en amont pour ne pas faire perdre de temps aux participants.
Faites évoluer la disposition des tables en fonction de l'outil utilisé (formation de petits groupes ou groupe entier) et n'hésitez pas à casser les groupes constitués naturellement par affinités en mixant les personnalités et les expertises diverses afin de mieux faire travailler l'esprit collaboratif.
Certaines organisations préfèrent réaliser leurs projets Design Thinking en dehors de leurs locaux habituels. Et elles ont raison !
Le fait de s'échapper du train-train du bureau permet notamment de libérer la créativité de chacun de toute contrainte.
Votre projet aura aussi quelques petits airs de séminaires hors les murs bien souvent appréciés...
Sachez qu'il existe désormais des salles dédiées à la créativité et au Design Thinking, louables à l'heure. Vous y trouverez généralement les conditions optimales à la réflexion et tout le matériel nécessaire sur place.

Suite outil 6 →

Avant de vous lancer...

- ✓ **N'oubliez pas de couper toute distraction comme les sonneries de téléphone et les jingles de notifications.**

Un espace modulable

COMMENT ÊTRE PLUS EFFICACE ?

Et si le vrai luxe était d'avoir sa propre salle de créativité dans vos locaux ? Un endroit permettant un véritable lâcher-prise, une parenthèse de bonne humeur… En résumé, un lieu idéal pour créer, imaginer, tester, pour oser des solutions encore jamais proposées, pour assumer de se tromper pour mieux avancer !

Le bon endroit, la bonne décoration

Au préalable, il est essentiel de trouver le bon endroit pour installer votre salle de créativité. Vous pouvez « recycler » une salle de réunion mais sachez qu'elle doit être située à un endroit qui ne dérangera pas les collaborateurs aux alentours avec les éventuels bruits de fonds émis par les participants. La pièce doit être suffisamment grande pour que les participants puissent se lever, faire le tour des tables, travailler en groupe entier et petits groupes…

Une fois le lieu trouvé, place à la décoration ! Pour la couleur des murs et du mobilier, deux écoles s'affrontent : couleurs flashy ou pastel en fonction de vos goûts.

Côté mobilier, évitez les tables lourdes et difficiles à bouger. Optez pour des tables pliantes que vous pourrez remiser rapidement dans un coin quand vous aurez besoin de tout l'espace. Idem pour les chaises qui pourront s'empiler facilement.

Si le lieu le permet, un côté de la pièce peut être moins formel. Composé de poufs, d'un canapé et d'une table basse par exemple, il n'est pas rare que les équipes y travaillent encore mieux que du côté « formel ».

Avoir le matériel nécessaire en temps voulu

Une salle de créativité se doit de répondre à toutes les nécessités matérielles. Sans oublier les habituels vidéoprojecteurs et paperboards, vous devez proposer aux participants bon nombre de fournitures pour développer leur créativité et stimuler la phase de prototypage :

- Pour dessiner : crayons à papier, feutres, tubes de peinture et de colle, du papier de toutes les couleurs… et des tonnes de Post-it !
- Pour prototyper rapidement (le dossier 5 vous aidera à choisir le type de prototype adapté à votre projet), vous aurez besoin de fournitures comme des feutres, de la pâte à modeler, des briques de construction, de l'argile…

Il n'est pas rare de voir toutes ces fournitures suspendues au mur grâce à des crochets ou à disposition dans de grandes boîtes en plastique transparent que les participants prendront soin de ranger après chaque session.

Un challenge à relever ensemble ?

Et si la conception de votre salle de créativité était l'affaire de tous ? Insufflez un esprit collaboratif à vos équipes en leur proposant de définir l'agencement de votre future salle. Vous commencerez alors, mine de rien, votre tout premier projet de Design Thinking tous ensemble !

Cas d'entreprise

Chantal Jouanno et Meeting Villages

Chantal Jouanno, dynamique entrepreneuse issue d'une carrière de cadre supérieure dans un grand groupe, est la fondatrice de Meeting Villages, un lieu d'accueil (un cocon comme elle aime le raconter) composé de 13 espaces dédiés à la créativité, à l'innovation et à l'échange. Meeting Villages bouscule les habitudes des salles de réunion ternes et sans vie en proposant des espaces lumineux et du mobilier totalement modulable.

Pourquoi fait-on appel à vous ?

« Les entreprises voulant développer leurs innovations recherchent un lieu en dehors de leurs locaux, plus proche d'une atmosphère de bien-être, sans la pression quotidienne. Un peu comme si les collaborateurs étaient à la maison.

Elles veulent permettre au projet et à l'organisation en elle-même d'avancer plus favorablement, avec plus d'écoute et de bienveillance, en sortant des codes de l'entreprise. Mon rôle n'est pas que de proposer une salle et des crayons : il est de conseiller la meilleure configuration modulable dans le meilleur des cadres afin de stimuler l'imagination et le collaboratif. »

Quelle est l'importance de sortir de son cadre habituel pour innover ?

« Les sociétés que nous accompagnons se rendent compte qu'il y a un vrai effet positif. Les tensions s'atténuent, la créativité est encouragée par l'échange et la chaleur humaine.

De manière naturelle, les participants lâchent leur mobile et leur ordinateur pour se recentrer sur l'humain. Et ils s'étonnent eux-mêmes de ce qu'ils ont été capables de produire en une journée, ensemble. »

Un conseil pour ceux qui se lancent dans le Design Thinking ?

« Avoir une approche collaborative, ce n'est pas seulement « prendre une salle de réunion ». C'est choisir un lieu qui va booster le moral des équipes et créer une synergie opérant sur le fond et sur la forme. »

Outil 7 Du POC au MVP jusqu'au MAP

> « Les détails font la perfection et la perfection n'est pas un détail.
>
> Léonard de Vinci

En quelques mots

Derrière ces acronymes se cachent trois termes anglais qui résument parfaitement l'avancée progressive et certaine de vos projets en Design Thinking. Un **POC** est une idée matérialisée à l'oral ou avec juste « trois bouts de ficelles », le **MVP** correspond au **Produit Minimum Viable (*Minimum Viable Product*)**, tandis que le **MAP** désigne le **Produit Minimum Impressionnant (*Minimum Awesome Product*)**. Popularisés par Steve Blank et Éric Ries, ces deux derniers termes symbolisent la différence entre un projet tout juste au point pour être testé et un projet suffisamment au point pour être vendu.

D'UNE IDEE À UN PROJET « QUI FONCTIONNE » JUSQU'À UN PROJET « QUI PLAÎT »

POC 1

Créons une application mobile d'annonces immobilières, très simple et intuitive à utiliser.

Plutôt que de donner les prix au mois, on pourrait les présenter à la semaine et proposer divers moyens de paiements et d'échéances.

POC 2

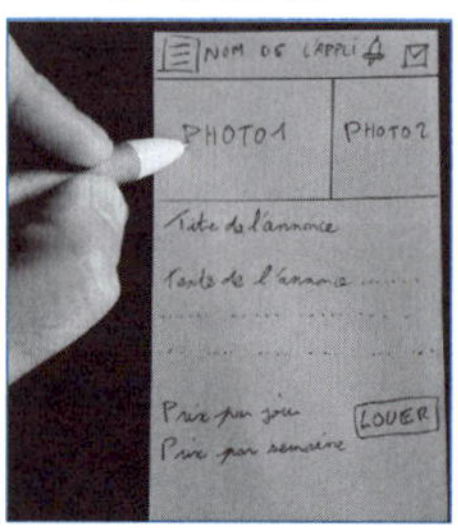

MVP

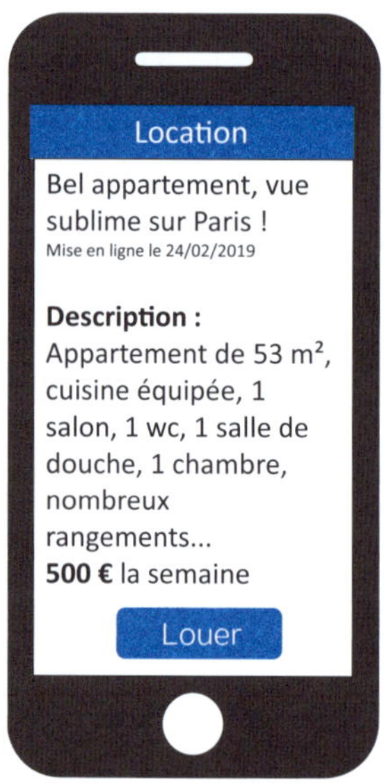

MAP

POURQUOI L'UTILISER ?

Objectif

Différencier l'idée d'un prototype viable (c'est-à-dire celui qui fonctionne suffisamment pour être utilisé correctement) d'un prototype parfait (celui suffisamment abouti pour se démarquer des concurrents et qui donne satisfaction aux clients), prêt à être mis sur le marché.

Contexte

Dans un contexte concurrentiel accru, vous ne pouvez plus vous permettre de proposer un MVP sous peine de donner une mauvaise première impression et de faire fuir l'utilisateur, surtout si vous concevez un projet technologique.

COMMENT L'UTILISER ?

Étapes

1. À force d'itérations et de POC (des prémices d'idées proposées à l'oral ou gribouillées ou construites avec du matériel de récupération et à peu de frais), vous allez créer naturellement votre **MVP**.

2. En fonction de la concurrence et des attentes plus ou moins élevées de vos futurs utilisateurs, **vous enjoliverez votre MVP** pour qu'il devienne un **MAP optimal**, prêt pour le marché.

3. S'il n'y a pas de concurrence et que vous proposez quelque chose de vraiment innovant, alors **votre prototype final sera un MVP** qui pourra se permettre d'être de moindre qualité, du moins dans un premier temps.

Méthodologie et conseils

Dorénavant, les consommateurs s'attendent à un minimum de qualité de la part des produits qu'ils achètent ou qu'ils testent, même s'ils sont proposés gratuitement. On le voit aisément sur les avis laissés sur l'App Store ou Google Play où, même si l'application est gratuite, les utilisateurs n'hésitent pas à lui mettre un avis négatif… et n'espérez pas qu'ils vous donneront une seconde chance de sitôt !

Il faut donc chercher à donner, le plus rapidement possible, la meilleure expérience.
On parle alors, pour un projet technique comme un site ou une appli, de rapidité, de design, de fonctionnalités pour rivaliser avec vos concurrents. La qualité de votre MAP dépend donc du contexte concurrentiel.

Prenons un exemple : imaginons que vous souhaitez lancer une appli mobile de location d'appartements de vacances dans votre ville. La concurrence étant déjà très forte avec Airbnb ou Abritel, vous ne pouvez pas lancer un projet viable avec juste votre MVP. En effet, le public est déjà habitué à une certaine qualité de design et à certaines fonctionnalités qui, de fait, deviennent vos fonctionnalités minimales de référence. Qui aurait l'idée de lancer ce genre de service sans proposer la fonction de mettre en favori les appartements que l'on apprécie le plus pour les retrouver plus tard, ou le fait de pouvoir converser avec le propriétaire directement sur le site ?

Si vous lancez votre projet trop tôt sur le marché, sans ces fonctionnalités « de base », vous arriverez peut-être à attirer de premiers prospects sur votre site ou votre appli, mais ils repartiront rapidement et vous oublieront tout aussi vite car vous n'aurez pas répondu à leurs besoins essentiels.

Avant de vous lancer…

✓ **Votre étude approfondie de la concurrence vous aidera à délimiter les besoins minimums de votre MAP.**

Outil 8 — Être facilitateur Design Thinking, en présentiel ou distanciel

> “Pour aider quelqu'un, l'aider vraiment, il faut prendre des risques, mettre sa tranquillité en danger.
>
> Dominique Muller

En quelques mots

Si vous avez ce livre entre les mains, c'est peut-être que vous serez amené, à court ou à moyen terme, à faciliter des sessions de travail en Design Thinking. Pas de panique : tout est sous contrôle si vous suivez ces **quelques règles et conseils à propos de l'éthique et du rôle du facilitateur.** Un facilitateur n'est ni un animateur de séminaires, ni un influenceur, mais plutôt un accoucheur d'idées. Soyez le ou la bienvenue dans ce monde qui éveille beaucoup d'interrogations, de curiosité, de malentendus parfois. Mais vous verrez, vous ne le regretterez pas!

L'ÉTHIQUE DU FACILITATEUR

Garant des règles et de l'état d'esprit du Design Thinking

Laisse les participants trouver les solutions qu'ils estiment être les meilleures

Ne sélectionne pas, ne réinterprète pas, ni ne modifie les idées et les propositions

Sait se rendre visible aux bons moments et invisible quand le groupe n'a pas besoin de lui

Donne le rythme et le ton de l'atelier

Donne des encouragements sincères

Humilité, Humanité, Humour

Sérieux, sans se prendre au sérieux

POURQUOI L'UTILISER ?

Objectif

La facilitation répond à un code d'éthique et de bonne conduite à suivre et à maintenir pendant toute l'aventure, à savoir aussi bien avant, que pendant ou après l'atelier. Le facilitateur doit garantir, en priorité et en permanence, un environnement de travail sécurisé et inclusif qui permet d'effacer la hiérarchie, les ego et les guerres de pouvoir. Pour le facilitateur : un seul but à atteindre : développer l'empathie et conduire le groupe du mieux possible jusqu'à son objectif!

Mais avant cela, il faut trouver le parfait sujet à travailler en Design Thinking, à savoir un sujet complexe dont on ne connaît pas l'issue, les solutions, le plan d'action… à l'avance, un sujet qui inclut plusieurs parties prenantes car nous aurons besoin de l'expérience, de l'expertise et des contraintes de chacune d'elles, mais aussi celles des membres de l'équipe projet et des futurs utilisateurs.

Contexte

Vous lirez parfois, ici et là, qu'il n'est recommandé de cumuler la fonction de chef de projet *et* de facilitateur afin de ne pas être trop impliqué sur le sujet. D'après mon expérience, cette double casquette peut tout à fait être utilisée de la manière suivante : vous aurez le rôle de facilitateur quand, debout, vous exposerez les consignes, et vous serez un participant comme les autres, quand vous serez assis à la table de travail avec les autres collaborateurs.

COMMENT L'UTILISER ?

Quels points d'éthiques et de postures

1. Le facilitateur est toujours le garant des règles et de l'état d'esprit du Design Thinking. Commencez l'aventure en expliquant les règles, les 5 phases que les participants vont vivre et l'état d'esprit recherché (surtout si l'équipe projet n'est pas habituée à travailler de la sorte).

2. Laissez les participants trouver les solutions qu'ils estiment être les meilleures, ainsi que leur propre manière de les concrétiser dans le plan d'action. Pas de sélection d'idées, pas de réinterprétation ou de modification des propositions ou des mots prononcés par les participants. Si vous le faites, cette action est, à raison, mal perçue par les participants et les amènera à penser qu'ils se font manipuler, que les jeux étaient faits d'avance.

3. Le facilitateur sait se rendre visible au bon moment (les consignes, l'ambiance, l'aide ponctuelle…) et invisible quand le groupe n'a pas besoin de lui.

Méthodologie et conseils

Les participants attendent que vous leur donniez le rythme et le ton de l'atelier, que vous soyez leur moteur et leur boussole dans l'immensité de leur réflexion. Votre dynamisme est visible en permanence et surtout communicatif. Vos encouragements sincères, à chaque grande étape ou après avoir pratiqué un outil important, seront appréciés et confirment au groupe qu'il est sur la bonne voie. Donnez toute votre énergie et le meilleur de vous-même à chaque instant.

Suite outil 8 →

Avant de vous lancer…

- **On pourrait résumer l'éthique de la facilitation par la règle du « Hum, Hum, Hum » : Humilité, Humanité, Humour.**
- **La seconde règle à avoir toujours en tête est « Sérieux, sans se prendre au sérieux ». Et cela fonctionne aussi bien pour le facilitateur que pour les participants.**

Suite outil

8 Être facilitateur Design Thinking, en présentiel ou distanciel

COMMENT ÊTRE PLUS EFFICACE ?

Faciliter en distanciel n'est vraiment pas une chose aisée, surtout si on débute ! Il faudra donc passer un peu plus de temps à préparer votre intervention, à déposer les canevas et templates de travail dans l'outil en ligne et surtout vous entraîner en amont, dans les conditions du réel, pour éviter toutes déconvenues techniques et toute perte de repères.

Quelques conseils pour faciliter à distance

En plus de demander davantage de concentration et d'écoute, la facilitation à distance n'autorise aucun amateurisme : donner des consignes imprécises, vous tromper d'outils ou laisser les participants « seuls » les amènera vers une certaine anxiété qui pourrait perturber les échanges et le bon déroulé de votre session de travail.

- Vérifiez en amont si la plateforme que vous allez utiliser n'est pas bloquée par les pare-feu de votre organisation et celle des participants. Si c'est le cas, changez-en.
- Positionnez-vous idéalement devant votre écran, vérifiez que la luminosité et le son sont parfaits. Plutôt que de regarder votre écran, regardez plutôt la caméra quand vous vous adressez aux participants.
- Si vous êtes débutant ou avez tendance à stresser, optez pour la co-facilitation. Une autre personne pourra alors reprendre la main en cas de déconnexion ou pour clarifier des consignes.
- Établissez des règles de bonne conduite encore plus fermes qu'en présentiel, notamment concernant la fermeture des micros quand on ne parle pas et la déconnexion totale de toute forme de stimulus parasites (e-mails, notifications, famille…).
- … et gardez le sourire quoi qu'il arrive !

Différentes plateformes pour différents niveaux de facilitation

- **Klaxoon.com :** voici un outil très grand public, très visuel et coloré qui permet d'être acteurs des ateliers Design Thinking mais aussi de conférences ou séminaires en utilisant un ordinateur portable, Smartphone ou tablette. Au programme : questions ouvertes, nuages de mots, sondages d'opinion, brainstormings collaboratifs… C'est un outil très simple pour débuter en tant que facilitateur car il intègre directement les principaux canevas et tableaux de notre processus.
- **Mural.com et Miro.com :** ces 2 sites offrent une très large palette d'outils et de possibilités, plutôt destinés à des facilitateurs déjà aguerris à l'exercice. Considérés comme des solutions tout-en-un, ce sont de grands tableaux blancs, extensibles à volonté. Ils incluent une centaine de canevas et de tableaux prêts à utiliser ainsi que des ice-breakers bien sympathiques pour commencer une session de travail.

Ces 3 outils sont gratuits puis payants mais restent très bon marché quand on sait le temps qu'ils vont vous faire gagner et leur praticité d'utilisation. Avec le forfait au prix le plus élevé, il est même possible d'utiliser l'outil de visioconférence intégré (son et webcam) ce qui évite de jongler en permanence entre 2 solutions (par exemple Teams et Mural).

Une fois l'atelier terminé, l'ensemble du travail est enregistré au format JPG ou PDF pour être partagé, exploité, prolongé lors d'une prochaine session…

Cas d'entreprise

Innothera et son approche Design Thinking

François Cros est responsable de recherche et innovation dispositifs médicaux chez Innothera, l'un des acteurs principaux du dispositif médical en France. Physicien de formation avec un doctorat de biomécanique des fluides et des tissus biologiques, il nous raconte l'aventure Smartleg BB, le premier collant de compression médicale maternité fait par les femmes enceintes pour les femmes enceintes, entre médecine et ingénierie.

Expliquez-nous votre démarche

« Jusqu'à récemment, les fabricants proposaient des bas ou des collants sans réellement prendre en compte les besoins spécifiques des femmes enceintes. Notre approche a été d'intégrer ces besoins dès le départ pour créer avec elles le collant idéal. »

Concrètement, comment avez-vous procédé ?

« Nous avons travaillé avec des femmes enceintes tout au long du projet :

- **Immersion et empathie + Analyse** : nous avons créé une équipe projet avec des marketeurs, des designeurs... nous avons rencontré et interviewé des femmes enceintes pour comprendre le besoin mais aussi les freins. Nous avons découvert qu'elles avaient des attentes spécifiques et surtout un a priori négatif sur les collants de compression (peu de coloris, peur d'être compressée sur le ventre, difficile à mettre, inconfortable à porter toute la journée...).
- **Pour l'idéation**, nous avons a mis à disposition différentes matières textiles et nous leur avons demandé de dessiner leur collant idéal...
- **Le prototypage** a soulevé de vrais challenges techniques. Comme nous ne voulions faire aucune concession sur l'innovation, il a fallu adapter nos modes de conception et de fabrication, quitte à augmenter nos coûts mais avec le groupe de travail, nous avions l'intime conviction que c'était ce que voulaient les femmes enceintes.
- **Expérimentations** : 40 femmes enceintes ont porté différents prototypes, ce qui a permis de sélectionner le collant qui correspondait le plus à leurs attentes. Nous avons alors lancé la production avec de nombreuses difficultés à surmonter, mais nous y sommes arrivés. Nous avons explosé nos Objectifs annuels les plus optimistes en 6 mois, pour devenir 1er du marché. Et depuis, nous restons leader sur ce secteur avec 70 000 unités vendues par an. »

Quel conseil pour les organisations qui n'osent pas franchir le pas ?

« Intégrer les utilisateurs finaux dès le départ accélère tout, alors qu'on s'imagine que ce sera le contraire. Il n'y a pas de risque zéro, mais on prend bien moins de risques sur l'adéquation du produit avec ses utilisateurs et donc sur son succès commercial. »

Outil 9 Le Design de service

> “
> *Un service n'oblige que celui qui le rend.*
> Nestor Roqueplan

En quelques mots

Prenons un exemple très simple mais très parlant : vous découvrez 2 boutiques voisines qui vendent du café à consommer sur place. Elles vendent exactement le même café à exactement le même prix. Qu'est-ce qui vous fera opter pour une boutique plutôt qu'une autre ? Probablement le nom et la décoration du lieu, puis la qualité de l'accueil et l'écoute du vendeur, ensuite le packaging, le choix et le volume de la musique, la qualité des banquettes pour vous asseoir et travailler sur votre ordinateur, etc., bref, c'est l'entièreté de l'expérience que vous allez comparer. Voilà ce qu'est le Design de Service.

CE QUI FONCTIONNE POUR UN CAFÉ... FONCTIONNE AUSSI DANS DE NOMBREUX DOMAINES

Imaginer l'expérience-utilisateur (ou client)
avant
pendant
et après
avoir utilisé votre service.

Par exemple :
- ce que va offrir votre service et son utilité, sa spécificité, sa valeur ajoutée, son « InnovationForGood » ?
- les différentes étapes ou expériences que va vivre l'utilisateur,
- la configuration du lieu,
- le marketing et la communication,
- le type de management,
- la décoration du lieu,
- la qualité de l'accueil et l'écoute du personnel,
- le packaging,
- le choix de la musique et son volume sonore,
- Le design du mobilier.

Bref : tout ce qui est visible et invisible...

POURQUOI L'UTILISER ?

Objectif

La création d'un Design de Service est la mise en œuvre de l'expérience utilisateur dans son ensemble, dans sa globalité. On ira donc déterminer toute l'expérience avant, pendant et après avoir utilisé le service (peu importe lequel), mais aussi tout ce qui touche à son marketing, à sa communication, à son management, à son visuel, et encore plus largement, ce qui est visible par le client, comme ce qui ne l'est pas (en coulisses).

Contexte

Cette manière de travailler utilise l'approche holistique ou populationnelle pour tenir compte des dimensions physiques, mentales, émotionnelles, sociétales et culturelles du projet. Le Design de Service s'applique dans le cadre de la création ou de l'amélioration d'une boutique, d'un transport, d'un lieu, d'un laboratoire d'innovation, d'une nouvelle équipe dans une organisation, d'une borne d'achat… bref dès qu'il y a une interaction forte avec l'utilisateur final.

COMMENT L'UTILISER ?

Étapes

Voici une sélection d'outils du Design Thinking adaptés aux problématiques de Design de Service. N'hésitez pas à créer votre propre parcours pour qu'il soit totalement adapté à votre équipe projet, votre budget, votre temps disponible et vos objectifs (les numéros entre parenthèses renvoient aux outils de ce livre) :

Phase 1 – Immersion et empathie : état de l'art de votre sujet (13), partage d'expériences (14), carte des parties prenantes (15), benchmarking (17), enquêtes et collecte d'informations (21), guide d'entretien et interviews approfondies (24).

Phase 2 – Analyse : partage des découvertes (26), personas (27), carte d'expérience (29), grille d'objectifs (30), carte d'empathie (31), matrice 2 × 2 (32), baromètre des priorités (34), reformulation du défi (35).

Phase 3 – Idéation : échauffement cérébral (36), se mettre dans la peau de… (37), mood board (39), fleur de lotus (43), vote par gommettes (44), Quick wins (46).

Phase 4 – Prototypage : choisissez les types de prototypes qui correspondent le mieux à votre problématique puis terminez cette phase par le Service blueprint (54), une expérimentation pilote (55) et les interviews-tests (57).

Phase 5 – Implémentation : Business Model Canvas (60), équipe du futur (62), plan d'action (63) et autres outils complémentaires si nécessaire…

Méthodologie et conseils

Pendant tout le processus de Design Thinking, pensez à construire votre projet dans sa globalité, et à identifier les impacts (positifs ou négatifs) sur les parties prenantes, sur les utilisateurs, sur la société en général. Ayez toujours en tête que créer un projet Design de service implique d'y ajouter un paramètre *InnovationForGood*, alors faites le bien autour de vous !

Avant de vous lancer…

- ✓ **En utilisant les principes de POC, puis de MVP jusqu'au MAP dans votre démarche de Design de Service, vous réaliserez naturellement des itérations (répétition du processus Design Thinking) jusqu'au résultat considéré comme le meilleur.**

Outil 10

Le Design organisationnel

> « La raison d'être d'une organisation est de permettre à des gens ordinaires de faire des choses extraordinaires.
>
> Peter Drucker

En quelques mots

En Design Thinking, ce qui fonctionne pour concevoir ou améliorer des objets fonctionne aussi pour des services entiers ou des processus organisationnels. Que ce soit pour se réinventer complètement ou pour insuffler un air frais dans le management, le Design organisationnel place encore et toujours **l'humain au centre des préoccupations**. En donnant du sens au travail, à l'action et aux éléments qui comptent vraiment, les résultats obtenus sont **rapides, concrets, peu onéreux, enthousiasmants** pour les collaborateurs et convaincants pour les usagers.

CHANGER SON ORGANISATION POUR ÊTRE PLUS AGILE, INCLUSIF ET PERFORMANT

POURQUOI L'UTILISER ?

Objectif

Le but d'une telle démarche est d'impliquer les collaborateurs dans un processus de création de valeur.
En étant écoutés et au cœur de l'action, ils en ressortiront plus motivés, impliqués, confiants, joviaux et productifs et donc moins absents.

Contexte

Une démarche de Design organisationnel peut s'opérer sur des thèmes très différents mais individuellement primordiaux à la vie de l'organisation :

- refonte de l'organigramme ou de l'organisation du travail;
- amélioration de la qualité des échanges et des relations internes et/ou externes;
- réflexion sur le contenu du travail en lui-même et les tâches de chacun;
- refonte de l'environnement de travail (agencement, sécurité...);
- intégration de nouvelles formes de travail (à distance totale ou partielle, flex-office, co-working...).

De manière générale, le Design organisationnel est utile pour encourager le travail collaboratif et stimuler la créativité, la flexibilité, l'autonomie, en intervenant sur la consolidation de la formation du personnel, la valorisation des savoirs et savoir-faire, le renforcement de la recherche et du développement, l'amélioration de la compétitivité, la refonte des processus internes...

COMMENT L'UTILISER ?

Étapes

Voici une sélection d'outils du Design Thinking adaptés aux problématiques de Design organisationnel.
N'hésitez pas à créer votre propre parcours, totalement adapté à vos contraintes internes et objectifs (les numéros renvoient aux outils de ce livre) :
Phase 1 – Immersion et empathie : état de l'art de votre sujet (13), partage d'expérience (14), la carte des parties prenantes (15), rencontre d'experts (16), + un ou plusieurs outils d'immersion (de 21 à 25).
Phase 2 – Analyse : partage des découvertes (26), personas (27), carte d'expérience (29), grille d'objectifs (30), carte d'empathie (31), cadres à pépites (33), baromètre des priorités (34), reformulation du défi (35).
Phase 3 – Idéation : un échauffement cérébral (36), se mettre dans la peau de... (37), jeu de rôle d'idéation si pertinent (41) complété par un brainstorming si nécessaire (38, 40, 42, 43), vote par gommettes (44), avocat de l'ange (45), Quick Wins (46).
Phase 4 – Prototypage : choisissez les types de prototypes qui correspondent le mieux à votre problématique.
Généralement, la bande dessinée (47), la maquette en Lego® ou directement une séance de Lego® Serious Play® (50) et un jeu de rôle de prototypage (52), Service Blueprint (54)... fonctionnent très bien. Terminez cette phase par les interviews-tests (57).
Phase 5 – Implémentation : Canevas de Proposition de Valeur (59), définir le succès (61), équipe du futur (62), plan d'action (63), plan de ressources (64).

Méthodologie et conseils

Se réinventer ne veut pas forcément dire « tout changer » : on garde le meilleur et on fait évoluer le moins bon!
Un processus de Design organisationnel doit impérativement être soutenu par toute l'équipe de direction.

Avant de vous lancer...

✓ **Préparation et accompagnement sont les maîtres mots de la mise en place des nouveaux processus à l'issue d'une telle démarche.**

Outil 11 Le Design fiction

> “ La science-fiction d'aujourd'hui est le fait scientifique de demain.
>
> Isaac Asimov

En quelques mots

À la croisée des chemins entre le design et la fiction, le **Design fiction** (ou **Design spéculatif**) n'est ni plus ni moins que le fait de se projeter dans un avenir plus ou moins éloigné pour imaginer les produits, services, modes de vie et de consommation, démocraties, technologies, l'évolution des organisations ou des marques...
Apparu pour la première fois en 2005, le Design fiction est souvent proposé **sous forme d'atelier ou de débat spéculatif et participatif** permettant d'imaginer le futur, un peu comme dans un livre ou un film de science-fiction qui termine bien... ou pas!

DE MULTIPLES RÉALITÉS ENVISAGEABLES

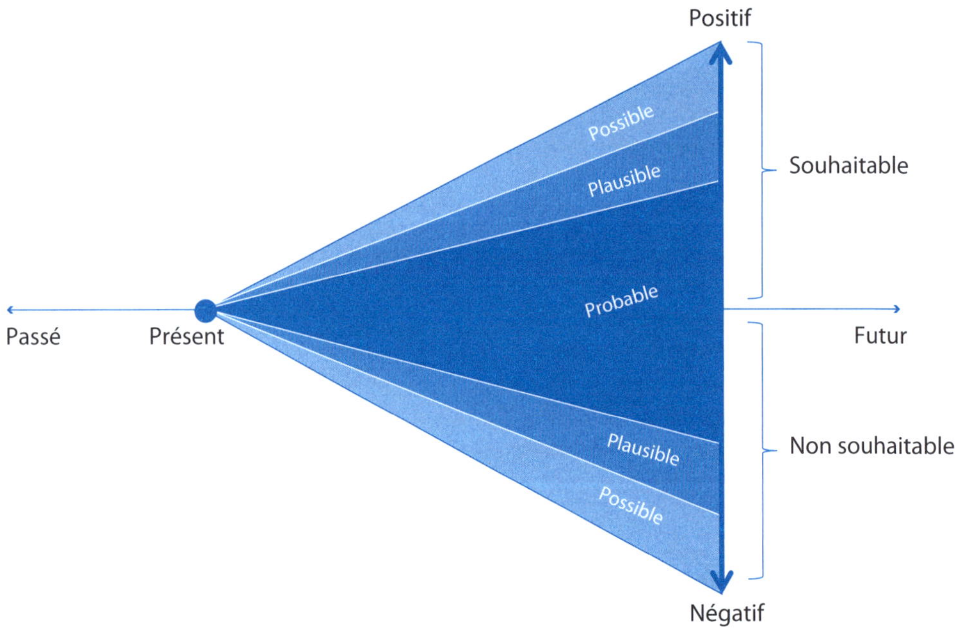

POURQUOI L'UTILISER ?

Objectif

Véritable méthode en elle-même, le Design fiction est le prolongement à plus long terme de la réflexion Design Thinking.
C'est une démarche collaborative pouvant accompagner la transformation des organisations et des collaborateurs en envisageant un futur lointain pour mieux imaginer le futur proche et éviter d'hypothétiques dérives.
Comme à l'accoutumée dans une démarche Design, l'humain est au cœur de la réflexion.

Contexte

Un projet de Design fiction peut se réaliser en quelques heures mais aussi sur plusieurs journées en fonction de vos objectifs.
Comme pour le Design Thinking, la constitution d'une équipe multidisciplinaire est primordiale pour explorer des visions différentes, voire opposées, et générer de larges possibilités.
Afin de profiter au mieux des bénéfices d'une session de Design fiction, il convient de définir un futur suffisamment proche pour que les participants puissent se projeter sans trop de difficultés.

COMMENT L'UTILISER ?

Étapes

Voici une sélection d'outils du Design Thinking qui vous aideront à élaborer votre projet de Design fiction. Libre à vous de faire évoluer cette proposition afin de mieux vous approcher de vos objectifs (les numéros renvoient aux outils de ce livre) :

1. Posez le Contexte du défi : quelle année dans le futur ? Quel lieu ? Quel Contexte ? Comment a évolué la société ? Quel est l'élément déclencheur de votre réflexion et quel est votre objectif ?
2. Intervention éventuelle d'experts pour acculturer et répondre aux questions (13 et 16).
3. Les participants font ensuite un **partage d'expériences** (14) en racontant leurs souvenirs de films, de livres, de bandes dessinées, de jeux vidéo, d'images pouvant stimuler la créativité du groupe. On partagera ces souvenirs avec des bribes d'extraits vidéo ou d'écrits retrouvés sur Internet et YouTube.
4. Élaboration d'un ou plusieurs persona(s) (27) pour améliorer l'empathie.
5. Création d'un mood board (39) pour contextualiser.
6. Utilisation d'une ou plusieurs **technique(s) de brainstorming** pour générer des idées (40 à 43).
7. Conception d'un dessin ou d'une bande dessinée pour illustrer les idées sélectionnées (47).
8. Possibilité de **créer un faux journal**, fausse publicité, film de présentation, rédiger une nouvelle relatant ce qui a été imaginé par les équipes.
9. Faire évoluer l'idée vers des futurs différents : probable, plausible, possible, positif et négatif, en utilisant le graphique ci-contre.

Méthodologie et conseils

En fin de session, tout ce travail de projection ne doit pas tomber dans les oubliettes. Il est à partager au plus grand nombre, voire mis à jour chaque année lors de nouvelles sessions de Design fiction. Certaines bonnes idées rentreront dans le plan d'action de l'organisation (63).

Avant de vous lancer...

✓ **Gardez l'esprit ouvert! Chaque participant imagine le futur en fonction de son propre passé et présent.**

✓ **Il est donc tout à fait normal de terminer avec des solutions qui ne feront pas l'unanimité mais qui donneront des orientations futures...**

Outil

12 Le Design Sprint

> “ *Il ne faut pas confondre vitesse et précipitation.*
>
> Proverbe français

En quelques mots

Il est important de le rappeler, le processus de Design Thinking peut se dérouler sur **une durée extrêmement variable** : de **quelques heures** (dans le cas de l'amélioration rapide de l'existant) à **plusieurs années**, tout au long du cycle de vie du projet ou pour des projets très techniques, nécessitant beaucoup de prototypes et d'interviews utilisateurs.

Il existe aussi une approche particulièrement enthousiasmante, cadrée et rapide : c'est le Design Sprint, l'aventure parfaite pour faire vivre le Design Thinking et faire prendre, en 4 à 5 jours, des décisions qui prennent habituellement des mois.

UNE BULLE DE TRAVAIL ET UNE APPROCHE ACCÉLÉRÉE SUR 4 JOURS

Jour 1
- Présentation du Sprint Goal
- État de l'art
- Carte des parties prenantes
- Recherche Internet
- Benchmarking
- Partage d'expériences
- Immersion sur le terrain

Jour 2
- Génération de personas
- Parcours client
- Brainstormings
- Sélection et priorisation des idées
- Début de prototypage avec dessin ou bande dessinée

Jour 3
- Prototypage progressif et itérations tout au long de la journée
- Présentation des solutions
- Quick wins

Jour 4
- Interviews-test auprès de 5 personnes
- Quick Wins
- Présentation des solutions finales

POURQUOI L'UTILISER ?

Objectif

Le Design Sprint 2.0 propose de réaliser un cycle complet et condensé de Design Thinking en quatre jours, ce que le Design Sprint 1.0 propose en cinq jours.

Contexte

Toute l'équipe projet travaille ensemble pendant toute la durée du Sprint.

Toutefois, on découvrira qu'il est possible que certains collaborateurs, clients, experts... rejoignent l'aventure au moment où on aura le plus besoin.

COMMENT L'UTILISER ?

Étapes

Voici le déroulé possible d'un Design Sprint 2.0 (les numéros renvoient aux outils de ce livre) :

Préparation :

Définition du problème à résoudre (Sprint Goal) avec le commanditaire (qui sera présent, au minimum, au début du premier jour pour lancer le Sprint et à la présentation des solutions, le dernier jour).

Aussi, en prévision des interviews-tests du jour 4, on « invite » et donne rendez-vous à 5 personnes (clients ou utilisateurs).

Jour 1 :

Explication du Sprint Goal aux équipes par le commanditaire et le facilitateur, présentation ou recherche de l'état de l'art par un expert interne ou externe si besoin (13 et 16), puis la journée est dédiée à l'immersion et empathie,

- carte des parties prenantes (15), recherche Internet et benchmarking (17), partage d'expériences (14) et une belle immersion sur le terrain (20 à 25)

Jour 2 :

- analyse : génération de personas (27), parcours client (28) et tout autre outil permettant la convergence ;
- idéation : générations d'idées avec un ou plusieurs des outils dédiés au brainstorming (Dossier 4).

Puis chacun étudie attentivement les propositions, vote à l'aide de gommettes (44), puis avocat de l'ange (45) en expliquant pourquoi.

Début de prototypage avec dessin ou bande dessinée (47).

Jour 3 :

Travail de prototypage du plus simple - des POC en Quick and Dirty (7) - jusqu'au plus abouti - MVP en FabLab (53), maquette d'appli ou de site Internet (51) ou pilote (55).

Il est conseillé de réaliser plusieurs prototypes et options qui pourront être présentées pendant les interviews-tests.

Présentation des solutions prototypées entre l'équipe projet, améliorations, Quick Wins (46).

Jour 4 :

Préparation de l'interview-test (57), interviews des 5 testeurs (prévoir 45 à 60 minutes maximum), compilation des informations, Quick Wins, pitch de présentation au commanditaire (65) puis debriefing de sa part.

Méthodologie et conseils

Le Sprint Goal doit être rédigé avec attention car il doit aider à résoudre un problème spécifique et complexe.

Par exemple, « Comment faire pour que les femmes de 35 à 50 ans utilisent notre service plus d'une fois par mois ? » est un bon Sprint Goal alors que « Devenir les meilleurs » est trop large pour être concret.

Toutes les 90 minutes, prévoyez une pause, indispensable pour que les corps et les cerveaux puissent fournir du travail en continu. Et commandez des déjeuners équilibrés pour redonner de l'énergie au moment où les participants en auront le plus besoin.

Avant de vous lancer...

✓ **Préférez faire votre Design Sprint en dehors de votre entreprise pour lui donner un petit air de séminaire en immersion totale.**

2 DOSSIER

IMMERSION ET EMPATHIE

“

L’empathie est l’habitude mentale qui nous amène à penser que les gens ne sont ni des rats de laboratoire ni des écarts-types.

Tim Brown

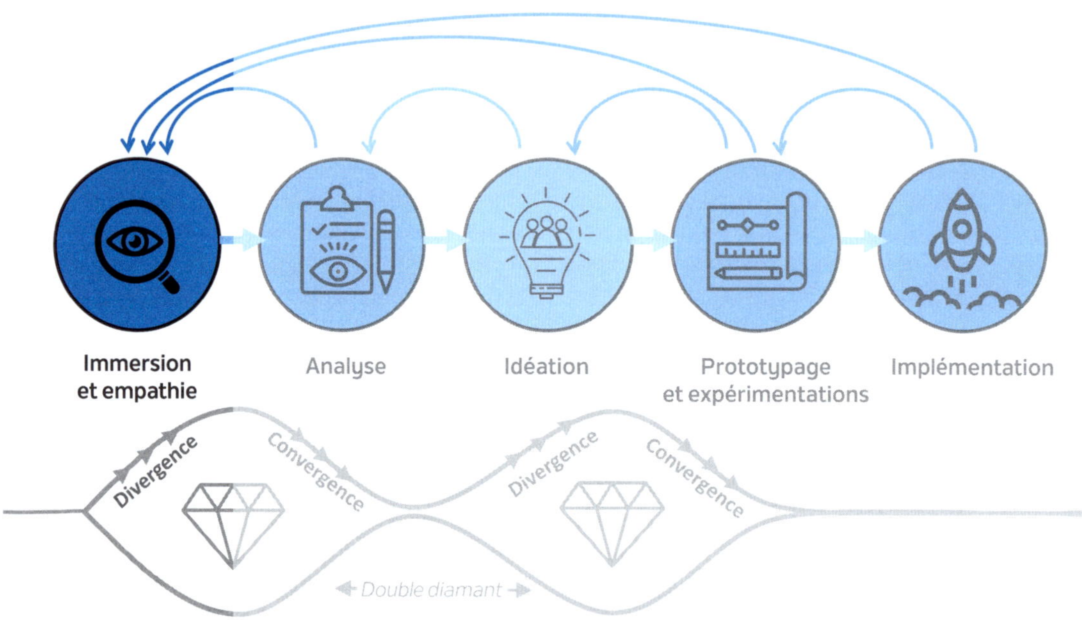

Maintenant que nous avons cerné le périmètre d'action et le processus complet du Design Thinking, il est temps de rentrer dans le vif du sujet ! Vous êtes probablement excité à l'idée de mettre la main à la pâte, d'apprendre à faire un brainstorming qui dépasse vos attentes, de confronter vos idées avec votre groupe de travail, de prototyper votre projet ? Encore un peu de patience, il est encore trop tôt pour réaliser ces actions...

Dans la peau de vos futurs clients

La toute première phase d'une démarche de Design Thinking est l'immersion et l'empathie, c'est-à-dire une prise de conscience des besoins, des habitudes et des problèmes des futurs utilisateurs, par le vécu et par la rencontre.
Nous commençons donc cette aventure par une véritable immersion hors des bureaux afin de répondre à cette question du mieux possible : « Nos futurs clients ou utilisateurs ont un problème ou des attentes spécifiques, en allant à la recherche de leurs expériences de vie, comment être certain de tout prendre en compte pour mieux les comprendre et être certain de leur proposer la solution parfaite ? ».

Découvrir pour comprendre

L'empathie est le maître mot de cette phase du Design Thinking.
Il faut donc réussir à vous projeter dans la peau de vos futurs utilisateurs jusqu'à identifier parfaitement ce qu'ils ressentent, ce qu'ils veulent et ce qui les agace.
L'objectif ultime de ce dossier est de ne plus avoir d'idées préconçues pour ne travailler par la suite que sur des faits réels.

Les outils

Outil 13

L'état de l'art de votre sujet

> L'art véritable est anticipateur.
>
> Saint-Pol-Roux

En quelques mots

Pour bien commencer toute démarche de Design Thinking, il est important de **pouvoir appréhender l'ensemble de l'écosystème** de votre sujet ainsi que **les avancées technologiques, sociétales, commerciales**... Vous en connaissez peut-être déjà plusieurs, et avez déjà des sources d'inspirations dans le domaine que vous désirez développer. L'état de l'art est une **prise de conscience de la réalité** du marché actuel, un panorama des savoirs et des statistiques, une vision synthétisée des travaux, modèles et avancées dans le domaine. Tout cela vous permettra de lancer votre projet avec les meilleures bases possibles.

RASSEMBLER LES INFORMATIONS POUR ALIGNER LES CONNAISSANCES

POURQUOI L'UTILISER ?

Objectif

Cet état de l'art permet d'aligner chaque membre de l'équipe projet, de créer un vocabulaire commun dès le début, de lever beaucoup de doutes et de répondre à la plupart des questions que vous vous posez.
L'objectif de cette réflexion est essentiellement de lister un maximum d'acteurs, de projets inspirants et d'informations utiles pour les utiliser de la manière la plus neutre possible.

Contexte

Pendant cette étape d'inspiration, vous trouverez peut-être des projets qui correspondent exactement à ce que vous aviez en tête. Ne vous découragez pas, le processus de Design Thinking vous permettra, un peu plus tard, d'améliorer votre idée et de vous challenger pour vous démarquer de vos concurrents dans un souci permanent d'innovation. Au même moment, vous pouvez aussi réaliser un benchmarking des solutions concurrentes et complémentaires. Ainsi vous ferez d'une pierre 2 coups.

COMMENT L'UTILISER ?

Étapes

Cherchez des informations parmi les documents que vous avez à portée de main (en interne dans votre organisation notamment) ainsi que toute information complémentaire que vous pourrez glaner sur internet, en bibliothèque...
Glanez un maximum de sources de données et d'inspiration : photos, reportages télévisés, données statistiques, avancées et échecs des concurrents ou d'autres organisations sur le même sujet...
Si vous avez la chance de connaître une langue étrangère, n'oubliez pas de faire vos recherches dans cette langue, vous verrez alors vos horizons (et solutions) s'élargir encore plus...

Méthodologie et conseils

Prenons un exemple simple : votre équipe projet souhaite repenser l'expérience liée aux caddies de supermarché. Tout d'abord, vous faites des recherches statistiques :
- Combien de chariots vendus par an ?
- Combien de chariots sont-ils cassés chaque année ?
- Sont-ils réparables ? Combien de chariots sont-ils réparés par an ?
- Un chariot est-il recyclable ? En partie ? En totalité ? Et combien le sont ?
- Concernant la sécurité : y a-t-il des hospitalisations liées à une utilisation dangereuse des chariots ? Quelles sont ces situations dangereuses ? Y a-t-il d'autres problèmes liés aux chariots ?
- Et le vol ? Quelle est la part de chariots volés sur les parkings des supermarchés ?
- Quelles sont les différentes marques de chariot disponibles sur le marché ?
- Où les chariots sont-ils fabriqués ? En Asie ? Plus proche de nous ?
- Existe-t-il des alternatives au chariot ? D'autres manières de faire ses courses ?
- Quel est le coût de fabrication d'un chariot ? Quelle rentabilité ?

Avant de vous lancer...

✓ **Si, malgré vos recherches, vous ne trouvez absolument rien sur votre sujet, 2 conclusions possibles sont possibles : soit vous tenez une idée innovante et totalement révolutionnaire, soit il n'y a aucun marché potentiel pour votre idée... Grâce au Design Thinking, nous découvrirons ensemble de quel côté vous vous situez.**

Outil 14 Le partage d'expérience

> *La connaissance s'acquiert par l'expérience, tout le reste n'est que de l'information.*
>
> Albert Einstein

En quelques mots

Si l'idée de lancer un nouveau projet vous est venue à l'esprit, c'est que vous aviez probablement la **frustration** de ne pas trouver ce que vous vouliez sur le marché ou qu'il était nécessaire de **faire évoluer** un processus, un service ou un produit déjà existant. Le partage d'expérience est une bonne manière d'**en savoir plus** sur les **expériences positives ou négatives** vécues par votre équipe projet. En face-à-face ou en réunion de groupe, le partage d'expérience est le meilleur chemin vers la **découverte de nouvelles pratiques** auxquelles vous n'auriez pas pensé…

UN SEUL OBJECTIF : LA DÉCOUVERTE DU VÉCU

POURQUOI L'UTILISER ?

Objectif

Ce partage d'expérience permet de débuter le processus d'écoute et d'empathie envers les autres, de faire le plein d'anecdotes, de vécus et de ressentis par les autres membres de votre équipe projet, qui seront probablement différents des vôtres. Plus vous aurez emmagasiné d'expériences autres que les vôtres et plus votre empathie grandira d'elle-même.

Contexte

C'est le moment idéal pour se nourrir des besoins, des pratiques habituelles, des frustrations, des espoirs et des peurs des personnes avec qui vous allez passer une bonne partie de votre temps dans les jours ou semaines qui vont arriver. Ainsi, vous créez les conditions idéales pour travailler sur des fondations fortes et durables.

COMMENT L'UTILISER ?

Étapes

1. Réunissez-vous en équipe, demandez à chacun de décrire son expérience personnelle (à propos de votre sujet).

2. Posez des questions précises pour que chaque membre de l'équipe réponde totalement aux besoins, comme :

- Quelles sont vos expériences positives ou négatives ?
- Dans le cas d'une expérience positive, qu'est-ce qui doit être gardé selon vous ?
- Dans le cas d'une expérience négative, pourquoi était-ce le cas et quelle frustration avez-vous vécu ?
- Qu'aurait-il fallu pour que l'expérience devienne positive ?
- Qu'est-ce qui s'est mieux ou moins bien passé que prévu ?
- Quels sont vos espoirs concernant ce projet ?
- Quelles sont vos peurs concernant ce projet ?

3. Sollicitez de la part de chaque membre de votre équipe :

- un retour d'expérience réel, argumenté, sincère. Parler des émotions ressenties est toujours plus profond. Utilisez des phrases comme « Je me suis senti… », « J'ai eu l'impression d'être… » ;
- une anecdote personnelle.

Méthodologie et conseils

Une personne de l'équipe peut retranscrire toutes les informations importantes sur une feuille de paperboard. Vous pourrez alors retrouver et travailler plus tard sur les différents mots et anecdotes évoqués par l'équipe pour affiner et améliorer votre projet. Si nécessaire, demandez aux membres de l'équipe d'apporter des traces écrites et tangibles afin d'étayer leurs propos.

Afin de clarifier certaines explications, n'hésitez pas à demander de faire un dessin descriptif. Vous verrez que vos incompréhensions s'effaceront au fur et à mesure de l'exécution du dessin et de ses explications.

Pendant les échanges, vous devez essentiellement écouter et faire en sorte de ne pas orienter les discussions dans le sens de votre idée.

Orientez plutôt le débat en veillant à ce que les discussions ne débordent pas sur un autre sujet.

Avant de vous lancer…

✓ **Temps estimé : quelques minutes par participant, le temps d'expliquer les faits.**

✓ **Il n'est pas rare de commencer naturellement à brainstormer. N'allez pas trop loin et notez les idées sur une feuille. Vous la ressortirez au moment des interviews afin de tester vos POC.**

Outil 15 La carte des parties prenantes

> “
> *L'union fait la force!*
>
> Devises nationales de la Belgique, de la Bulgarie, de la Bolivie, d'Haïti, de l'Angola.

En quelques mots

Rien n'est plus utile qu'une carte. Une carte de la route ou une carte de navigation vous indique le **chemin pour rejoindre votre but**. Il en est de même avec la **carte des parties prenantes,** qui vous permet de créer un chemin vers l'ensemble des acteurs, organisations ou personnes ayant une relation, proche ou éloignée, avec votre projet. En utilisant cet outil de **visualisation et de priorisation**, vous mettez en place les prémices d'une campagne de synergie avec de nombreux protagonistes en soulevant le fait que certains auront plus d'influence et d'importance que d'autres.

LA LISTE EXHAUSTIVE DE VOS FUTURES RELATIONS

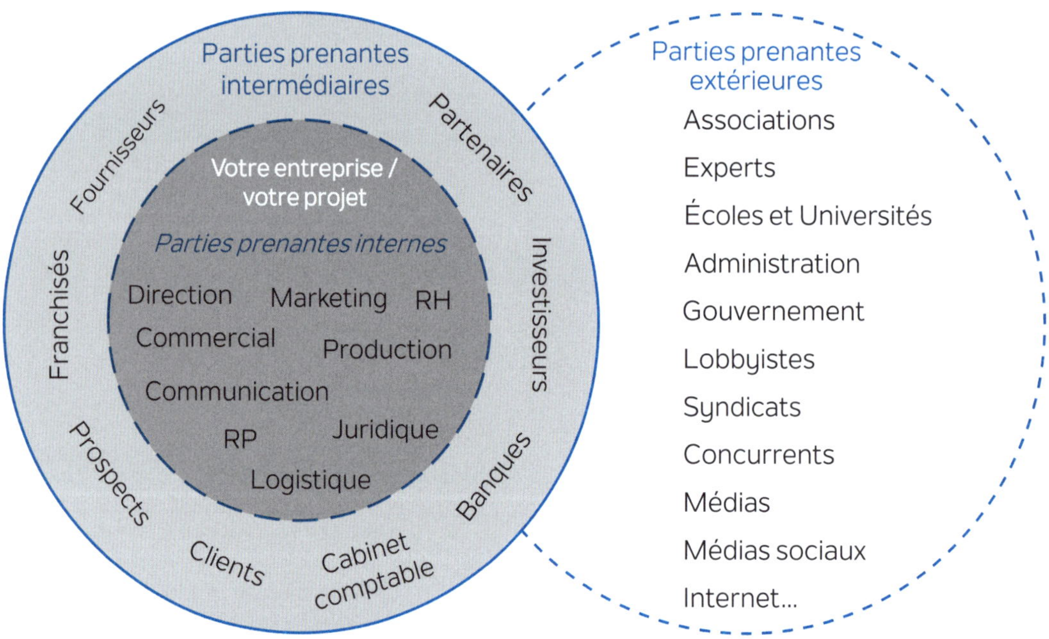

POURQUOI L'UTILISER ?

Objectif

La carte des parties prenantes est la première étape vers l'empathie. Sans forcément prendre beaucoup de temps pour la réaliser, elle vous simplifiera les mises en relation (qui est ou qui sera impacté par notre projet ?) et projettera d'emblée l'équipe projet dans un écosystème bien réel.
La carte des parties prenantes a aussi le mérite de faire comprendre que les décisions de l'équipe auront des répercussions sur une multitude d'acteurs à court, moyen et long termes, ce qui confirme que le projet ne doit pas être pris à la légère.

Contexte

Réunissez l'ensemble de l'équipe projet pour pouvoir prétendre à une quasi-exhaustivité de votre carte des parties prenantes.

COMMENT L'UTILISER ?

Étapes

1. Sur une feuille de paperboard ou un fichier PowerPoint, **dessinez un premier cercle**. Il **matérialise les parties prenantes internes** à votre organisation ou votre projet.
2. En équipe, réfléchissez à l'ensemble des postes et services qui pourraient composer ce cercle (les postes de Direction, de Ressources Humaines, les vendeurs et commerciaux, les assistants, la comptabilité...).
3. **Dessinez un nouveau cercle** tout autour : il représente les **parties prenantes intermédiaires**, celles avec qui vous allez travailler en permanence et qui vous sont primordiales pour la bonne santé de votre projet (les investisseurs, les partenaires, les clients, les fournisseurs, etc.).
4. Enfin, **tracez un dernier cercle** légèrement éloigné des deux premiers. Il englobe vos **parties prenantes extérieures**, à savoir des organisations, des fonctions, des postes, des médias, des institutions, des associations, des clients indirects... avec qui vous pourriez avoir une relation, positive ou négative.
5. **Après avoir listé un maximum de parties prenantes** dans les trois cercles, recherchez les noms et coordonnées des personnes nécessaires à votre projet. Vous pouvez aussi matérialiser les parties prenantes « moteur pour votre projet » en vert et les parties « freins » en rouge.

Méthodologie et conseils

Pour être le plus exhaustif possible, pensez à toutes les personnes qui sont touchées de près ou de loin par votre travail, celles que vous voudriez toucher, celles qui exercent une quelconque influence ou un éventuel pouvoir sur votre projet.
Pensez aussi aux personnes qui pourraient être intéressées en bien ou en mal.
La liste de certaines parties prenantes peut être très longue à établir. On pense notamment aux clients (potentiels pour le moment), aux éventuels fournisseurs ou partenaires commerciaux. La liste la plus longue étant souvent celle dédiée aux parties prenantes extérieures.
Peut-être qu'en réalisant votre carte des parties prenantes, et en matérialisant de nouveaux partenaires, vous trouverez de nouveaux moyens d'augmenter votre chiffre d'affaires.

Avant de vous lancer...

- ✓ **Durée estimée : entre 20 minutes et 1 heure environ. Prenez le temps de bien faire votre carte et de ne pas précipiter les équipes.**
- ✓ **N'hésitez pas à compléter et modifier cette carte au fur et à mesure de vos découvertes afin de chercher l'exhaustivité.**

Outil 16

La rencontre d'experts

> “
> *Le discours traduisant une expérience est souvent plus important que l'expérience elle-même.*
>
> Bernard Werber

En quelques mots

Il arrive parfois que **l'équipe projet bute sur un problème** qui lui semble hors de portée. Ce problème peut être **d'origine technique** (on ne parvient pas à réaliser correctement son prototype, par exemple, ou on ne sait pas si notre projet est tout simplement réalisable), mais cela peut aussi provenir d'un besoin d'avoir **des connaissances théoriques, historiques ou concurrentielles.** Heureusement, en trouvant le bon expert, vous trouverez assurément la réponse à toutes vos interrogations.

UN EXPERT POUR ÉCLAIRER VOTRE CHEMIN

POURQUOI L'UTILISER ?

Objectif

Rencontrer des experts permet de vous faire sortir du cocon confortable de votre équipe pour écouter des professionnels et non-professionnels dans le but de découvrir de nouvelles manières de penser. Peut-être aurez-vous la chance de rencontrer un expert qui vous renseignera aussi sur les succès et les échecs précédents, ceux que vous n'aviez pas identifiés.

Contexte

Mais tout d'abord, qu'est-ce qu'un « expert en Design Thinking » ? Un expert est toute personne qui est touchée de près par le sujet que vous allez aborder, indépendamment de son statut hiérarchique ou social, de son background culturel ou universitaire. Prenons un exemple simple : votre équipe doit repenser entièrement les chariots de supermarché (les fameux Caddies©). L'expert ultime est donc la personne qui répare, range, nettoie les chariots sur le parking du supermarché. Pour lui, le chariot représente 7 heures de sa vie chaque jour ! Impossible de faire plus expert que lui... Sans nul doute, vous en apprendra-t-il davantage que vous ne le pourriez seul.

COMMENT L'UTILISER ?

Étapes

1. Avec l'équipe projet, déterminez le profil de l'expert avec lequel vous voudriez rentrer en contact (via votre liste des parties prenantes).
2. Si vous ne connaissez personne qui puisse devenir votre expert, cherchez-le sur Internet, sur les réseaux sociaux personnels ou professionnels comme LinkedIn, dans des universités ou via des connaissances.
3. Une fois le rendez-vous fixé (en réel, par téléphone, par e-mail ou par visioconférence), rédigez attentivement vos questions (outil 24).
4. Rencontrez votre expert et posez-lui vos questions. N'hésitez pas à sortir de votre trame si vous sentez que le courant passe bien et que vous avez besoin de plus amples informations.
5. Une fois l'entretien effectué, **faites-en un récapitulatif** pour le partager avec votre équipe projet (outil 26).

Méthodologie et conseils

Au moment de rédiger vos questions, faites en sorte qu'elles soient recherchées, pointues et précises. Ayez toujours en tête que cette rencontre est un moment privilégié, il ne faudrait pas passer à côté de votre objectif qui est de recueillir un maximum de conseils pour avancer sur votre projet et de conforter vos prises de décisions futures, même si vous n'avez pas le même niveau de connaissance que votre interlocuteur (et c'est bien pour cela que vous le rencontrez).

On pourrait aussi pratiquer cet outil en phase « Prototypage et expérimentations », car vous aurez peut-être besoin d'avoir des éclairages quant à la faisabilité technique de votre projet. N'hésitez pas à interroger à nouveau votre expert.

Vérifiez tout de même, en amont, que votre expert n'a pas d'intérêt croisé avec un éventuel concurrent...

Avant de vous lancer...

✓ **Interrogez plusieurs experts pour recueillir plusieurs avis, qu'ils soient divergents ou convergents sur vos a priori. Vous pourrez alors avoir toutes les données du problème et ainsi prendre la bonne décision.**

Outil

17 Le benchmarking

“

Toutes choses sont bonnes ou mauvaises par comparaison.

Edgar Allan Poe

En quelques mots

Le **benchmarking** (ou étude comparative) est un outil indispensable lorsque l'on s'apprête à lancer un nouveau produit, un nouveau service ou que l'on souhaite améliorer l'existant. Nous utiliserons le **benchmarking compétitif** : un outil d'analyse très simple à produire et qui permet d'avoir une **vision globale** des organisations et projets concurrents ou ressemblant fortement. Il a pour but d'**améliorer votre compétitivité** et votre **capacité d'innovation** en vous confrontant en permanence aux réalités du marché (prix, produits, communication, innovations, spécificités...).

LES POINTS À TRAITER POUR FAIRE UN BON BENCHMARKING

Nom de la marque ou de l'entreprise	Site Internet	Localisation	Description détaillée du produit ou service proposé	Canaux de vente et de diffusion	Politique de prix	Communication marketing	Technologie et innovation marketing	Ressources humaines	Forces	Faiblesses

POURQUOI L'UTILISER ?

Objectif

Le benchmarking a pour objectif de comparer le marché existant sur différents critères réels et de confronter de multiples concurrents ou futurs concurrents en fonction de sa propre idée.
Un peu plus tard, ce benchmarking vous permettra de mieux délimiter les contours de votre projet, d'égaler ou, mieux, de surpasser vos concurrents et d'imaginer peut-être une véritable innovation qu'ils ne proposent pas encore.

Contexte

En plus de connaître l'état de l'art de votre sujet, il est temps de créer un tableau comparatif des marques, organisations, points forts et points faibles de vos potentiels concurrents afin de vous comparer au marché actuel.

COMMENT L'UTILISER ?

Étapes

1. Sur une feuille de paperboard ou un document Word ou Excel, **listez les marques** (ou entreprises et organisations) que vous connaissez ou que vous découvrez en faisant une recherche sur Internet.
2. Décrivez au maximum le produit ou service découvert. Compilez un maximum d'informations.
3. Détaillez l'ensemble des canaux de distribution (canaux de vente).
4. Précisez le prix exact (en période habituelle et si possible en période de soldes ou de promotions).
5. Listez la communication et le marketing effectués par cette entreprise.
6. Décrivez la technologie utilisée (si votre projet est basé sur un produit ou service technologique) ou l'innovation proposée.
7. Répertoriez, si vous les trouvez, les informations sociales (le nombre d'employés).
8. Énumérez les forces, selon vous. Cela peut être, par exemple, « un produit de grande qualité ».
9. Listez les faiblesses, toujours selon vous. Comme, « un prix très élevé et peu de communication effectuée, ce qui fait penser que l'entreprise n'est pas vraiment connue ».

Méthodologie et conseils

La clé de votre succès est d'avoir en un seul endroit l'ensemble des informations importantes de votre marché.
Plus votre benchmarking sera précis et plus vous aurez une idée claire sur ce que vous souhaiterez faire et ne pas faire de votre projet.
Il existe aussi une autre forme de benchmarking appelé « Fonctionnel » : il est totalement différent du benchmarking compétitif car il analyse le fonctionnement d'entreprises, de services, d'organisations ou de projets ne provenant pas de concurrents, ni même d'entreprises sur votre marché.
Ainsi, on évalue et on se compare à des façons de faire, des méthodes, des organigrammes, afin de mieux comprendre les plus performants et rendre plus efficace sa propre organisation.
Par exemple, votre entreprise subit d'importants retards logistiques liés à des ruptures de stocks. Vous chercherez donc à innover en réalisant un benchmarking fonctionnel sur des acteurs reconnus pour la qualité de leur logistique comme des supermarchés ou des grandes enseignes textiles.

Suite outil 17 →

Avant de vous lancer...

- ✓ **Ne prenez pas cette étape à la légère car elle façonne d'une manière ou d'une autre votre futur projet et la perception que vous en avez dès maintenant.**
- ✓ **Ces informations serviront de bases inspirantes pour vos futurs brainstormings.**

Suite outil 17

Le benchmarking

COMMENT ÊTRE PLUS EFFICACE ?

La précision et la quasi exhaustivité sont les maîtres mots d'un benchmarking compétitif réussi. Voici quelques pistes supplémentaires pour vous aider à compléter votre tableau en y ajoutant des colonnes.

Le produit ou service

- Quel est son positionnement (luxe, haut de gamme, moyen de gamme, entrée de gamme) ?
- Quels sont ses attributs physiques et/ou son design (couleurs, matières, taille, sensation de grande qualité ou de discount) ? Ces attributs sont-ils des forces ou des faiblesses ?
- Y a-t-il des services ou des options associés ? Des abonnements liés ? Des options facultatives que la majorité des clients achètent tout de même (par exemple, une prolongation de garantie sur un téléviseur ou une garantie perte, vol, casse sur les téléphones portables) ?

Les canaux de distribution

Où est-il vendu ou distribué :

- En direct : quel est le nombre de points de vente et de boutiques, leur implantation, superficie, décoration, nombre de salariés sur chaque lieu de vente, méthodes spécifiques de vente... ? Ont-ils un site Internet : est-ce juste une vitrine ou est-ce un site marchand ? A-t-il une spécificité ? Est-il bien référencé sur les moteurs de recherche ? Pratiquent-ils la vente en gros ? Comment ? Qui sont leurs clients ? Quel est le pourcentage de vente au détail et vente en gros ?
- Via des intermédiaires : ont-ils des revendeurs ? Combien ? Avec quelle commission ? Des franchisés ? Quel est l'apport personnel, la commission sur les ventes ? Font-ils de la vente à domicile ? Combien de vendeurs ? Quelle commission ?

La politique de prix

- Quel est le prix de vente habituel ?
- Quand sont les périodes de promotions ?
- En quoi consiste la promotion (une réduction sur le prix de vente, -50 % sur le 2e produit, 1 acheté = 1 offert, un cadeau ou un service en plus) ?
- Le prix est-il dégressif si le client en achète plusieurs ?
- Proposent-ils des codes promos sur Internet ? Les trouve-t-on facilement ?

La communication et le marketing

- Quelles sont les actions de communication (envers le grand public, envers les professionnels) ?
- Y a-t-il du marketing direct (courriers adressés, télémarketing, e-mailing...) ?
- Font-ils de l'achat publicitaire en télévision, presse écrite, radio, affichage, bannières sur Internet, sur les réseaux sociaux ?
- Font-ils des actions locales de promotion (associations, chambres de commerces, petits commerçants...) ?
- Sur les réseaux sociaux, combien ont-ils de fans, de followers ?
- Les avis et commentaires sur Google Maps ou TripAdvisor sont-ils bons ? Combien d'avis ?

Les clients

Qui sont leurs clients (des individus ou des entreprises) ? Quel profil ont-ils ?

État financier

Après avoir fait une recherche sur des sites spécialisés comme Societe.com, la santé de l'entreprise est-elle bonne ?

Technologie et innovation

- Y a-t-il des brevets spécifiques ?
- Quelle innovation est proposée pour ce produit ou ce service ?

Ressources humaines

Combien d'employés ? Dans combien de pays ? Quel est leur organigramme ?

Cas d'entreprise

Florian Mésère, chocolatier à Paris, nous raconte sa période d'immersion et empathie

Florian Mésère aime travailler le chocolat pour proposer des goûts innovants, purs et francs. Véritable entrepreneur passionné du bon chocolat, il prototypait déjà les plans de sa future pâtisserie à l'âge de 12 ans. Design Thinker dans l'âme, il a sondé les attentes des habitants du quartier avant d'ouvrir sa boutique dans le 17e arrondissement de Paris. Il nous raconte sa période d'immersion et empathie.

En quoi la première étape du Design Thinking vous a-t-elle été utile ?

« La CCI m'avait conseillé d'aller à la rencontre des futurs clients du quartier. J'ai donc interviewé 86 personnes pour connaître leurs habitudes d'achats, savoir ce qu'elles aimaient dans le chocolat, combien elles étaient prêtes à payer pour du chocolat artisanal… Cette démarche a confirmé que les habitants étaient prêts à accueillir un artisan chocolatier dans leur quartier, à rentrer dans la boutique et à goûter. Au bout du compte, j'ai même intégré la typologie très familiale du quartier en proposant du chocolat chaud à la chantilly maison, des glaces et un moelleux au chocolat le week-end.

À ces interviews, j'ai compilé des chiffres Insee sur la catégorie socio-professionnelle des habitants. Je ciblais principalement les CSP+ parce qu'ils ont un pouvoir d'achat suffisant pour venir et revenir. Cette démarche m'a permis de monter mon dossier pour la banque en proposant un business plan et des témoignages extrêmement solides. »

Des conseils pour cette phase pas toujours simple ?

« Attraper des gens "au vol" n'est pas toujours évident. Avec les personnes qui vous répondent "D'accord, juste 5 minutes", il faut aller à l'essentiel. Mais pour celles qui ont du temps, il faut lancer la discussion et élargir les questions : on récolte alors des réponses bien plus précises.

Pendant un samedi après-midi et un dimanche matin, j'ai essayé de sonder les groupes ou les couples, ce qui m'a donné au moins le double de répondants rapidement.

Au départ, les gens étaient plutôt méfiants, mais une fois qu'ils ont compris qu'il n'y avait pas de démarche commerciale directe, ils sont rentrés dans le jeu en se disant "Mon avis compte, alors je l'aide !". »

Outil 18

Le nuage de mots préparatoire

> Tous les nuages sont bordés d'argent.
>
> Proverbe anglais

En quelques mots

Le **nuage de mots** (ou **tag cloud** en anglais) est une manière de définir et de classifier l'information. Sous forme de listes regroupées par grands thèmes ou sous forme d'image, le nuage de mots est une **représentation visuelle** permettant d'identifier rapidement les **mots les plus utilisés** par le groupe. Si vous utilisez un générateur automatique de nuage, plus un mot est cité par le groupe et plus il est visible dans le nuage. Une bonne manière de distinguer les **tendances sémantiques** d'un rapide coup d'œil et de **faire émerger des orientations** auxquelles vous n'auriez pas pensé en solo.

LES 2 FORMES DE NUAGES DE MOTS D'UNE BOX POUR BÉBÉ

Nuage de mots classé par thème

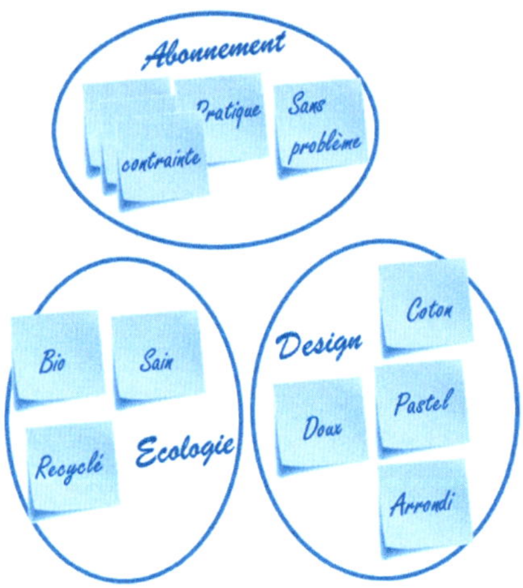

Nuage de mots automatisé

POURQUOI L'UTILISER ?

Objectif

Le but du nuage de mots est de clarifier la pensée et les mots utilisés par chaque membre du groupe et de les faire évoluer vers un vocabulaire commun. Cet outil permet aussi de donner un temps de parole équivalent à tous les membres de l'équipe, même aux personnalités les plus effacées.

Contexte

On utilise le nuage de mots préparatoire en complément du Partage d'expériences (outil 14) : il permet de regrouper les mots proposés par le groupe pour les catégoriser et faire ressortir la sémantique la plus utilisée et les tendances intéressantes pour la suite.

COMMENT L'UTILISER ?

Étapes

1. Chaque participant écrit tout ce que lui évoque le sujet de travail, à raison de 1 mot ou expression par Post-it, de manière la plus naturelle et sans chercher à avoir raison.
2. À tour de rôle, **chaque membre de l'équipe se lève** et lit à haute voix le premier Post-it qu'il a écrit (il devient alors orateur).
3. Le groupe est libre de poser à l'orateur **toutes les questions** qu'il désire et de demander les précisions nécessaires pour être certain que tout le monde parle bien de la même chose.
4. L'orateur colle son premier Post-it sur le mur ou sur un paperboard.
5. Il lit ensuite son 2e Post-it à haute voix pour que le groupe en débâte le temps nécessaire.
6. En accord avec le groupe, l'orateur colle ce 2e Post-it à côté du 1er s'il appartient au même thème, sinon il le colle un peu plus loin et crée donc un nouveau thème. Il fait de même pour l'ensemble des Post-it qu'il a rempli.
7. Chaque membre de l'équipe devient orateur, expose son point de vue à l'oral et vient poser ses Post-it en faisant bien attention de les coller dans les thèmes déjà existants ou d'en créer au fur et à mesure.
Si un mot apparaît plusieurs fois, on le colle directement sur ceux déjà cités.
8. Une fois le dernier orateur passé, le groupe entier se lève et s'approche du mur de Post-it.
9. On donne alors 10 minutes au groupe pour s'accorder sur le fait que chaque proposition est dans le bon thème.
On peut librement les bouger, les changer de thème, renommer un thème, diviser ou regrouper deux thèmes qui semblent redondants.
10. Une fois le temps écoulé, **on tire les conclusions de ce travail** en mettant en avant les mots les plus utilisés et les découvertes les plus intéressantes…
On garde précieusement ce nuage pour la suite.

Méthodologie et conseils

On pourra utiliser un générateur automatique de nuages de mots (comme nuagedemots.co ou nuagesdemots.fr) pour créer un beau nuage.
Il suffit de taper chaque mot énoncé par l'équipe, même les doublons, et le générateur s'occupe d'en faire une belle représentation.
Vous pouvez même paramétrer les couleurs et la forme du nuage (rond, carré, nuage, sapin de Noël, cœur…).

Avant de vous lancer…

- ✓ **Durée estimée : 2 minutes maximum par participant à l'oral + 10 minutes de regroupement final.**
- ✓ **Une fois le travail terminé, certaines équipes affichent leur nuage de mots dans leur couloir ou leur salle de réunion afin que l'ensemble des collaborateurs puissent profiter de leur réflexion.**

Outil

19 Le Mind Mapping

> « Voyez ce que vous pensez !
> Lois Farfel Stark

En quelques mots

Le **Mind Mapping** (ou **carte heuristique** en français) ne date pas d'hier, puisque ce serait Aristote qui en aurait imaginé le concept. Bien plus tard, dans les années 1970, c'est le psychologue anglais Tony Buzan qui formalisa et vulgarisa cet outil devant les caméras de la BBC.

Imitant un réseau veineux, le Mind Mapping simule le **cheminement de la pensée humaine**. Aussi appelée « carte à idées », « carte de la pensée » ou « arbre à idées », cette méthode, utilisée même dans les classes d'écoles maternelles, est idéale pour **répertorier, cartographier et montrer** la propagation des idées.

L'OUTIL DE VISUALISATION PAR EXCELLENCE

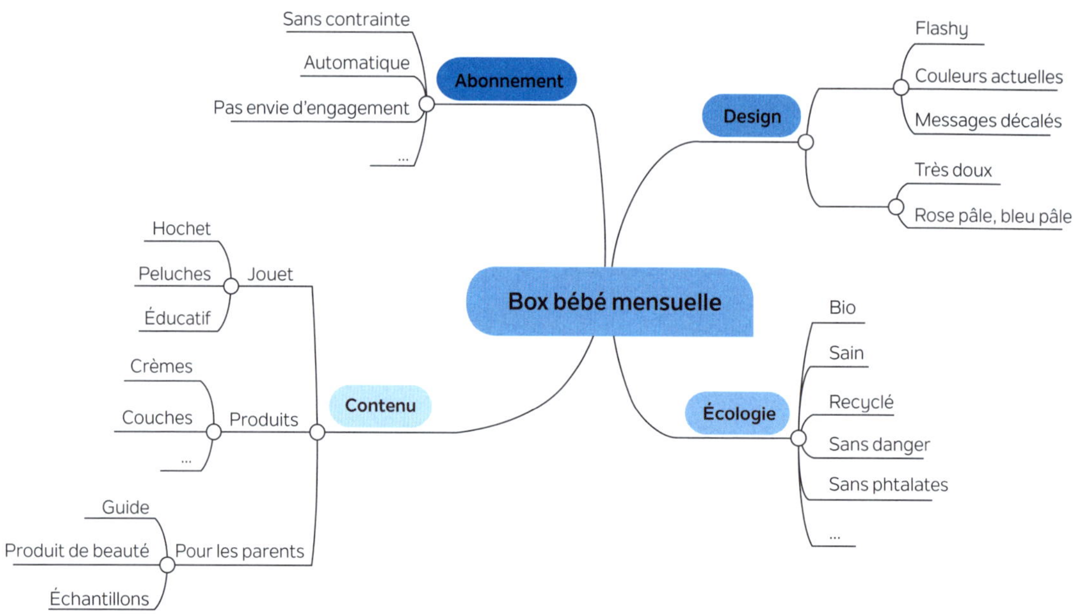

POURQUOI L'UTILISER ?

Objectif

Une carte heuristique permet de matérialiser par écrit et sous forme logique, chronologique ou thématique, une série d'informations qui seraient bien trop complexes à expliquer ou à retenir.

Contexte

Le nuage de mots nous a apporté un grand nombre de propositions, de mots et d'expressions. Après les avoir catégorisés, il est possible de tout ordonner via un Mind Mapping clair.

COMMENT L'UTILISER ?

Étapes

1. Au centre d'une grande feuille, **inscrivez le nom de votre projet**.
2. Depuis ce centre, **construisez des branches de couleurs différentes**.
Chaque branche peut correspondre à un thème de votre précédente séance de « nuage de mots ».
Elle peut aussi correspondre à de nouveaux thèmes que le groupe estime, avec le recul, comme étant primordiaux au projet.
3. **Prolongez et faites ramifier** chaque branche en sous-branches dans le but de détailler les propositions faites précédemment.

Méthodologie et conseils

Un Mind Mapping peut être réalisé avec des mots mais aussi avec des images, des icônes ou des pictogrammes. Chaque équipe trouvera la façon qui lui correspond le mieux.
De nombreux sites Internet permettent de réaliser un Mind Mapping de manière claire, propre et rapide (notamment Mindmeister, Framindmap, GitMind ou encore FreeMind).
Par exemple, dans le cas d'une équipe qui travaillerait sur élaboration d'une box pour bébé, vendue par abonnement, elle pourrait faire ressortir 4 thèmes principaux de leur nuage de mots : design, écologie, abonnement et contenu.
Concernant le design, 2 courants se différencient : le courant flashy et le courant pastel, très doux.
Dans cet exercice, vous ne devez pas faire de sélection : chacun a son mot à dire et on se doit de matérialiser toutes les propositions faites.
Le thème « Écologie » semble avoir fait l'unanimité : l'équipe a proposé que la box et les produits la composant soient bios, sains, recyclés, sans danger, sans phtalates.
Le thème « Contenu » diverge en 3 sous-branches dédiées : les jouets, les produits de soin et un cadeau pour les parents qui serait présent à l'intérieur de la box.
Enfin, le thème « Abonnement » a apporté des informations intéressantes concernant l'engagement.
Rappelons que le Mind Mapping n'est qu'une représentation visuelle de vos discussions, il n'est en aucun cas un plan d'actions à suivre car vous n'êtes qu'au début du processus de Design Thinking. Le plus étonnant est que, sans le savoir, l'équipe projet vient de concevoir ses premiers POC (outil 7) qu'elle pourra tester auprès des premières personnes interviewées.

Avant de vous lancer...

- ✓ **Durée estimée : entre 20 minutes et 45 minutes en fonction du nombre de thèmes et d'expressions à insérer.**
- ✓ **L'utilisation du Mind Mapping est multiple. Hors projet Design Thinking, on peut aussi y recourir pour simplifier une prise rapide de notes, structurer ou visualiser des idées complexes.**

Outil 20

L'observation (une mouche sur un mur)

"

L'aigle a beau avoir des serres, il ne pourrait capturer une mouche.

Proverbe chinois

En quelques mots

Être aussi **discret qu'une mouche** (ou qu'une petite souris si vous préférez cette comparaison) et pouvoir scruter les moindres **faits et gestes** de certaines personnes sur le terrain : c'est le but de cet outil puissant, simple et totalement gratuit. En observant attentivement, vous découvrirez des pratiques communes ou inhabituelles, des moments de doutes, d'énervements ou des petites victoires. Cette observation permet de récolter un grand nombre de faits, d'émotions, d'usages et de mieux comprendre votre public cible pour, par la suite, lui proposer un produit ou service **innovant** qui puisse lui simplifier la vie.

SE RENDRE AUSSI DISCRET QU'UNE MOUCHE...

POURQUOI L'UTILISER ?

Objectif

Observer et récolter des informations auprès d'utilisateurs sans aucune interférence entre eux et vous.

Contexte

Cet outil d'observation doit être utilisé à chaque fois que vous avez besoin d'étudier le comportement de personnes en situation d'usage et dans le lieu caractéristique où se déroule l'action (un restaurant, un supermarché, une gare, une file d'attente...) ou en utilisant un objet spécifique (distributeur de billets, bornes en libre-service...).
Le but est de rester invisible pour ne pas influencer l'usage de quelque manière que ce soit.

COMMENT L'UTILISER ?

Étapes

1. Avec votre équipe projet, **définissez un plan d'action** (lieux, publics spécifiques et actions particulières à observer).
2. **Rédigez en équipe un guide d'observation détaillé** pour que les personnes qui iront sur le terrain (les observateurs) considèrent bien les mêmes choses aux moments clés.
3. Les observateurs vont donc sur le terrain et cherchent **un endroit suffisamment éloigné et discret** pour voir sans être vu.
Le mieux étant de trouver un endroit surélevé pour avoir une vision large et globale.
4. **En suivant le guide d'observation**, regardez, écoutez, sentez, photographiez, répertoriez et notez tout ce que vous pouvez voir et ressentir (même les actions habituelles ou situations anodines de votre public ciblé), sans oublier les émotions que ce dernier vit : agacement, irritation, joie, empressement, sentiment d'être perdu...
5. Une fois votre observation terminée, **compilez vos données et constatations** de la manière la plus précise possible.
Aidez-vous des photos et vidéos prises sur place ou esquissez des dessins ou schémas pour mieux expliquer les situations.

Méthodologie et conseils

Tout comme un agent secret, le but du jeu est de ne pas vous faire remarquer.
Pendant l'observation, armez-vous de votre bloc-notes, de votre Smartphone pour prendre des photos et des vidéos, ou même d'un discret appareil photo professionnel si vous avez besoin de zoomer sur des actions précises.
Répertoriez chaque action de votre public ciblé, même si elles vous paraissent banales, insignifiantes et redondantes. Car c'est grâce à l'observation fine d'un grand nombre de personnes que vos découvertes et constatations seront précises et documentées. Vous pouvez ainsi commencer à voir une tendance se dessiner ou des pratiques intéressantes auquel vous n'auriez pas pensé par vous-même.

Avant de vous lancer...

- ✓ **Durée estimée : de 2 heures à plusieurs jours, divisés en plusieurs sessions.**
- ✓ **Si plusieurs équipes réalisent l'observation, attardez-vous sur la rédaction du guide d'observation car il est important de définir parfaitement ce que vous souhaitez observer.**
- ✓ **Pour profiter au mieux des avantages de cet outil, prenez votre temps et restez bien concentré sur l'action. Une observation à la va-vite ne vous apportera qu'une partie de la réponse.**

Outil 21

Les enquêtes et la collecte d'informations

> “
> *La connaissance des mots conduit à la connaissance des choses.*
> Platon

En quelques mots

Voici enfin le moment de votre **première rencontre** en face-à-face avec votre public potentiel ! Avec le partage d'expériences, vous aviez déjà recueilli des informations parmi les membres de votre équipe projet. Or il est aussi primordial de **récolter un maximum d'informations et d'avis** avant de lancer votre projet. Il est donc temps d'aller à la chasse aux révélations de la part d'utilisateurs actuels et/ou de clients potentiels... en gardant bien à l'esprit que vous cherchez à rencontrer **un maximum de personnes en un minimum de temps** dans le cadre d'une **étude quantitative.**

EXPLOITER UN GRAND NOMBRE DE DONNÉES

POURQUOI L'UTILISER ?

Objectif

Le but d'une étude quantitative est de récolter un maximum d'informations sur les pratiques et les us et coutumes des personnes qui pourraient être amenées à utiliser votre solution.
Vous apprendrez à exploiter ces données par la suite (Dossier 3).

Contexte

À l'aide d'un rapide questionnaire, aidez vos interviewés à se remémorer leurs souvenirs et à se projeter dans un futur qui leur serait bénéfique. Allez aussi à la pêche aux bonnes idées et testez vos premiers POC.

COMMENT L'UTILISER ?

Étapes

3 possibilités s'offrent à vous :
1. Enquête sur le terrain : rédigez vos questions sous forme d'un questionnaire à choix multiples et de quelques questions ouvertes et posez vos questions en alpaguant des personnes constituant votre public ciblé dans le lieu où il a l'habitude d'aller, de passer ou de vivre.
2. Enquête par e-mail : utilisez votre carnet d'adresses pour envoyer vos questions à vos amis, connaissances professionnelles, famille...
3. Enquête par sondage Internet via les réseaux sociaux : créez un sondage gratuit sur Internet (via SurveyMonkey.com ou Google Forms par exemple) et partagez-le sur vos réseaux sociaux en demandant à vos amis d'y répondre, de le partager à leur tour et de prévenir/tagger une personne qui pourrait y répondre.

Méthodologie et conseils

Interrogez les personnes sur leurs habitudes de consommation, sur leurs actions au quotidien et sur leur manière d'utiliser tel produit, marque ou processus.
On recherche principalement, avec cet outil, à recueillir les réponses d'un certain nombre de personnes.
On prépare alors des questions simples auxquelles les interrogés pourront répondre par oui ou par non et quelques questions plus larges :

- Achètent-ils le genre de produit sur lequel porte votre projet (sans rien dévoiler de vos idées) ? Oui/Non.
- Sont-ils satisfaits de la marque ou du produit qu'ils achètent ? Oui/Non.
- Pourquoi ne sont-ils pas satisfaits ?
- Quelles marques ont-ils l'habitude d'utiliser ?
- Comment utilisent-ils ce produit ou service ?
- Pourquoi l'achètent-ils ? Pour le prix, pour l'efficacité, pour la qualité ?
- Combien de fois par mois achètent-ils ce genre de produit, effectuent-ils une quelconque action ou viennent-ils dans tel lieu ? 1, 2, 3, plus ?
- Quel montant dépensent-ils par mois en achetant ce produit ? 10 €, 20 €, 30 €, plus ?
- Quels sont leur âge, profession, ville d'habitation, etc. ?

Vous devez poser des questions courtes et vous attendre à des réponses évasives au départ. Leur poser plusieurs fois la question « Pourquoi » vous permettra d'avoir plus de détails.
Vous aurez besoin d'un grand nombre de répondants pour justifier d'une tendance ou d'une statistique solide afin d'en apprendre encore plus sur les habitudes de vos futurs utilisateurs.

Avant de vous lancer...

- ✓ **Durée estimée : quelques minutes par personne interrogée.**
- ✓ **Sur le terrain, laissez votre timidité de côté et allez de l'avant pour provoquer les rencontres. Après tout, vous avez tout à y gagner...**

Outil 22 Le photojournal

> “
> *La photographie, c’est mieux qu’un dessin, mais il ne faut pas le dire.*
>
> Jean-Auguste Ingres

En quelques mots

Le **photojournal** est une manière **simple et pérenne** de recueillir des informations sur les modes de pensées, les habitudes et les réelles façons de faire de votre public cible. En lui donnant l’occasion de prendre des photos ou des vidéos par lui-même, vous laissez libre cours à sa créativité et lui permettez de produire des anecdotes d’une manière moins perturbante et impressionnante qu’une entrevue en face-à-face. Et en plus, toutes les photos ou vidéos produites par chaque personne peuvent servir de base de travail permettant de lancer un entretien approfondi.

UNE PHOTO VAUT MIEUX QU’UN LONG DISCOURS

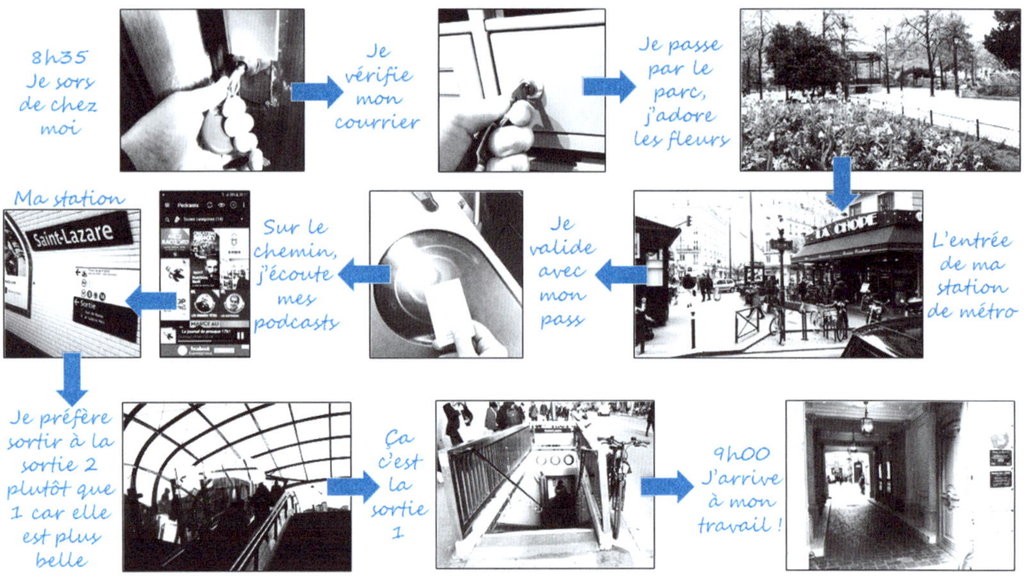

POURQUOI L'UTILISER ?

Objectif

Avec le photojournal, vous découvrez des habitudes et des situations que vous n'auriez pas pu recréer par vous-même et, surtout, vous comprenez mieux le mode de fonctionnement de vos futurs utilisateurs. Munis de leur smartphone ou d'une caméra vidéo, vos « observés » se prêtent facilement au jeu grâce à cette activité ludique et vous dévoilent leur véritable quotidien.

Contexte

Avant de réaliser un entretien approfondi, vous pouvez leur demander de réaliser un photojournal. Cet outil nécessite que vous laissiez plusieurs jours à votre interlocuteur pour qu'il puisse avoir le temps de le réaliser correctement et de reproduire sa réalité.

COMMENT L'UTILISER ?

Étapes

1. **Prêtez un Smartphone** ou un appareil photo à votre interlocuteur (s'il n'en possède pas).
2. **Donnez-lui les lignes directrices** du travail qu'il est supposé réaliser.
Par exemple : votre équipe souhaite travailler à l'amélioration des déplacements maison-travail, vous indiquerez alors à l'interlocuteur de prendre en photo toutes les étapes de son parcours entre son lieu d'habitation et son lieu de travail.
Si votre projet nécessite un achat en supermarché, vous pourriez demander à photographier toutes les étapes que réalise l'interlocuteur entre le moment où il gare sa voiture sur le parking du magasin jusqu'au moment où il repart.
3. Une fois le photojournal réalisé**, laissez l'interlocuteur raconter** et expliquer le contenu de chaque photo ainsi que ses choix.

Méthodologie et conseils

Avant de commencer à prendre des photos, votre interviewé doit recevoir un guide de photojournal indiquant les actions exactes qu'il doit effectuer pour vous. Si le guide n'est pas suffisamment précis, vous risquez de recevoir des photos hors sujet et tout le monde aura perdu son temps. Pensez à préciser le nombre approximatif de photos demandées et le contexte (heure de la journée, moments spécifiques, lieux particuliers...).
En fonction de votre sujet, vous pouvez aussi demander à votre interlocuteur de photographier son parcours quotidien pour aller d'un point A à un point B par exemple, mais aussi de photographier des personnes de son entourage, des lieux, des actions, des choses qu'il apprécie, le contenu de son panier de courses ou sa consommation hebdomadaire de produits spécifiques.
On peut aussi lui demander de réaliser un storyboard étape par étape, comme sa manière d'utiliser une machine à expresso, mais aussi son expérience d'achat en boutique.
Une fois le photojournal réalisé, la partie explicative de chaque photo est primordiale. N'hésitez pas à utiliser la technique des « 5 Pourquoi », qui est particulièrement performante ici et questionnez-le sur son choix de mettre en avant certaines choses et pas d'autres.

Avant de vous lancer...

✓ **Cet outil peut être proposé à votre interlocuteur en amont de l'entretien approfondi (outil 24). Vous demanderez à recevoir les photos quelques jours avant l'entretien et pourrez alors prévoir des questions sur le sujet.**

Outil 23

L'immersion totale

> “
> L'intelligence de la vie [...], cette faculté de comprendre avant de savoir.
>
> Jean Dutourd

En quelques mots

La **phase d'immersion et d'empathie** du Design Thinking nécessite de se mettre à la place de vos futurs clients ou utilisateurs. L'immersion totale, quand elle est possible, est la **parfaite réponse** à beaucoup de questions que se pose probablement l'équipe projet, d'autant plus si vous ne connaissez pas bien le secteur d'activité ou les parties prenantes auquel vous allez être confronté. Comme dans l'émission de télévision « Vis ma vie », vous découvrirez le **quotidien de votre futur public, ses contraintes et ses besoins**... et en apprendrez encore plus sur votre futur projet.

EXPÉRIMENTER UNE SITUATION EN CONDITIONS RÉELLES

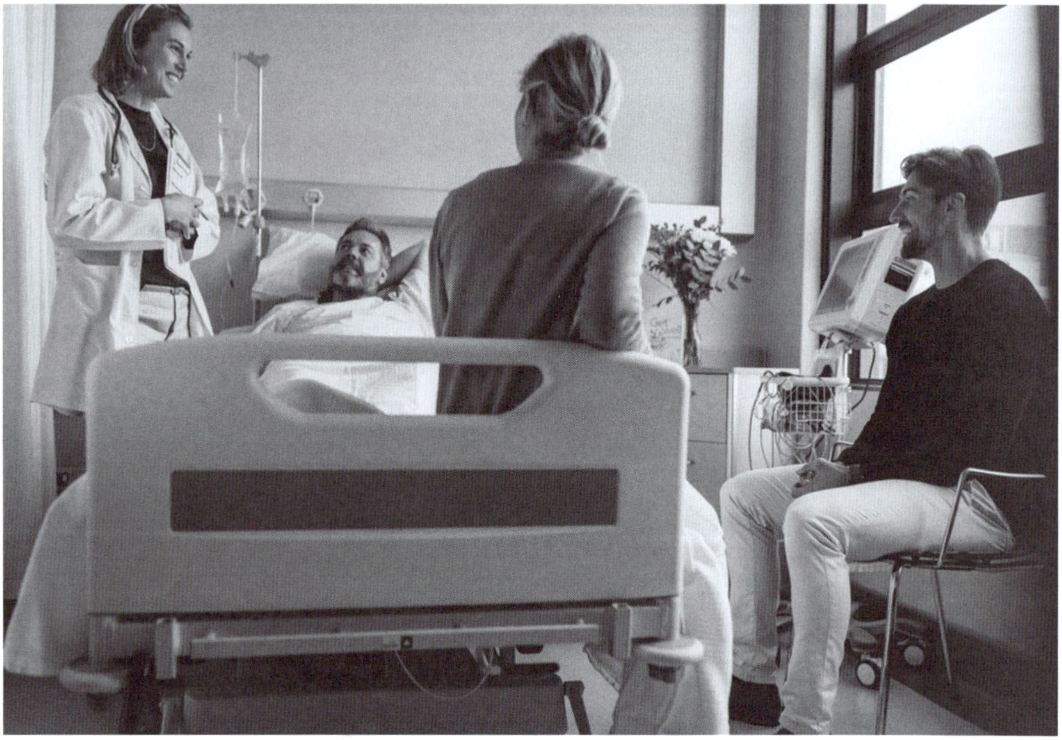

POURQUOI L'UTILISER ?

Objectif

Cet outil permet de rassembler un maximum d'informations, de citations et de situations réelles pour confirmer le bien-fondé de votre futur projet et recueillir beaucoup de données sur les méthodes et procédures utilisées par des professionnels ou usagers, dans la vraie vie.

Contexte

Un peu comme un stage en entreprise, l'immersion totale permet de se confronter à la réalité du terrain et d'affirmer ou d'infirmer l'idée que vous en aviez avant d'y faire vos premiers pas.

COMMENT L'UTILISER ?

Étapes

1. Trouvez le lieu et les équipes qui pourraient vous accueillir pendant quelques heures ou plusieurs jours parmi elles.

2. Réalisez votre immersion totale en vous mettant dans la peau de la personne qui utilisera votre solution.

3. Notez toutes les découvertes qui seront bénéfiques à votre futur projet :

- points positifs;
- points négatifs;
- points stressants;
- méthodes et processus découverts et ceux à améliorer;
- points auquel vous n'aviez pas pensé...

Méthodologie et conseils

Lors de votre demande d'immersion auprès de l'organisation visée, soyez précis et clarifiez bien votre démarche : il ne faudrait pas que vos interlocuteurs pensent que vous ferez de l'espionnage industriel. Mettez-vous réellement dans la peau de votre futur utilisateur ou client. Vous devez sortir de cette expérience en ayant appris suffisamment pour vous aider à imaginer, créer et améliorer votre futur projet.

Par exemple : imaginons que les membres d'une équipe souhaitent améliorer le quotidien des patients de longue durée à l'hôpital. Ils passeraient alors un mois dans la peau d'un vrai malade, totalement alité, à filmer en permanence ce qu'ils voient réellement, à savoir la télévision, les médecins, les infirmiers... mais surtout le plafond tout blanc pendant plus de 60 % du temps! Une fois l'immersion totale terminée, l'équipe travaillerait sur une meilleure expérience au quotidien dans les hôpitaux qui pourrait se matérialiser par un plafond peint comme un ciel d'été et un outil de projections interactives sur le plafond.

Autre exemple : une équipe projet cherchant à améliorer l'accès des personnes en situation de handicap physique dans les transports en commun, pourrait se déplacer en siège roulant ou avec des béquilles pendant quelques jours. Elle découvrirait alors la réalité du quotidien d'une personne handicapée :

- franchissement d'une seule marche impossible;
- quai du métro non accessible si l'ascenseur est en panne;
- prochaine station avec rampe PMR à plus de 800 mètres...

À la suite de cette immersion très éprouvante, on pourrait imaginer un système de covoiturage dédié entre valides et handicapés.

> *Avant de vous lancer...*
>
> ✓ **Durée estimée : de quelques heures à plusieurs jours en fonction du projet.**
>
> ✓ **Sélectionnez bien votre terrain d'expérimentation, il influencera nettement vos découvertes.**
>
> ✓ **Échangez beaucoup et interviewez les équipes et les utilisateurs sur place, ils vous livreront leurs véritables problèmes et leurs besoins réels.**

Outil 24 Le guide d'entretien et les interviews approfondies

> "
> *Toute connaissance est une réponse à une question.*
> Gaston Bachelard

En quelques mots

Les **entretiens approfondis** sont indispensables à la **compréhension de vos futurs clients ou utilisateurs, il vous sera donc primordial d'aller à leur rencontre, sans quoi, vous ne ferez pas de Design Thinking**. Plus vos entretiens seront précis et bien menés, et plus vous récolterez d'informations précieuses pour les étapes suivantes. C'est le moment de changer de casquette et de vous mettre dans la peau d'un journaliste ou d'un anthropologue.
Cette série d'interviews de fond vous permettra aussi de tester vos premiers POC à l'oral et de vous nourrir des idées des interviewés.

L'ENTRETIEN APPROFONDI : UN TRÉSOR DE DÉCOUVERTES

POURQUOI L'UTILISER ?

Objectif

En entretien approfondi avec d'éventuels futurs clients ou utilisateurs, vous découvrirez des utilisations, des besoins, des mots ou expressions employés, des situations auxquels vous n'aviez pas pensé et même de très bonnes idées ! Vous pourrez ensuite vous appuyer sur ces découvertes pour nourrir votre projet.

Contexte

Si vous devez réaliser une immersion totale, vous pouvez en profiter pour effectuer vos entretiens approfondis auprès de vos collègues du moment et des utilisateurs rencontrés sur place. Sinon, cet outil intervient généralement après les enquêtes et la collecte d'informations.

COMMENT L'UTILISER ?

Étapes

1. En équipe projet, définissez **le profil ou la fonction des personnes que vous souhaitez interviewer**.
2. Par écrit, **déterminez ce que vous voulez savoir** sur leur situation actuelle, leur vécu et leurs besoins.
3. **Structurez votre interview** par grands thèmes, du plus large au plus précis, en faisant ressortir les questions primordiales à votre compréhension. Profitez-en aussi pour leur soumettre vos premières idées, à savoir vos POC.
4. **Créez votre guide d'entretien en rédigeant vos questions**.
5. **Vérifiez la logique** et les enchaînements de l'entretien en vous entraînant sur des amis ou collègues et améliorez en conséquence.
6. **C'est parti pour les interviews !**

Méthodologie et conseils

Préférez les questions ouvertes commençant par Pourquoi, Comment, Quand, Avec qui, De quelle manière, Si je vous dis… Ces questions amènent une réponse plus détaillée et sincère car l'interviewé racontera ses émotions et ses expériences. Soyez à l'écoute et demandez-lui des anecdotes ainsi que ses sensations personnelles…

Votre guide d'entretien est une base de réflexion, suivez le fil naturel de la conversation si c'est intéressant pour votre projet.

Si vos POC ne sont pas appréciés par vos utilisateurs, cette alerte est déjà en soi une bonne information. Essayez de comprendre leurs raisons et leurs propositions d'améliorations.

Essayez aussi de prendre conscience que ces rendez-vous en tête-à-tête sont des moments privilégiés et que les interviewés font preuve de bonne volonté en mettant à disposition leur temps et leur personne pour vous et votre projet. Il faut donc ne pas trop faire traîner l'interview et les remercier grandement. Vous aurez aussi tout intérêt à leur donner des nouvelles de l'avancement de votre projet car ce sont eux vos potentiels premiers utilisateurs. Vous pourrez aussi les recontacter pour leur faire tester vos premiers prototypes (outil 57).

Il est aussi possible de réaliser un *focus group* (une réunion de plusieurs futurs utilisateurs, en même temps) mais il faudra être bien rodé à l'exercice.

Suite outil 24 →

Avant de vous lancer…

✓ **Interviewer une dizaine de personnes en face-à-face est en général suffisant pour avoir assez de données pour la suite du processus. Mais rien ne vous empêche d'en rencontrer plus, surtout si vous ciblez des typologies différentes de futurs clients ou utilisateurs…**

Le guide d'entretien et les interviews approfondies

COMMENT ÊTRE PLUS EFFICACE ?

Place à l'interview!

Une fois vos questions rédigées et prêtes à être posées, c'est le moment de rencontrer vos futurs interlocuteurs. Faites attention à ne pas influencer leurs réponses, notamment par un biais de confirmation. Un autre point important est qu'ils aient suffisamment de temps à vous accorder pour répondre à l'ensemble de vos questions. Vous pouvez aussi rencontrer des personnes ayant préalablement répondu à votre enquête par Internet.

Mise en confiance

La première impression est toujours la bonne, alors n'oubliez pas de vous présenter, d'expliquer rapidement le contexte (sans rien dévoiler du questionnaire) et mettez en confiance l'interlocuteur. Expliquez-lui que ce n'est pas un interrogatoire et qu'il n'y a pas de bonnes ou de mauvaises réponses, tout ce que vous souhaitez en l'interrogeant est de comprendre son ressenti et ses impressions.

Idéalement, réalisez vos interviews à deux personnes de l'équipe projet : la première sera l'intervieweuse (celle qui pose les questions, relance et rebondit sur les réponses de l'interlocuteur) et l'autre sera l'observatrice (elle prendra des notes et pourra recadrer ou demander d'argumenter certaines réponses si l'intervieweuse n'y pense pas). Demandez aussi à enregistrer la conversation, vous en aurez certainement besoin plus tard.

Ne jugez jamais les propos de votre interviewé. Ne donnez pas non plus votre opinion ou votre avis, sous peine de le freiner, voire de le bloquer totalement.

Prenez soin de respecter ses silences et sa manière de construire sa réflexion : chaque personne raisonne à une vitesse différente. Si ses pensées ont tendance à s'éloigner systématiquement de votre questionnaire, laissez-le terminer sa réflexion et recentrez-le sur votre question. Si votre interviewé cherche ses mots ou passe par de longues périodes de silence, c'est qu'il est en train d'étayer ses propos, laissez-le faire. S'il a votre confiance, il se livrera pleinement.

Lors des questions ouvertes, encouragez sa spontanéité et le partage des situations qu'il a vécues ainsi que ses propres émotions (était-il triste, frustré, heureux, content, énervé... et pourquoi ?).

Le pouvoir des 5 pourquoi

Tout au long de vos entretiens, vous vous rendrez compte que vos interlocuteurs ont tendance à répondre de manière assez évasive, sans s'attarder sur les détails. C'est tout à fait normal et il n'y a que les personnes rompues à l'exercice qui sont capables d'exprimer une pensée du début à la fin et en détail.

Les écoles de journalisme enseignent souvent la technique des « 5 Pourquoi ». À savoir qu'une pensée ne sera vraiment exprimée dans ses plus intimes détails et dans toute sa vérité qu'après avoir posé 5 fois ce fameux « Pourquoi ? » à la même question.

Évidemment, vous ne le ferez pas pour chaque question, mais éventuellement sur les 2 ou 3 questions primordiales que vous avez précédemment déterminées en équipe.

Auto-évaluation

Préparer correctement son interview

Exercice 1 : La bonne personne à interviewer

> **Comment être certain d'interviewer la bonne personne ? Voici un petit test pour le savoir. Cochez la case si votre réponse est affirmative.**

1. La personne à interviewer est ou sera touchée, de près ou de loin, par votre projet.

oui ☐ non ☐

2. La personne correspond à la catégorie socio-professionnelle (CSP) recherchée ou exerce la fonction recherchée.

oui ☐ non ☐

3. La personne à interviewer est dans la tranche d'âge que vous recherchez.

oui ☐ non ☐

4. Elle a suffisamment d'expérience sur le sujet que vous étudiez (positive ou négative) et est capable de la raconter.

oui ☐ non ☐

5. Elle est bien disponible à 100 % pendant l'interview.

oui ☐ non ☐

6. Vous avez confirmé une dernière fois sa disponibilité la veille du rendez-vous.

oui ☐ non ☐

Exercice 2 : Bien préparer son interview

> **Rien n'est pire que de sentir que son entretien ne se passe pas comme prévu. Anticipez les problèmes en répondant à ce rapide questionnaire :**

1. Avant toute question, je commence par me présenter en détail afin d'amener un climat de confiance.

oui ☐ non ☐

2. J'indique que je n'attends aucune réponse en particulier, qu'il n'y a ni bonne, ni mauvaise réponse. Seule l'expérience personnelle compte.

oui ☐ non ☐

3. J'indique et confirme avec mon interlocuteur la durée approximative de l'entretien.

oui ☐ non ☐

4. J'organise mes questions par grands thèmes afin de suivre un déroulé logique.

oui ☐ non ☐

5. Je privilégie les questions ouvertes, permettant de raconter son expérience.

oui ☐ non ☐

6. Je suis prêt à sortir de ma liste de questions pour demander des précisions si le besoin s'en fait sentir.

oui ☐ non ☐

7. Je n'hésite pas à lui demander « Pourquoi ? » afin de recueillir encore plus d'informations.

oui ☐ non ☐

> **Plus le nombre de cases cochées « oui » est élevé et plus votre entretien se déroulera dans les meilleures conditions.**

Outil 25

La visite guidée

> “ Il est toujours plus plaisant de suivre que de guider.
>
> Michel de Montaigne

En quelques mots

Et si on inversait les rôles ? Et si, comme dans un musée, **vous vous laissiez guider par votre interlocuteur** dans la découverte de son quotidien et sa manière de faire ? Avec cet outil, vous ne serez plus la personne qui donne des instructions mais **celle qui suit la façon de faire et de penser** de quelqu'un. En vous laissant inviter chez votre public cible (ou dans tout autre endroit qui correspond à vos recherches et votre immersion), vous suivrez une visite parfois étonnante et mouvementée, mais vous en ressortirez avec encore plus de **découvertes utiles** à votre projet.

SUIVEZ LE GUIDE !

POURQUOI L'UTILISER ?

Objectif

Avec cet outil, vous comprendrez et découvrirez une réalité probablement différente de vos préjugés, en situation du quotidien.

Contexte

Cette visite a lieu chez votre interviewé, sur son lieu de travail ou dans les lieux étudiés par votre projet. Elle peut être réalisée le même jour que l'entretien approfondi.

COMMENT L'UTILISER ?

Étapes

1. **Planifiez un rendez-vous** avec votre interlocuteur.
2. Le jour J, **présentez-vous comme pour l'entretien approfondi** et expliquez votre démarche. Le but est de le mettre en confiance pour qu'il puisse pleinement se livrer par la suite.
3. **Détaillez votre demande** et la situation, le Contexte qu'il va devoir reproduire et vous expliquer.
4. **Suivez et annotez scrupuleusement** sa manière de faire.
Une fois terminé, demandez-lui pourquoi il a agi de cette manière.
5. **Notez fidèlement chaque réponse** ou enregistrez-le pour pouvoir mieux les exploiter par la suite.
6. Une fois la visite guidée terminée, **remerciez votre interlocuteur pour son accueil**.
S'il est de toute évidence un futur client potentiel, gardez précieusement ses coordonnées pour le contacter quand vous aurez à valider des POC ou des prototypes.

Méthodologie et conseils

Au moment de la planification du rendez-vous, gagnez la confiance de votre futur guide en expliquant bien qu'il n'y a pas de bonne ou de mauvaise manière faire, que vous cherchez seulement à comprendre comment il effectue certaines actions. Idéalement, et avec la permission de votre hôte, venez à deux. L'un posera les questions et mènera la conversation, l'autre notera, enregistrera ou prendra des photos ou vidéos.

N'oubliez pas de noter chaque tic de langage ou de gestuelle, ainsi que les petits rituels de votre hôte, même ceux qui peuvent vous paraître insignifiants sur le moment, ils vous serviront peut-être plus tard. Pendant la visite guidée, n'hésitez pas à poser des questions afin de mieux comprendre chaque action. Le but est de récolter des routines, certes, mais aussi des points irritants, des incompréhensions, des mauvaises habitudes et des questions éventuelles.
Prenons un exemple simple : une équipe souhaite mieux comprendre l'utilisation des machines à café expresso à domicile car elle voudrait lancer un concept plus écoresponsable que les produits actuellement sur le marché. Finalement, 1 interlocuteur sur 3 avoue ne plus acheter de dosettes officielles car trop chères tandis que 1 sur 5 indique qu'il utilise aussi sa machine pour faire chauffer l'eau de son thé, de sa soupe instantanée ou l'eau du lait en poudre pour bébé.
De plus, très peu d'interrogés ramènent en boutique les dosettes officielles, pourtant recyclables.
L'équipe découvre alors qu'il y aurait besoin d'une machine de bonne qualité sans dosette en aluminium et qui pourrait être multi-usage.

Avant de vous lancer...

- ✓ **Si vous prenez des photos, demandez l'accord de la personne et faites-lui signer une décharge ou une autorisation de droit à l'image.**
- ✓ **Vous pourrez ainsi utiliser ces photos pour vos plaquettes, prise de parole, etc.**

3 DOSSIER

ANALYSE

“

Définir, ce n’est pas généraliser, c’est au contraire délimiter et distinguer par rapport au général.

Patrick Süskind

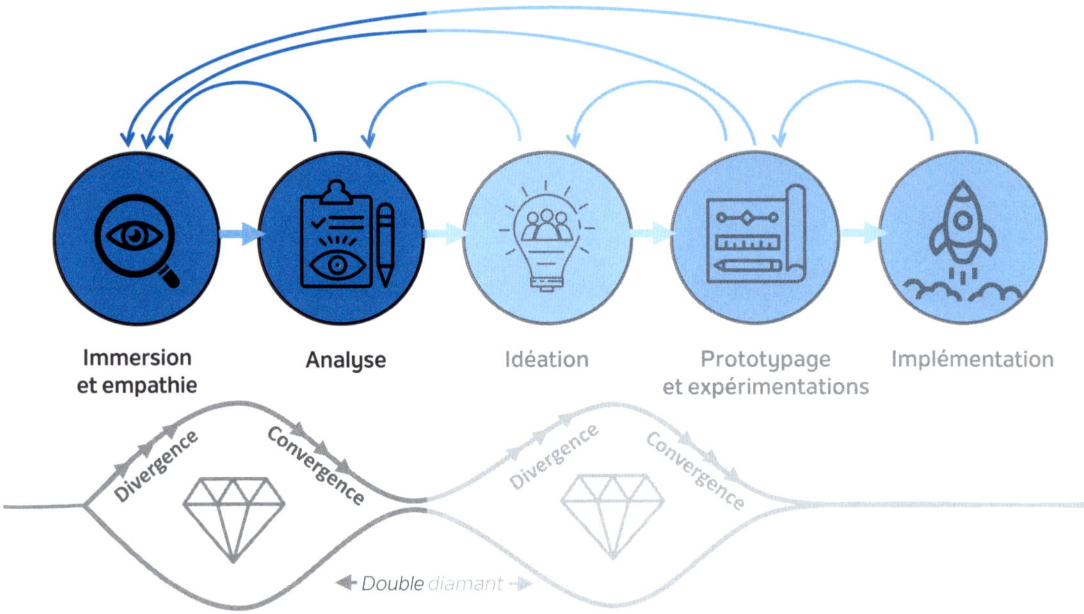

Deuxième partie du processus du Design Thinking, cette phase d'analyse est une période essentiellement tournée vers la convergence des découvertes et la définition du problème en vue de formuler votre défi de manière claire et succincte.

Restituer vos découvertes pour converger

La tentation est probablement grande de commencer à imaginer les solutions qui pourraient faire avancer votre projet à grands pas. Or, vous entrez maintenant dans un cycle de rassemblement des informations. Il faut donc vous efforcer de restituer tout ce que vous avez appris pendant la phrase précédente, sans brainstormer pour de futures idées. Les outils présentés ici servent à vous faire prendre conscience des nouvelles opportunités d'innovation face aux irritants et aux opportunités à saisir.

Prioriser les contours du projet

Les trois derniers outils de ce dossier vous aideront à prioriser toutes les découvertes. Ils servent à faire mettre d'accord les membres de votre équipe sur les contours de votre projet en confirmant les besoins, les priorités et les opportunités que vous aurez identifiés tous ensemble (et qui ont sûrement déjà bien évolué depuis le début).

Retours en arrière autorisés

Peut-être aurez-vous le sentiment d'avoir oublié des questions importantes lors de vos entretiens approfondis, ou de manquer d'informations qui, avec le recul, vous semblent vitales pour continuer sereinement. C'est normal car plus vous avancerez dans cette phase et plus vous vous apercevrez qu'il peut vous manquer des informations importantes. Dans ce cas, n'hésitez pas à revenir en arrière en réutilisant un outil vu dans le Dossier 2, « Immersion et empathie ». Ce retour en arrière est matérialisé par la flèche revenant vers la gauche entre la phase actuelle et la phase précédente.

Les outils

Outil 26 Le partage des découvertes

> “
> *L'histoire, c'est un conte de faits…*
> Franck Dhumes

En quelques mots

Né aux États-Unis dans les années 1990, le **storytelling** (ou l'**accroche narrative** en français) se rapproche du récit de votre périple et de vos découvertes. Cet outil est aussi utilisé en marketing ou en communication politique, mais ici pas de mensonges : on relate et on partage seulement ce que l'on a **vu**, **lu**, **compris**, **ressenti**, **entendu** ou **découvert** pendant la phase d'immersion et d'empathie.
Moment de partage indispensable pour lancer la suite du processus Design Thinking, il permet de souder encore un peu plus les équipes et de construire ensemble des bases fortes de connaissances communes.

UNE PETITE HISTOIRE POUR UN GRAND PROJET

POURQUOI L'UTILISER ?

Objectif

Ce partage à l'oral permet à chaque membre de l'équipe projet d'exposer en détail ses découvertes, en prenant le temps qu'il faut.

Contexte

Après la phase d'immersion et d'empathie, cet outil aide l'équipe à décrire et rassembler les informations récoltées grâce aux méthodes utilisées précédemment :

- le benchmarking ;
- le partage d'expériences ;
- l'observation ;
- la collecte d'informations ;
- l'immersion totale ;
- le photojournal ;
- la visite guidée ;
- l'entretien approfondi...

COMMENT L'UTILISER ?

Étapes

1. En amont de la réunion de partage des restitutions, les membres de l'équipe ayant utilisé le même outil se rassemblent pour mettre en commun leurs histoires et leurs découvertes, mais aussi des données statistiques, des utilisations habituelles et inhabituelles de la part des personnes rencontrées, des citations intéressantes des interviewés, des points irritants ou de bonheur, etc.
L'idée ici est de ne pas tout raconter au groupe, mais de présenter seulement ce qui est significatif.

2. Il est possible de soutenir son propos avec **une rapide présentation PowerPoint** ou par des panneaux reprenant les informations importantes.

3. Une fois la réunion de restitution lancée, un porte-parole de chaque groupe explique aux autres ce qui a été considéré comme important à partager. En ne mélangeant pas les outils entre eux, il y a une progression dans l'information, plus pratique à comprendre pour tous.

4. Les autres membres de l'équipe écoutent attentivement chaque rapporteur et prennent des notes.

5. À la fin de chaque présentation, les membres de l'équipe peuvent poser autant de questions que nécessaire afin d'avoir des précisions ou plus de clarté.

6. C'est à ce moment-là que **des membres de l'équipe peuvent demander à revenir sur le terrain** pour réaliser une itération et compléter d'éventuels manques ou doutes.

Méthodologie et conseils

À l'oral, les porte-parole doivent s'appliquer à donner un maximum de détails réellement utiles. Il est important que les autres membres de l'équipe, surtout s'ils n'étaient pas dans le groupe concerné, ressentent les mêmes choses et développent l'empathie indispensable.
Après le passage à l'oral des rapporteurs, prévoyez une période de travail suffisamment longue pour que l'équipe puisse poser toutes les questions indispensables, surtout si vous avez utilisé beaucoup d'outils différents pendant la première phase du Design Thinking.

Avant de vous lancer...

- ✓ **Durée estimée : généralement 10 à 20 minutes par porte-parole, mais tout dépendra de la profondeur de l'étude que vous avez réalisée et du nombre de données à transmettre.**
- ✓ **Autant que faire se peut, les porte-parole doivent laisser de côté leur subjectivité pour s'efforcer de raconter les faits, rien que les faits...**

Outil 27 Les personas

> “ *Dis-moi qui tu es et je te dirai qui je suis.*
>
> Anonyme

En quelques mots

Popularisée par l'américain Alan Cooper vers la fin des années 1990, cette **fiche d'identité** de vos futurs clients ou utilisateurs a la particularité d'entrer au plus profond de leur personnalité et de livrer des **informations synthétiques et facilement exploitables**. Souvent utilisée par les start-up mais aussi dans les milieux du développement commercial, du marketing, de la communication et des produits grand public, elle déclenche une empathie encore plus accrue grâce à la personnalisation totale des critères qui la composent. Ces personas sont à compléter, si nécessaire, par les 4 outils suivants.

LE PORTRAIT-ROBOT DE VOS FUTURS CLIENTS

Quentin
Le dandy urbain

Baskets *Bon vivant*
Seul le look compte
Dépensier *Yolo*

Scénario :
....
....
....
Frustrations :
....
....
Objectif :
....

40% **de la base clients (estimation)**

Quentin a 28 ans, il habite dans une grande ville française, il est fiancé, sans enfant. Il a fait des études de communication et a signé un CDI en tant que graphiste. Il gagne 25 000 euros par an.

Ses marques préférées :

Eva
L'influenceuse influencée

Marques *Youtube*
Amoureuse
Pressée

Scénario :
....
....
....
Frustrations :
....
....
Objectif :
....

30% **de la base clients (estimation)**

Eva à 21 ans, elle habite chez ses parents. Elle a un petit copain. Elle termine ses études pour devenir coach sportif. Elle a une chaine Youtube de conseils sportifs et suit des influenceuses. Elle est serveuse à mi-temps.

Ses marques préférées :

POURQUOI L'UTILISER ?

Objectif

L'objectif est de définir, pour chacun de vos publics cibles, une fiche d'identité la plus réaliste possible en détaillant quelques points précis.

Contexte

On peut travailler en équipe projet ou, pour gagner du temps, faire travailler des binômes au sein de l'équipe sur un persona spécifique, puis en débattre tous ensemble et améliorer les fiches.

COMMENT L'UTILISER ?

Étapes

1. En équipe projet, **définissez vos publics cibles** (individus regroupés par grands thèmes qui constitueraient le principal de votre clientèle ou de vous usagers).
Qui sont-ils ? Combien y a-t-il de publics différents qui seraient intéressés par votre solution ? Des femmes scientifiques ? Des pères au foyer ? Des directeurs et directrices marketing d'entreprises du CAC 40 ? Des garçons de 6 à 8 ans ? Des adolescentes allant à l'équitation ? Un chômeur en fin de droits ? La fameuse ménagère de moins de 50 ans ?
2. Sur une feuille de paperboard ou un fichier PowerPoint, **établissez la fiche personnelle** de chaque persona (groupe d'individus identifié à l'étape 1).
3. En haut à gauche, **imaginez son prénom (ou reprenez le prénom d'une personne que vous avez interviewée)**.
4. **Trouvez une courte phrase qui résume bien** qui est cette personne. Ajoutez en nuage quelques mots-clés la caractérisant encore plus.
5. **Rédigez sa biographie** (âge, situation familiale, lieu d'habitation, CPS, passions...) et racontez son vécu par rapport à votre projet.
6. **Identifiez ses frustrations et ses attentes** (en reportant vos précédentes observations).
7. **Quel est votre objectif** pour que ce persona n'ait plus de frustration ?
8. **Vous pouvez aussi estimer le pourcentage de clients** comme lui sur l'ensemble de vos futurs clients (même si, pour le moment, ce ne sera pas vraiment précis, mais cela vous permet d'avoir une projection sur l'importance économique de chaque persona).
9. **Trouvez les logos** de ses marques préférées (tous secteurs confondus).
10. **Donnez un visage à votre persona** en le dessinant, en trouvant une photo sur Internet dont le physique pourrait s'en rapprocher ou, plus simplement en mettant la photo d'un de vos interviewés.

Méthodologie et conseils

Une fois vos personas terminés, imprimez-les en plusieurs exemplaires et collez-les un peu partout dans vos locaux (dans le bureau de chaque personne de l'équipe projet, dans les couloirs, à la machine à café...) afin que toute l'équipe intègre bien les caractéristiques de chacun.

Suite outil 27 →

Avant de vous lancer...

- ✓ **Durée estimée : de 20 minutes à 1 heure pour réaliser un persona.**
- ✓ **À partir de maintenant, quand vous parlerez de vos publics cibles, vous utiliserez les prénoms de vos personas et vous vous demanderez « Comment réagirait Eva à cette nouvelle fonctionnalité ? », « Est-ce que cette nouveauté plaira à Eva ? » ou encore « Est-ce que Eva serait prête à dépenser 300 euros pour acheter notre projet ? ».**

Les personas

COMMENT ÊTRE PLUS EFFICACE ?

Afin de vous aider à construire la fiche d'identité parfaite, revenons sur les éléments qui la composent.

Le prénom et la phrase descriptive

Soyez le plus représentatif possible : un prénom reflète souvent une période de naissance, la catégorie sociale de certains parents, peut-être un pays d'origine ou une culture... On ne choisira donc pas le prénom Kévin pour représenter un homme d'une soixantaine d'années.
Réfléchissez à une description qui pourrait résumer En quelques mots les caractéristiques de votre persona. Habituellement, on utilise un nom commun, puis un qualificatif. Par exemple : la maman chic, l'ado ultra-gamer, la mamie connectée, le directeur débordé...

Son nuage de mots

Ici, ajoutez quelques mots définissant les passions ou les caractéristiques spécifiques de votre persona. Pour résumer, il faut qu'en ne lisant que le prénom, la phrase descriptive et le nuage de mots, chacun se fasse déjà une idée des caractéristiques du persona.

La biographie, ses frustrations et ses attentes, vos objectifs

Prenez vos découvertes comme référence lors de la phase d'immersion et d'empathie, vous devriez voir un scénario se dégager...
Il s'agit ensuite de définir ses frustrations et ses attentes : quelles sont-elles et à quel moment se manifestent-elles ? Quel est votre objectif pour lui permettre de ne plus être frustré ?

Le pourcentage de votre base de clients

Sur 100 clients, combien seraient comme ce persona ? Dans cette rubrique, estimez le potentiel de chaque persona et son importance commerciale. Un conseil, ne créez que les personas ayant un potentiel supérieur à 10 % de votre base de clients, sinon vous perdrez votre temps dans des détails trop vagues pour le moment.
Attention : un projet qui n'a qu'un seul persona (c'est-à-dire 100 % de votre base de clients) est un projet à hauts risques ! Imaginez que vos clients se tournent vers des concurrents ou évoluent d'une manière que vous n'avez pas su identifier à temps et c'est la fin de votre projet.

Ses marques préférées

Ne vous cantonnez pas à ne mettre que les logos de vos concurrents mais voyez plus large (vêtements, supermarchés, boisson préférée, modèle de voiture...). On sait par exemple qu'en fonction de la marque de téléphone mobile, on peut déceler le niveau de vie ou son envie d'appartenance à une communauté. Voyez large !

D'autres caractéristiques à ajouter si besoin

Ses passions, ses aversions, ses lieux préférés...
Tout au long de la conception du projet, et même après son lancement, vous devrez mettre à jour vos personas en fonction de vos découvertes constantes, des nouveautés et des évolutions sociétales. Peut-être aurez-vous imaginé des personas qui n'existent pas vraiment sur votre marché ou qui n'adhéreront jamais à votre projet... alors, mettez à jour !

Exercice

Construisez vos personas

....	....
Scénario :	Scénario : ....
Frustrations :	Frustrations : ....
Objectif :	Objectif : ....
.... % de la base clients (estimation)	.... % de la base clients (estimation)
....	....
Ses marques préférées :	Ses marques préférées :

> À vous de constituer vos personas en complétant les modèles ci-dessus.

1. Quel est le prénom de votre persona et quelle serait sa phrase d'accroche ?

....

....

2. Listez quelques mots qui pourraient le représenter pour les mettre dans le nuage

....

....

3. Quelle est la vie de votre persona (biographie) ?

....

....

4. Quelles sont ses frustrations, ses points d'irritation, de stress ou de rupture totale ainsi que ses attentes ?

....

....

5. Inscrivez votre objectif pour ce public cible.

....

....

6. Selon vous, et dans l'état actuel de vos connaissances, quel pourcentage de votre clientèle sera représenté par ce persona ?

....

....

7. Listez des marques de son quotidien que votre persona a l'habitude d'utiliser ou d'acheter.

....

....

> Ce modèle est donné à titre d'exemple. Vous pouvez bien sûr ajouter tous les éléments et les critères qui vous sembleront utiles et pertinents à une meilleure connaissance de vos publics cibles.

Outil 28 Le parcours client

> Vos clients les plus insatisfaits sont votre plus grande source d'apprentissage.
>
> Bill Gates

En quelques mots

Le **parcours client** (ou **Customer Journey** en anglais) **synthétise et structure** parfaitement les découvertes réalisées lors de la phase d'immersion et d'empathie. Il met en avant de manière visuelle l'état d'esprit de votre client ou usager tout au long de l'utilisation d'un produit ou d'un service existant. Points d'enchantements mais aussi points de stress, de frictions et points de rupture totale, **toute la panoplie des émotions** est passée au crible afin de distinguer chaque moment de l'expérience client et d'en tirer des conclusions nécessaires à votre futur projet.

UN CONDENSÉ D'ÉMOTIONS

Juste avant de prendre l'avion

http://dunod.link/g06h08u

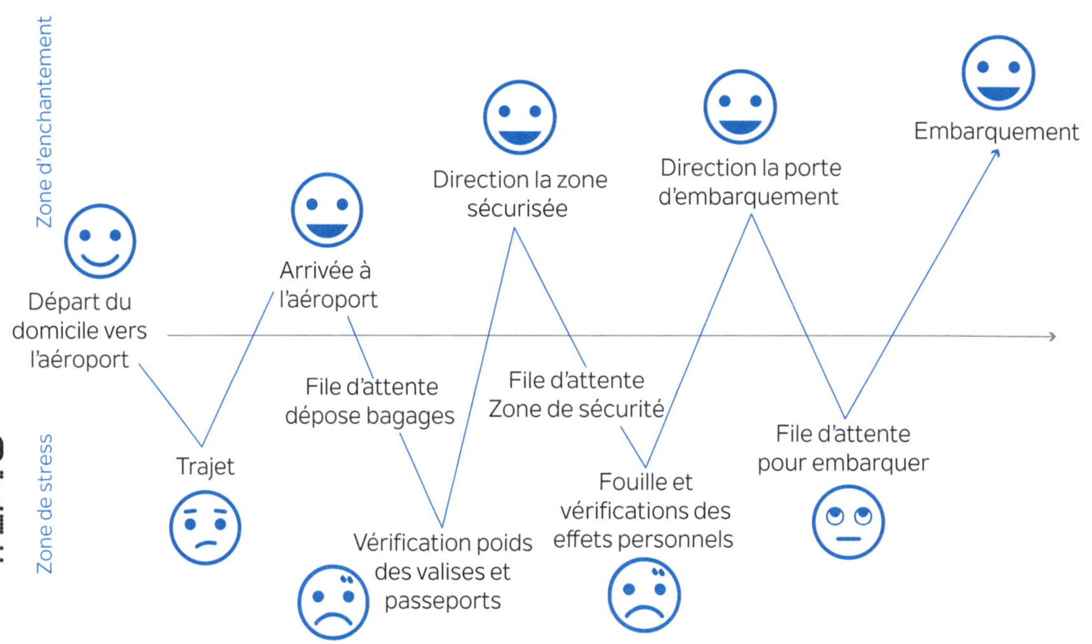

POURQUOI L'UTILISER ?

Objectif

Vous avez engrangé tellement d'informations et de découvertes qu'il est temps de rassembler les savoirs et de les synthétiser de manière visuelle. Cet outil sert aussi à se projeter sur les étapes nécessitant une réelle amélioration et peut-être la création d'un nouveau besoin pour les clients.

Contexte

Une fois le partage de découvertes effectué, le parcours client offre un point de vue global sur toutes les émotions vécues par votre client en fonction des différentes étapes de son parcours.

COMMENT L'UTILISER ?

Étapes

1. **Réunissez l'équipe projet** autour d'un paperboard ou d'un tableau blanc.
2. À l'aide de notes adhésives, **listez chaque moment clé** du parcours client tel que vous l'avez observé, un Post-it par moment clé.
3. **Classez ces étapes** de manière chronologique de gauche à droite.
4. **Tracez une ligne horizontale** (elle représentera la ligne du temps qui passe) : à gauche elle matérialise le début de l'expérience client, à droite elle représente sa fin.
Au-dessus de la ligne de temps, indiquez « Zone d'enchantement », en dessous indiquez « Zone de stress ».
5. **Collez chaque moment clé du parcours client** chronologiquement et en fonction du degré d'enchantement ou de stress que vous avez décelé lors de la phase d'immersion et empathie.

Méthodologie et conseils

Afin d'illustrer l'enchantement ou le stress, vous pouvez agrémenter chaque étape en insérant des citations de vos interviewés, mettre des dessins explicatifs, des pictogrammes ou même des photographies prises pendant la phase d'immersion et empathie ou provenant de vos précédents entretiens.

Au tout début, on peut réfléchir tous ensemble aux différentes étapes du parcours client ou réfléchir individuellement et en silence, puis mettre les propositions en commun. Peu importe la méthode utilisée, toute l'équipe projet doit se mettre d'accord à 100 % sur les différentes étapes du parcours client, il en va de la définition même de votre futur projet.

Dans notre exemple, on estime qu'une personne est en situation de stress dès son trajet vers l'aéroport.

- Va-t-elle arriver à temps, y aura-t-il des embouteillages sur la route ou une grève des transports en commun ?
- Une fois arrivée à l'aéroport, elle découvre que la file d'attente est très longue.
- Le point culminant de stress de ce parcours client arrive quand elle doit faire peser ses bagages et montrer son passeport car sa valise est pleine à craquer. D'ailleurs, avait-elle besoin d'un visa pour aller au Maroc ?

Un stress encore plus exacerbé si sa valise est effectivement trop lourde et qu'elle doit la délester devant tout le monde ou payer un supplément.

Avant de vous lancer...

- ✓ **Durée estimée : entre 20 minutes et 1 heure.**
- ✓ **Si vous identifiez plusieurs parcours clients car vous avez plusieurs personas, réalisez autant de parcours clients que nécessaire.**

Outil 29

La carte d'expérience

> “
> *C'est notre job d'améliorer l'expérience de nos clients un peu plus chaque jour.*
>
> Jeff Bezos

En quelques mots

On pourrait rebaptiser cet outil « **La carte des expériences négatives** », tellement il est orienté vers les problèmes rencontrés. Cet outil répertorie l'ensemble des expériences **vaines, infructueuses, dérangeantes, décevantes ou stressantes** pour le client et apporte un début de réponse à votre envie de concevoir pour lui une solution réellement utile. On utilise cet outil dans un esprit de convergence afin que l'équipe projet partage et valide les problèmes rencontrés ainsi que la gravité des points stressants.

SE FOCALISER SUR LES POINTS NÉGATIFS

Carte d'expérience du projet ______________________________

Étapes	________	________	________
Actions et humeur de l'utilisateur		→	→
Points de stress (friction ou rupture)			
Nos opportunités			

? POURQUOI L'UTILISER ?

Objectif

La carte d'expérience a pour but de reporter les conclusions du parcours client (outil précédent) afin de donner un cadre de référence commun aux membres de l'équipe projet.

Elle permet aussi de faire avancer la connaissance des usages, des comportements et des points à améliorer.

Contexte

Cet outil n'est envisageable que si un parcours client a été réalisé en amont.

En effet, vous devez comprendre les moments d'enchantement de votre persona pour l'aider dans ses points de stress, l'objectif étant évidemment de transformer rapidement ce stress en enchantement.

COMMENT L'UTILISER ?

Étapes

1. Sur une feuille de paperboard ou sur PowerPoint, **reproduisez la carte d'expérience** de la page de gauche en ajoutant autant d'étapes que de problèmes rencontrés.

2. Nommez les différentes étapes où le sentiment de votre client ou utilisateur est négatif. Pour reprendre notre exemple de l'aéroport (outil précédent) : « vérification du poids des valises et du passeport » ainsi que toutes les autres étapes dans la partie « Zone de stress ».

3. Dans la partie « Actions et humeur de l'utilisateur », listez les actions réalisées par le persona ainsi que son humeur :

- un peu stressé ;
- très stressé ;
- froissé ;
- énervé ;
- hors de lui…

4. Dans la partie « Points de stress », décrivez en détail chaque étape posant problème. Indiquez aussi si c'est un point de friction (énervement temporaire) ou un point de rupture (abandon définitif par l'utilisateur).

5. Dans la partie « Nos opportunités », utilisez des expressions commençant par :

- « proposer au client une meilleure façon de… » ;
- « mettre à disposition du client un moyen de… » ;
- « mettre en place une solution qui puisse… » ;
- ou toute autre phrase qui pourrait proposer un objectif clair mais sans donner de réponse définitive pour le moment.

Méthodologie et conseils

Dans la case « Actions et humeur de l'utilisateur », on pourra remplacer les mots par des pictogrammes représentant une tête exprimant la tristesse, l'énervement, l'endormissement, la furie, le dégoût, etc.

Dans la partie « Nos opportunités », faites exclusivement vos constatations et veillez à ne pas écrire les idées que l'équipe a en tête.

Par exemple, si le point de stress est « Grand état de stress et incertitude d'arriver à prendre l'avion à l'heure quand le voyageur découvre la très longue file d'attente au comptoir à bagages de l'aéroport », alors on pourra marquer « Trouver une solution pour faire paraître la file d'attente moins longue » dans « Nos opportunités ».

Avant de vous lancer…

✓ **Durée estimée : environ 30 minutes.**

✓ **Puisque vous avez identifié plusieurs personas précédemment, n'hésitez pas à réaliser une carte d'expérience pour chacun, car elles ont probablement des étapes et des niveaux de stress différents (par exemple : les enfants et les personnes âgées réagissent de manière différente devant un matériel technologique).**

Outil 30

La grille d'objectifs

> Ce qu'on obtient en atteignant nos objectifs n'est pas aussi important que ce que l'on devient en les atteignant.
>
> Zig Ziglar

En quelques mots

Appelée **Goal Grid** en anglais, la grille d'objectifs énumère de façon exhaustive les **besoins primordiaux** et les **rejets catégoriques** que vous avez pu faire émerger de votre phase « Immersion et empathie ». Effectivement, grâce à l'observation façon mouche, à la collecte d'informations et aux entretiens approfondis, vous avez amélioré votre connaissance des besoins réels et des rejets de vos personas. Comme dans tout outil de convergence du Design Thinking, il est désormais temps de les sélectionner, de les mettre par écrit et de les valider en équipe.

LA LISTE DES BESOINS ET DES REJETS

L'utilisateur a et veut	L'utilisateur n'a pas et veut
À conserver	À développer
L'utilisateur a mais ne veut pas	**L'utilisateur n'a pas et ne veut pas**
À éliminer	À éviter

POURQUOI L'UTILISER ?

Objectif

La grille d'objectifs permet à toute l'équipe de mieux visualiser les innovations à apporter prioritairement au projet, ainsi que les impasses où il ne faut surtout pas s'engouffrer.

L'outil aide les membres de l'équipe à se mettre d'accord sur les prémices du projet en répartissant dans les quatre cases de la grille les faits et citations observés lors de toute la phase d'immersion et d'empathie.

Contexte

Toute l'équipe projet doit être présente pour compléter cette grille d'objectifs, afin de revenir sur les conclusions amenées par l'utilisation des précédents outils.

En effet, vous ne pourrez compléter correctement cette grille qu'après vous être appuyé sur les résultats de votre analyse du parcours client et de votre carte d'expérience.

Dans un esprit de convergence et de synthèse lié à cette phase du Design Thinking, la grille d'objectifs permet d'aller encore plus loin dans la compréhension des besoins et des refus de votre client final.

COMMENT L'UTILISER ?

Étapes

1. Sur une feuille A4 ou une feuille de paperboard, **reproduisez le tableau** de la page de gauche.

2. Dans la case « L'utilisateur a et veut » : listez ce que votre persona possède déjà, ce dont il ne souhaite absolument pas se séparer, ni même modifier légèrement. Ce seront les éléments à conserver impérativement.

Pour continuer l'exemple de la file d'attente au guichet d'enregistrement des bagages, on pourrait mettre ici que le client veut garder les comptoirs d'enregistrement.

3. Dans la case « L'utilisateur n'a pas et veut » : écrivez les produits, actions ou fonctions que votre persona ne possède pas mais qu'il désire fortement. Les éléments situés dans cette case seront donc vos actions à développer en priorité.

Exemple : à l'aéroport, notre client voudrait faire autre chose que d'attendre pour rien.

4. Dans la case « L'utilisateur a mais ne veut pas » : vous listerez toutes les choses complètement superflues que votre persona n'apprécie pas ou qu'il juge inutiles. Vous les éliminerez par la suite.

Exemple : nos voyageurs ne veulent plus d'interminables files d'attente, en position debout et parfois figée pendant de longues minutes.

5. Enfin, **la case « n'a pas et ne veut pas »** représente les refus catégoriques de votre persona, ce qui, par exemple se fait chez vos concurrents mais qui n'est pas apprécié par vos personas.

Ainsi, vous avez découvert qu'ajouter une horloge devant la file d'attente stresserait encore plus les voyageurs.

Méthodologie et conseils

Pour simplifier la réalisation de ce tableau et aider les équipes à commencer à le remplir, commencez en écrivant les expressions contraires d'une case à l'autre.

Par exemple : si l'utilisateur a et veut « un produit de grande qualité à petit prix », on pourra renforcer sa demande en écrivant « un produit de mauvaise qualité et trop cher » dans la case « l'utilisateur n'a pas et ne veut pas ».

Avant de vous lancer...

- ✓ **Durée estimée : 30 minutes environ.**
- ✓ **Cet outil est indispensable pour faire émerger des stratégies et mieux comprendre votre persona, ne passez pas à côté.**
- ✓ **Votre grille d'objectifs vous permettra de mieux appréhender la carte d'empathie (outil 31).**

Outil 31

La carte d'empathie

> “ *Le leadership, c'est de l'empathie.*
> Oprah Winfrey

En quelques mots

Nous savons que ce sont les émotions qui guident notre raison, nos façons de faire et nos prises de décisions. La **carte d'empathie** est donc **l'outil incontournable** de cette phase d'analyse. Maintenant que vous avez récolté et trié toutes les informations liées à vos personas (les profils types de vos clients, utilisateurs, parties prenantes...), cette méthode simple vous aidera à mieux converger afin de réaliser une **cartographie visuelle** de l'ensemble des sens et des émotions de votre cible.

RETRANSCRIRE LES SENS DE VOS PERSONAS

Prénom du persona et caractéristiques

Ses besoins et aspirations

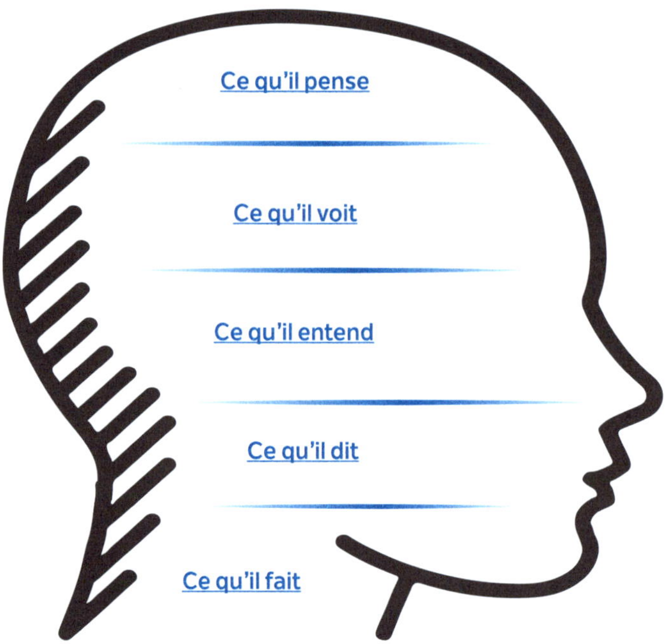

POURQUOI L'UTILISER ?

Objectif

Sur un seul visuel, cet outil permet de poser à plat et de valider ensemble toutes les émotions et stimuli ressentis par les groupes de personnes rencontrées dans la phase précédente.
Ainsi, vous en apprendrez plus sur ce que votre persona pense, voit, sent, entend, dit et fait. Vous pourrez ainsi clarifier encore un peu plus votre projet, avec toute l'équipe.

Contexte

Réaliser une carte d'empathie est le travail de convergence ultime au cours duquel le groupe va s'accorder et mettre en commun toutes les découvertes précédemment citées pour les transformer en émotions positives ou négatives.
Ainsi, vous réutiliserez les outils précédents afin de synthétiser encore plus ce que vous avez appris sur votre ou vos publics cibles. Si nécessaire, reprenez des éléments de vos parcours client, carte d'expérience et grille d'Objectifs.

COMMENT L'UTILISER ?

Étapes

Sur une feuille de paperboard ou un nouveau fichier PowerPoint, dessinez une grande tête qui symbolise votre persona et divisez votre visuel comme sur la page de gauche :
De haut en bas :
1. **Reprenez le prénom et les caractéristiques majeures d'un des personas** que votre projet tente de cibler.
2. **Expliquez ce qu'il a besoin** d'avoir, de résoudre, de faire, de comprendre, d'acheter (besoins et aspirations).
3. **Dans sa tête, listez ce qu'il pense et ressent** (ses problèmes, ses pensées positives, ses émotions, ce qui peut influencer ses choix ou sa manière de faire, d'acheter, d'agir...).
4. **En face de ses yeux**, **listez ce qu'il voit** et qui concerne votre projet et vos concurrents (des publicités qu'il découvre à la télévision, sur le chemin pour aller au travail, sur Internet...).
5. **En face de son oreille, écrivez ce qu'il entend** (à la radio, dans les conversations entre amis ou collègues...).
6. **En face de sa bouche, écrivez ce qu'il dit** (le ou les témoignages très représentatifs que vous avez entendus lors des entretiens par exemple).
7. **Décrivez ce qu'il fait** au quotidien ou dans la situation voulue par votre projet.

Méthodologie et conseils

Comme pour les outils précédents, à chaque persona sa carte d'empathie. Vous confirmerez ainsi que vos publics cibles sont différents dans leurs besoins et leurs approches. Vous découvrirez aussi que vous ne pourrez pas les cibler, communiquer de la même manière ou leur proposer exactement la même solution. Mais chaque chose en son temps : vous pourrez résoudre leurs problèmes seulement à partir de la phase d'idéation (dossier 3).
Pendant la réalisation de cette carte d'empathie, le groupe projet doit se cantonner à des faits et non à des ressentis.
Vous ne devriez pas avoir de difficultés à compléter cette carte si la phase « Immersion et empathie » et les personas ont été convenablement réalisés.

Suite outil 31 →

Avant de vous lancer...

- ✓ **Durée estimée : environ 20 à 40 minutes par carte d'empathie.**
- ✓ **Pour utiliser cet outil, pas de tabou ! Notez aussi bien les aspects positifs que négatifs.**

Suite outil 31

La carte d'empathie

COMMENT ÊTRE PLUS EFFICACE ?

Voici quelques questions supplémentaires qui vous aideront à renseigner au mieux votre carte d'empathie.

Le persona

Donnez un maximum de précisions sur la personne :
- Qui est-il exactement ?
- Quel est son sexe, son âge moyen ou sa tranche d'âge, sa situation familiale et professionnelle, son rôle dans votre projet ?
- A-t-il des passions, des hobbies qu'il serait intéressant de connaître pour faire avancer votre projet ?
- A-t-il l'habitude de fréquenter des lieux, entreprises ou marques qui auraient un rapport avec votre projet ?

Ce dont il a besoin

... et pourquoi votre projet est parfait pour lui.
- Quelle(s) tâche(s) frustrante(s) effectue-t-il ou doit-il effectuer et qui serait simplifiée(s) ou supprimée(s) si votre projet voyait le jour ?
- Que recherche-t-il actuellement ?
- Que signifiera l'arrivée de votre projet dans sa vie ?
- Que lui apportera votre projet (ponctuellement ou au quotidien) ?
- Qu'est-ce qui le rendra content en utilisant votre produit, service, processus... ?
- Comment saura-t-il qu'il a fait le bon choix ?

Ce qu'il pense et ressent

- Quels peuvent être les obstacles qu'il doit surmonter à cause du fait que votre projet n'existe pas encore ?
- Quelle image renvoie-t-il à la société et son entourage ? Subit-il une pression sociale ? Aura-t-il le sentiment de ressortir gagnant ou fier grâce à votre projet ?

Ce qu'il voit

- Quelles sont les différentes marques ou offres déjà disponibles sur le marché et qu'il perçoit, même sans s'en rendre compte parfois (les futurs concurrents qui l'abordent fréquemment via des messages publicitaires ou autres) ?
- Quel est son environnement immédiat (le lieu d'utilisation de votre futur projet : cuisine, garage, bureau...) ?

Ce qu'il entend

- Quels sont les messages (publicitaires, promotionnels...) qu'il a l'habitude d'écouter ?
- Que disent les autres (collègues, amis, conjoint, enfants, parents, communauté sur les réseaux sociaux...) ?
- Quels sont les « on-dit », les « qu'en-dira-t-on », les rumeurs qui gravitent autour ?

Ce qu'il dit

Quels sont les citations et témoignages que vous avez récoltés précédemment (ce dont il a envie, ce qu'il dit des concurrents...) ?

Ce qu'il fait

- Quel est son comportement au quotidien ?
- Quelle est son attitude lors de l'utilisation d'un produit ou service concurrent ?
- Quels sont les gestes qu'il effectue ? Et pourquoi les fait-il ainsi ?

Ces nombreuses questions ne sont que des exemples et doivent être adaptées à votre projet.
Chaque persona fera l'objet d'une carte d'empathie spécifique. On mettra ensuite en commun les cartes d'empathie pour rassembler les informations similaires et éventuellement agglomérer des personas trop similaires.
En Design Thinking, rien n'est jamais gravé dans le marbre : mettez à jour vos personas et cet outil au fur et à mesure de vos découvertes...

Cas d'entreprise

La carte d'empathie des prospects de NeoNewBanque

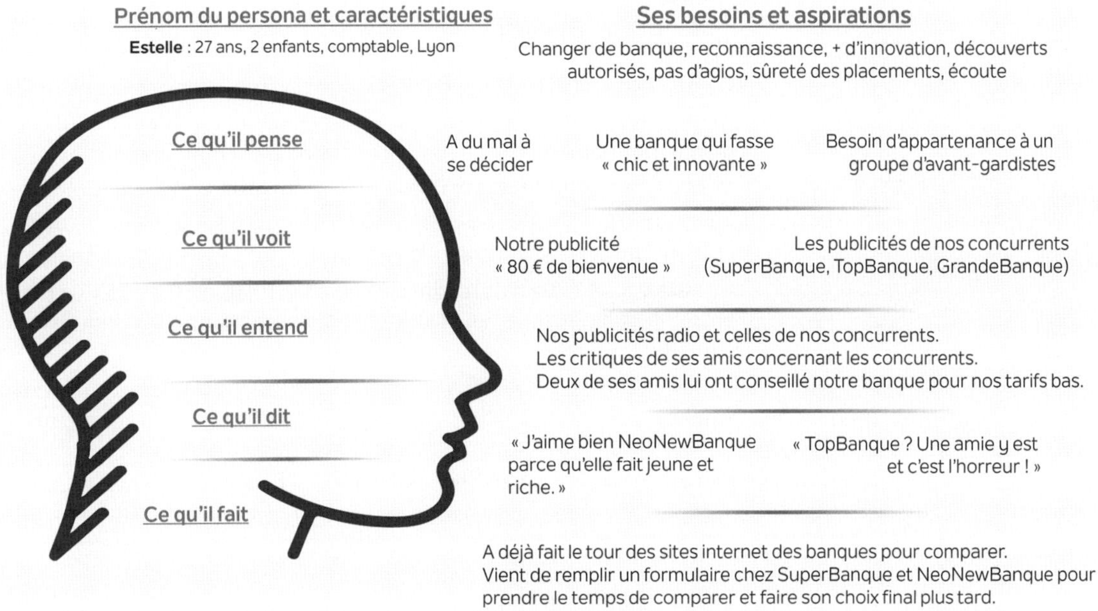

Problématique

La banque NeoNewBanque (banque factice) a réalisé une étude auprès d'éventuels futurs clients souhaitant changer pour une banque plus innovante, dans le but de les interroger sur leur vie personnelle, professionnelle et leurs façons de voir les nouvelles banques en ligne.

L'objectif de cette étude était de mieux comprendre les attentes et les influences que pourraient subir les potentiels clients.

Les équipes de la banque ont interrogé de nombreux de prospects et notamment Estelle, 27 ans, 2 enfants, qu'ils estiment très bien représenter une frange de leurs futurs clients. Ils décident donc de réaliser une carte d'empathie pour transmettre ces informations en interne et partager leurs découvertes.

Résultats

L'équipe note tout d'abord les caractéristiques d'Estelle (en les reprenant de la fiche Persona). Puis toute information qu'elle juge importante concernant ses besoins. On découvre alors qu'Estelle serait comblée si elle trouvait une banque pouvant remplir plusieurs critères (besoin de reconnaissance, innovante, capacité de découverts, sécurité des placements…). Estelle a l'habitude de voir et d'entendre les publicités de NeoNewBanque et de ses concurrents. Ses amis lui ont déjà parlé en bien de la marque et une amie vient de se plaindre de la qualité d'une banque concurrente. Estelle semble indécise car, à l'intérieur d'elle-même, elle recherche beaucoup plus qu'une simple banque : elle a besoin d'une banque à l'écoute, qui la valorise en la faisant appartenir à une véritable communauté d'avant-gardistes.

Outil 32 La matrice 2×2

> “
> *Le possible est une matrice formidable.*
> Victor Hugo

En quelques mots

Qui n'a jamais rêvé de se projeter dans l'avenir ? Cet outil extrêmement simple à mettre en œuvre vous permet d'imaginer le futur et de **positionner votre projet parmi ses principaux concurrents**. Il vous offre une **vision globale** sur l'ensemble du spectre concurrentiel tout en permettant de mettre votre équipe d'accord sur la place qu'aura votre projet une fois terminé. Je vous propose d'explorer ici la manière de se projeter dans le futur sur des critères de qualité ou de prix par exemple, mais aussi de se positionner sur les valeurs intrinsèques de votre projet.

LA COMPARAISON DE 2 ÉLÉMENTS DISTINCTS

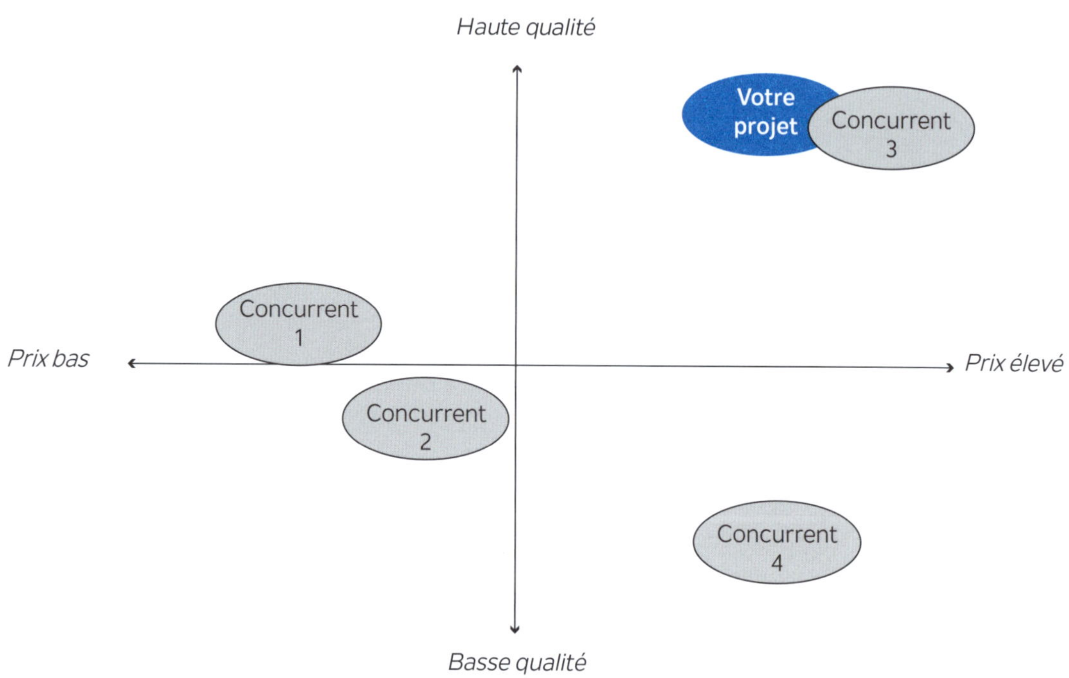

POURQUOI L'UTILISER ?

Objectif

L'objectif d'une matrice 2×2 est de synthétiser de manière visuelle les informations rassemblées pendant la phase d'immersion et d'empathie, puis de positionner votre futur projet ou marque par rapport à la concurrence existante.

Contexte

C'est en réutilisant les informations récoltées lors de votre benchmarking, de vos partages d'expériences, des entretiens, etc., que vous pourrez vous positionner et vous comparer, comme une projection idéale de votre projet.

COMMENT L'UTILISER ?

Étapes

1. **Réunissez** toutes les entreprises, marques ou projets concurrents qui ont été portés à votre connaissance pendant la phase « Immersion et empathie ».
2. Sur une feuille de papier ou sur PowerPoint, **tracez une flèche horizontale** de gauche à droite qui représentera, par exemple, le prix de votre futur produit ou service.
3. **Tracez une flèche verticale** de bas en haut qui représentera, par exemple, la qualité de votre projet.
4. **Essayez de placer au mieux les concurrents** selon les critères de qualité-prix que vous avez identifié.
5. Enfin, **placez votre futur produit** ou service à l'endroit qui vous semble idéal.

Méthodologie et conseils

Commencez par réaliser votre matrice 2 × 2 avec un axe dédié au prix et l'autre à la qualité (c'est en général le plus simple).
Vous pourrez ensuite imaginer d'autres matrices 2x2 pour vous aider à différencier votre projet de vos futurs concurrents.

- Par exemple, on pourrait évoquer un axe « marque confidentielle/marque grand public » avec un axe « basse qualité/haute qualité ».
- Pour une nouvelle voiture, on pourrait tracer des axes « mauvaise image de marque/excellente image de marque » et « empreinte environnementale forte/empreinte environnementale basse ».
- Pour un salon de thé dans un centre-ville, on fera un axe « connaissance faible du client pour le thé/connaissance élevée du client pour le thé » et un axe « ambiance cocooning faible/ambiance cocooning forte ».
- Une fois votre projet positionné dans la matrice, prenez quelques minutes pour être certain que l'ensemble de l'équipe est d'accord.

Si votre projet apparaît dans une partie de la matrice vide de concurrents : soit vous avez trouvé une magnifique opportunité de vous démarquer... soit c'est une très mauvaise idée !
Par la suite, rien ne vous empêchera de modifier et de mettre à jour votre matrice 2×2, en fonction des contraintes que vous aurez rencontrées ou de l'évolution naturelle de votre projet et de vos concurrents.

Avant de vous lancer...

- ✓ **Durée estimée : 20 à 45 minutes.**
- ✓ **Cette fois encore, le débat peut être passionné pour positionner correctement votre projet dans la matrice.**
- ✓ **Réalisez plusieurs matrices si vous souhaitez comparer votre projet avec différents paramètres (qualité/prix, image de marque/valeurs sociales, etc.).**

Outil

33 Les cadres à pépites

“

L'or véritable ne craint pas le feu.

Proverbe chinois

En quelques mots

Aussi nommé **Nuggets Frames** en anglais, les **cadres à pépites** sont tellement rapides à mettre en place qu'il serait dommage de s'en priver, d'autant plus que les avantages liés à cet outil sont immenses.
On appréciera aussi le sentiment de commencer réellement à façonner notre futur projet en débutant par les bénéfices plutôt que par la création pure et dure du produit, du service, du processus...

ENCADRER ET ARGUMENTER LES PRIORITÉS

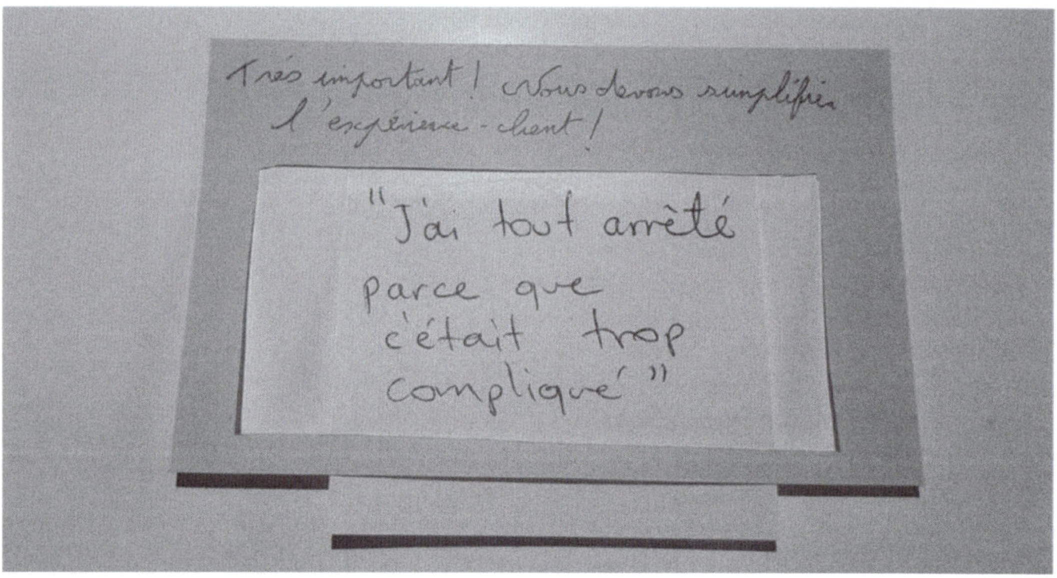

POURQUOI L'UTILISER ?

Objectif

En mettant en place cet outil, vous ferez ressortir les informations les plus importantes afin de sélectionner collectivement les besoins prioritaires de vos publics cibles.

Contexte

Ressortez chacun des outils que vous avez créé pendant cette phase d'analyse : le partage des découvertes, vos personas, le parcours client, la carte d'expérience, la grille d'objectifs, la carte d'empathie, la matrice 2×2,...
Toute l'équipe doit au préalable tous les regarder à nouveau pour se remémorer les différentes découvertes.

COMMENT L'UTILISER ?

Étapes

1. Affichez l'ensemble des résultats de convergence grâce aux outils précédemment cités sur un mur suffisamment grand pour pouvoir tous les accueillir.

2. Les membres de l'équipe projet se voient remettre des Post-it rectangulaires (d'une taille minimum de 127×76 millimètres) que l'on aura au préalable découpés en leur centre afin de leur donner une allure de cadre.
Ce sont désormais des cadres à pépites et leur nombre est illimité.

3. Chacun désigne les découvertes qui lui semblent indispensables au projet en collant son cadre à pépites dessus, de manière à laisser entrevoir le contenu important au centre.

4. En positionnant le cadre, le découvreur de la pépite rédige sur les bords de son cadre la raison pour laquelle il l'a sélectionné et pourquoi c'est important selon lui et/ou selon les personas.

5. Une fois les cadres à pépites placés par chacun, chaque découvreur explique ses choix à l'oral aux autres membres de l'équipe.

6. Après débat, toute l'équipe sélectionne ou non les véritables pépites primordiales.

Méthodologie et conseils

N'oubliez pas que vous travaillez sur des outils qui avaient des objectifs distincts. Il est donc normal d'avoir à sélectionner des éléments totalement différents comme des découvertes, des phrases issues de témoignages d'interviewés, des POC confirmés au fil des interviews, des bonnes ou des mauvaises façons de faire pendant vos visites guidées, des attentes, des frustrations, un positionnement spécifique de vos concurrents sur le marché, une phrase entendue lors d'un entretien approfondi, un moment de bonheur, une marque préférée...
Chaque membre de l'équipe doit être totalement libre de ses choix et capable de les exprimer ensuite. On pourra procéder à un vote (outil 44), à une discussion pour prioriser les pépites les plus marquantes ou utiliser l'outil suivant pour prioriser.

Avant de vous lancer...

- ✓ **Durée estimée : 30 minutes environ (15 minutes pour relire les résultats des outils précédemment utilisés + 15 minutes pour sélectionner, rédiger et coller ses cadres à pépites).**
- ✓ **À cela il faut ajouter un temps de débat, d'explications, d'argumentations et de sélection en équipe. Faites provision de Post-it suffisamment grands. Ils permettront d'avoir une visibilité suffisante sur la découverte ou l'idée qui est juste en dessous.**

Outil 34

Le baromètre des priorités

> Il y a la montagne à gravir et les étapes pour arriver au sommet. Ces étapes sont votre quotidien.
>
> Yannick Noah

En quelques mots

Le **baromètre des priorités** est un outil extrêmement simple à mettre en place pendant cette **période de convergence des informations**. Il intervient à la suite des cadres à pépites afin de classer, puis prioriser, l'ensemble des bonnes découvertes désignées par l'équipe. Il fonctionne comme un thermomètre : il va vous aider à mesurer le chaud (priorité extrême) et le froid (priorité basse).

Cet outil est tellement pratique que l'on peut même réutiliser son principe pour gérer et classer toutes les priorités de son quotidien personnel ou professionnel.

PLUS LA PRIORITÉ EST IMPORTANTE, PLUS LE POST-IT EST HAUT

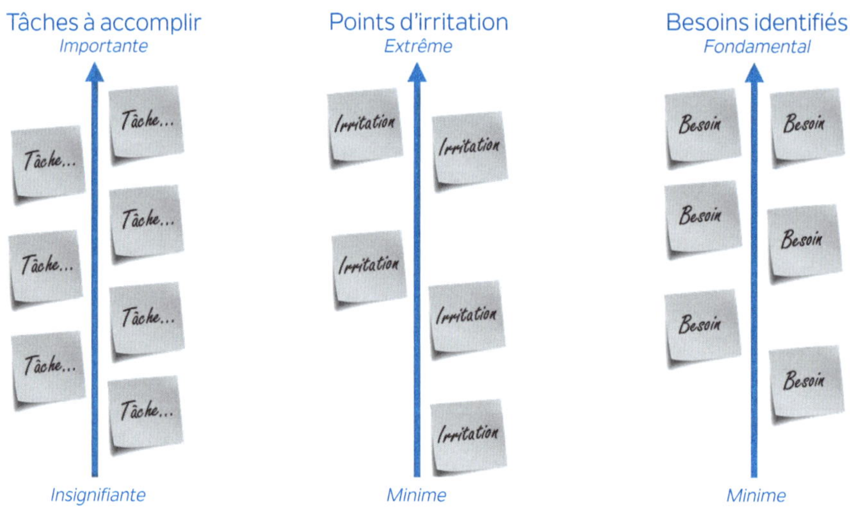

POURQUOI L'UTILISER ?

Objectif

En quelques minutes, l'équipe projet distingue, en collectif, les tâches à accomplir, les points d'irritations et les besoins identifiés grâce au classement par ordre de priorité ou d'urgence.

Contexte

Grâce à l'outil précédent, les membres de l'équipe réutilisent leurs cadres à pépites pour générer rapidement un ou plusieurs baromètres de priorités.
Ces baromètres de priorisation peuvent aussi être utilisés pendant la phase d'idéation, juste après un brainstorming. On pourra alors prioriser les idées proposées, de la moins importante ou prioritaire jusqu'à l'idée de génie, prioritaire et indispensable pour le projet.

COMMENT L'UTILISER ?

Étapes

1. Collez une feuille de paperboard sur un mur.
2. Ensemble, **définissez les critères des baromètres** que vous souhaitez mettre en place.
En règle générale, le premier baromètre aborde la priorisation des tâches à effectuer.
3. Les suivants évoquent les points d'irritation et les besoins identifiés, mais on pourrait ajouter d'autres baromètres liés à votre projet.
Par exemple, vous pouvez réaliser un baromètre de points d'enchantements, éco-responsabilité, valeurs humanistes, taille du marché, expérience client, image de marque, etc.
4. Reprenez vos cadres à pépites avec l'idée encadrée. Vous pouvez désormais laisser de côté les cadres à pépites pour ne garder que les idées validées lors de la mise en pratique de l'outil précédent (si l'idée n'est pas déjà sur un Post-it).
Dans le cas de vos personas par exemple, reportez-le sur un nouveau Post-it.
5. En équipe, **débattez pour classer vos pépites** par ordre de priorité sur chaque baromètre.

Méthodologie et conseils

Il y a 3 façons de générer un baromètre de priorités :

- soit chaque membre de l'équipe réalise son baromètre de son côté, et les priorités sont mises en commun et discutées en équipe ;
- soit en groupe ;
- soit une personne de l'équipe facilite la réflexion de groupe. Elle positionne les notes adhésives les unes au-dessus des autres de manière aléatoire tout le long du baromètre et facilite pendant toute l'avancée de la réflexion.

Le facilitateur énonce à haute voix ce qu'il y a d'écrit sur le Post-it situé le plus en bas et celui situé juste au-dessus, puis annonce « Lequel des deux est prioritaire ? ».
L'équipe vote à main levée et le facilitateur place le Post-it prioritaire au-dessus de l'autre.
Ensuite, il fait comparer et voter entre le Post-it précédemment élu et celui situé juste au-dessus.
L'équipe vote à nouveau et ainsi de suite jusqu'à arriver tout en haut du baromètre...
Une fois le classement terminé, on vérifie une dernière fois : tous ensemble, face à chaque baromètre, chacun regarde à nouveau le classement des priorités et le groupe les ajuste une dernière fois, si nécessaire.

Avant de vous lancer...

✓ **Durée estimée : de 20 à 45 minutes pour chaque baromètre de priorités, tout dépendra du nombre de notes adhésives à placer et de votre facilité à les classer.**

Outil 35

La reformulation du défi

> « À qui sait comprendre, peu de mots suffisent. »
>
> Proverbe français

En quelques mots

Nous entamons désormais le tout **dernier outil de cette phase d'analyse.** L'ensemble de vos recherches et découvertes est **résumé en quelques phrases**. C'est l'ultime outil de convergence, celui qui mettra d'accord, une bonne fois pour toutes, l'ensemble de l'équipe sur les **orientations** à donner à votre projet.

Pour cela, nous avons besoin d'amorces de phrases qui permettent de clarifier et de mettre en avant les principales trouvailles décelées ou constatées lors de l'utilisation des outils de cette phase.

CLORE LA PHASE D'ANALYSE SUR QUELQUES PHRASES

« Notre équipe souhaite concevoir / réinventer un(e) [votre idée et son innovation] afin de réenchanter [votre public cible].

Nous avons découvert que [le prénom d'un de vos personas ou l'ensemble des prénoms de vos personas] a/ont besoin de [1er besoin, voire 2e besoin] pour ne plus avoir à [1er point d'irritation, voire 2e point d'irritation].»

POURQUOI L'UTILISER ?

Objectif

Le but de cet outil est de clarifier et de lever définitivement toute ambiguïté en résumant en deux à quatre phrases les priorités qui se sont dégagées des phases « Immersion et empathie » et « Analyse », puis de vos baromètres des priorités.

Contexte

L'équipe se réunit pour débattre et sortir, grâce à cet outil de fin de phase, le résumé complet de ces premières heures de travail collaboratif.

COMMENT L'UTILISER ?

Étapes

1. En silence et chacun de son côté, **chacun essaie de renseigner les parties entre crochets** de notre phrase de reformulation du défi.

« Notre équipe souhaite concevoir/réinventer un(e) **[votre idée et son innovation]** afin de réenchanter **[votre public cible]**. Nous avons découvert que **[le prénom d'un de vos personas ou l'ensemble des prénoms de vos personas]** a/ont besoin de **[1er besoin, voire 2e besoin]** pour ne plus avoir à **[1er point d'irritation, voire 2e point d'irritation]. »**

2. Chaque membre de l'équipe lit à haute voix sa reformulation et l'équipe ne sélectionne que les meilleures parties.

À la fin, toute l'équipe s'accorde sur une seule reformulation finale.

Méthodologie et conseils

Il est tout à fait possible de raccourcir le temps de réalisation de cet outil en faisant réfléchir à l'oral toute l'équipe en même temps.

Ne cédez pas à la facilité car, en règle générale, la reformulation du défi en groupe dans ces conditions est moins détaillée et moins concrète.

Il existe d'autres types de phrases à trous exploitables lors de la reformulation du défi, comme :

- « Nous avons rencontré [prénom d'un de vos personas]. Nous avons découvert que [1er besoin, voire 2e besoin identifié]. C'est pourquoi nous voulons l'aider en [créant, développant, mettant sur le marché...] une solution qui [description rapide du but de votre projet]. »
- « En tant qu'équipe, nous voulons aider [prénom d'un de vos personas] à ne plus avoir à [1er point d'irritation, voire 2e point d'irritation], c'est pourquoi nous allons développer [description rapide du but de votre projet]. »
- « [Prénom d'un de vos personas] a besoin de [1er besoin, voire 2e besoin] parce que nous avons découvert que [vos découvertes]. »
- « Avant de commencer ce processus de Design Thinking, nous pensions que [vos préjugés] alors que nous avons découvert que [vos découvertes]. »

Afin de familiariser l'équipe projet et les autres collaborateurs de votre organisation à votre projet Design Thinking, comme pour le résultat de vos personas, vous pouvez imprimer votre reformulation sur des feuilles A3 et les coller aux endroits stratégiques de votre entreprise : salle de pause, couloir, machine à café...

Suite outil 35 →

Avant de vous lancer...

- ✓ **Durée estimée : 20 à 30 minutes.**
- ✓ **Pour cette dernière étape de la phase d'analyse, travaillez bien votre reformulation du défi et n'oubliez rien qui pourrait être important pour la suite.**

Suite outil 35

La reformulation du défi

COMMENT ÊTRE PLUS EFFICACE ?

Dernier recadrage du défi avant validation

Une fois votre reformulation de défi effectuée, je vous propose une toute dernière étape dédiée à la vérification. Elle est basée sur un outil appelé « Critical Reading Checklist », développé par David Larabee de la Stanford School of Education. Modifiée et améliorée, cette série de questions vous aidera à vérifier que votre reformulation (et surtout votre futur projet) est bien en adéquation avec vos espérances.

Quoi ?

- Quel est l'angle choisit par l'équipe ?
- Quel est le problème que vous essayez de résoudre ?
- Votre reformulation est-elle bien centrée vers vos futurs utilisateurs ?
- Votre reformulation est-elle bien centrée sur les besoins prioritaires de vos futurs utilisateurs ?
- Votre reformulation est-elle bien basée sur vos découvertes ?
- À l'exception du vocabulaire technique, votre reformulation serait-elle compréhensible par un enfant de 10 ans ?

Qui ?

- Votre équipe est-elle totalement d'accord avec la reformulation ?
- Le public ciblé dans votre reformulation est-il le bon ? Y en aurait-il d'autres qui vous auraient échappé ?

Quoi de neuf ?

- Quelle est la valeur ajoutée de votre proposition ?
- Pouvez-vous simplifier et proposer votre reformulation d'une meilleure manière ?
- Qu'avez-vous laissé de côté délibérément ?
- En y réfléchissant bien, y a-t-il un élément laissé de côté que l'on pourrait intégrer à votre reformulation ?

Si votre reformulation du défi n'apporte pas assez d'innovation ou de nouveauté, efforcez-vous d'apporter plus de précisions...

Et ça intéresse qui ?

- Votre proposition est-elle vraiment intéressante ?
- Votre public cible va-t-il être soulagé, heureux ou content quand il découvrira votre projet ?
- Votre équipe est-elle toujours enthousiaste et partante pour continuer le projet en lisant la reformulation ?
- Ce projet en vaut-il toujours la peine ?

Si vous répondez non à une de ces quatre dernières questions, il est encore temps de vous poser les bonnes questions, voire de renoncer afin de ne pas perdre de temps...

Reformulez vos phrases jusqu'à temps qu'elles répondent à l'ensemble des questions ci-dessus.

Une fois ce dernier outil achevé, vous êtes prêt pour débuter la phase la plus créative du Design Thinking : l'idéation !

Auto-évaluation

La phase d'analyse

> Le but de cette auto-évaluation est de vérifier ce que vous avez retenu de ce dossier. Cochez la ou les cases appropriées et retrouvez les bonnes réponses en bas de page.

1. La phase « Analyse » est la… étape du Design Thinking ?

A. 1re ☐ B. 2e ☐ C. 3e ☐ D. 4e ☐

2. C'est une période :

A. de divergence ☐ B. de convergence ☐

3. Cette phase permet de :

A. prioriser les contours du projet ☐

B. trouver des idées ☐

C. prototyper votre projet ☐

4. Le partage des découvertes sert à :

A. inventer une histoire en fonction de ce que l'on a découvert ☐

B. raconter la réalité de ce que l'on a découvert ☐

5. Le parcours client sert à matérialiser :

A. les points d'enchantements ☐

B. les points de frictions ☐

C. les points d'enchantements et de frictions ☐

6. La carte d'expérience retranscrit essentiellement :

A. les expériences positives ☐

B. les expériences négatives ☐

7. Cochez les cases présentes dans la grille d'objectifs :

A. l'utilisateur a et veut ☐

B. l'utilisateur imagine ☐

C. l'utilisateur n'a pas et veut ☐

D. l'utilisateur va faire ☐

E. l'utilisateur a mais ne veut pas ☐

F. l'utilisateur n'a pas et ne veut pas ☐

8. La matrice 2x2 permet de :

A. générer des idées en mode collaboratif ☐

B. faire des interviews ☐

C. positionner son projet parmi les concurrents ☐

9. La carte d'empathie est :

A. un outil complémentaire des personas ☐

B. un outil de brainstorming ☐

10. Les personas sont une représentation :

A. de chacune des personnes que vous avez rencontrées ☐

B. des personnes que vous avez préférées ☐

C. condensée de vos principales cibles ☐

11. Sur un baromètre des priorités, la tâche prioritaire est :

A. en haut ☐

B. en bas ☐

Réponses : 1.B, 2.B, 3.A, 4.B, 5.C, 6.B, 7.ACFF, 8.C, 9 A, 10.C, 11.A.

4

DOSSIER

IDÉATION

“

Mais alors, dit Alice,
si le monde n'a absolument aucun sens,
qui nous empêche d'en inventer un ?

Lewis Carroll

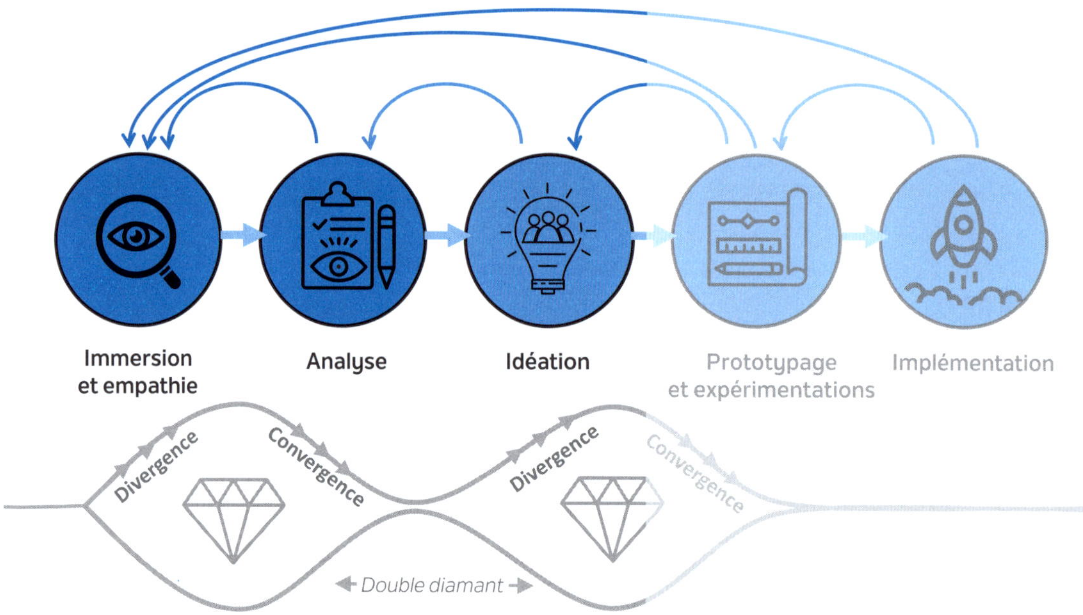

Troisième phase du Design Thinking, l'idéation est un moment sérieux sans se prendre au sérieux, qui détermine votre futur champ d'action, les futures tâches à effectuer ainsi que le prototypage de votre futur projet. C'est un processus qui n'est pas aussi simple qu'il n'y paraît, avec une démarche devant être structurée de la sorte : échauffement, brainstorming, puis sélection et priorisation.

D'abord s'échauffer le cerveau

Le premier outil présenté dans ce dossier permet aux membres de l'équipe de déconnecter leur cerveau des problèmes du quotidien et des dossiers compliqués pour rentrer, non sans une pointe d'humour, dans une session de pure créativité et de lâcher-prise. Ces activités permettent d'effacer les blocages créatifs (peur de mal faire, peur de la hiérarchie, peur d'être jugé...). Quelques minutes d'échauffement suffisent pour lancer le processus créatif et donc le brainstorming.

Un maximum d'idées en un minimum de temps

Les sept outils suivants dressent une liste non exhaustive de différentes techniques de brainstorming avec un seul objectif : générer beaucoup d'idées en quelques minutes. Plus vous en aurez générées collectivement et plus votre projet aura des chances d'être utile, innovant et proche des attentes. Je ne vous conseille pas d'utiliser tous ces outils, mais de n'utiliser que celui ou ceux qui correspondent à vos objectifs et à l'état d'esprit de votre équipe.

Sélectionner les idées ensemble

Enfin, les trois derniers outils affirment la nécessité de convergence de fin de phase. Après avoir divergé (c'est-à-dire produit un grand nombre d'idées de qualité variée) grâce aux outils de brainstorming, l'équipe est amenée à converger (sélectionner et prioriser).

Les outils

Outil 36

7 méthodes d'échauffement cérébral

> “
> *Sourire trois fois tous les jours rend inutile tout médicament.*
>
> Proverbe chinois

En quelques mots

Il convient de commencer chaque séance de créativité (ou brainstorming) par un **moment d'échauffement cérébral**, si possible plein d'**humour,** pour aider les membres de l'équipe à oublier totalement les projets sur lesquels ils étaient précédemment et les soucis du quotidien, l'idée étant de les canaliser progressivement vers **la création d'un maximum d'idées**.
Sur les 2 pages suivantes, nous découvrirons des exercices simples et ludiques qui pourront donner lieu à des moments épiques et déjantés en raison de leur incongruité certaine. Plus vous générerez de l'humour, et plus l'équipe se sentira libre de lâcher prise pour être innovante.

CITEZ 3 CHOSES EN 5 SECONDES

3 choses qu'on aime faire en hiver

3 choses interdites dans un ascenseur

3 choses à ne pas mettre dans son nez

3 choses sur une table de chevet

3 choses interdites aux enfants

3 choses qu'on ne trouve pas dans une cuisine

POURQUOI L'UTILISER ?

Objectif

Le but de ce moment est de commencer à faire fonctionner les neurones en mettant en compétition les membres de l'équipe. Le stress des 5 secondes pour répondre amènera les participants à dire parfois n'importe quoi, ce qui lèvera les blocages créatifs et apportera un côté détendu à la séquence de travail suivante.

Contexte

Avant toute séance de brainstorming, proposez un petit échauffement afin de déconnecter les participants de leurs activités précédentes.

COMMENT L'UTILISER ?

Étapes

1. Une personne est désignée facilitatrice de l'échauffement. Elle lira les questions une par une.
2. Deux membres volontaires de l'équipe se lèvent et se mettent face à face autour d'une table. On désigne la première qui devra énumérer 3 choses bien précises, puis appuyer sur un buzzer ou un simple Post-it collé au centre de la table, tout cela en moins de 5 secondes.
L'animateur ou l'animatrice énonce à haute voix la première question : « Citez-moi 3 choses que l'on aime faire en hiver ! ». Si le participant énumère correctement les 3 choses demandées, puis appuie sur le buzzer, il reste en place et la main passe à son adversaire. Si le participant n'arrive pas à énumérer les 3 choses ou oublie de buzzer, il est éliminé et remplacé par un autre membre de l'équipe.
3. Le gagnant est la personne ayant encore la main lorsque tout le monde s'est fait éliminer.

Méthodologie et conseils

Rien ne vous empêche de créer vos questions mais je vous donne mes préférées afin de faire réagir votre équipe :

- 3 choses impossibles à mettre dans un sac
- 3 vêtements de ski
- 3 choses qui puent
- 3 plats bien français
- 3 insultes de jeune
- 3 choses de plus de 2 mètres
- 3 choses que vous détestez manger
- 3 cris de bonheur
- 3 pays ayant une frontière avec la France
- 3 choses ne commençant pas par un A
- 3 jurons quand vous avez mal
- 3 choses à ne pas mettre au frigo
- 3 gros mots que vous préférez
- 3 professions qui n'existent pas
- 3 choses à manger rapidement
- 3 accessoires pour la plage
- 3 villes belges
- 3 races de chien
- 3 couleurs de l'arc-en-ciel
- 3 prénoms qui paraissent norvégiens...

Vous pouvez aussi intercaler, de temps à autre, des questions tournées vers votre projet, comme :

- 3 concurrents de notre projet
- 3 prénoms de nos personas
- 3 priorités de notre projet
- 3 lieux que nous avons observés
- 3 découvertes étonnantes à propos de notre projet
- 3 raisons de travailler sur ce projet
- 3 membres de l'équipe avec qui vous aimez travailler

Suite outil 36 →

Avant de vous lancer...

✓ **Procurez-vous, si possible, un vrai buzzer. Vous mettrez les membres de l'équipe dans des conditions optimales de compétition et de fun.**

✓ **Pour commencer, sélectionnez deux membres de l'équipe qui vous semblent très créatifs et sans limite. Ils apporteront une émulation positive et peut-être même beaucoup d'humour.**

Suite outil 36

7 méthodes d'échauffement cérébral

COMMENT ÊTRE PLUS EFFICACE ?

Ce ne sont pas les méthodes d'échauffement qui manquent. Vous pouvez même les inventer par vous-même, en fonction de l'état d'esprit des participants et leur capacité à se lâcher. Voici quelques propositions supplémentaires afin de commencer votre brainstorming sous les meilleurs auspices.

L'ABC Story

À l'oral, un membre de l'équipe commence à improviser une histoire en commençant par la lettre A. Son voisin de droite la continue en utilisant obligatoirement la lettre B au début de sa phrase. Son voisin de droite la poursuit, mais cette fois en la commençant par la lettre C. Son voisin de droite prolonge l'aventure en utilisant la lettre D… et ainsi de suite. La dernière personne à raconter doit obligatoirement terminer l'histoire.

L'histoire absurde

On demande aux participants d'énoncer à haute voix tous les mots qui leur passent par la tête, sans contexte, ni continuité sémantique. Une personne de l'équipe les note scrupuleusement sur un paperboard.
En silence, chacun rédige une histoire en utilisant l'ensemble des mots affichés sur le paperboard.
Une fois terminé, chacun raconte l'histoire qu'il a imaginée.
L'équipe vote à main levée pour la meilleure histoire absurde.

Le taboo

Le but du jeu est de faire deviner à l'équipe un mot écrit sur une carte, sans utiliser certains mots trop évidents, dits les « mots tabous ». Un membre de l'équipe aura donc préparé, au préalable, quelques propositions ainsi que leur liste des 5 mots interdits. Il pourra aussi proposer des expressions à rallonge, des personnages de dessins animés ou même des prénoms de persona ou des membres de l'équipe.

Le dessinez, c'est gagné !

En amont, on écrit des expressions, des titres de chanson ou de film sur des Post-it. Puis chacun pioche une proposition et doit la faire deviner aux autres participants en la dessinant en silence. On peut même corser l'échauffement en interdisant de représenter des personnes, ou des lignes droites ou encore des angles droits…

Le blind-test

Tout le monde connaît ce moment ludique pendant lequel on doit retrouver le titre de la chanson et/ou le nom de son interprète. Il est souvent associé à un moment de franche rigolade et de lâchage total des participants. Pour plus de réalisme, on se procurera de vrais buzzers sonores et on téléchargera une vidéo dédiée sur YouTube. Années 1980, chansons françaises, rap américain ou idoles décédées (!)… Vous y trouverez une grande diversité de thèmes de chansons, d'années spécifiques ou de chanteurs…

Le quiz

Quoi de mieux qu'un quiz pour faire chauffer les neurones ? Toujours sur YouTube, vous trouverez une multitude de quiz dans toutes les langues et sur (presque) tous les thèmes : football, animaux, insolites, drapeaux, monuments du monde, culture générale, capitales, corps humain, cinéma… Chacun aura l'occasion de briller !

Cas d'entreprise

Vincent Gollain réenchante les lieux publics avec le Design Thinking

Vincent Gollain est l'auteur du livre Réenchanter les lieux publics : l'expérience utilisateur comme levier d'attractivité. *Il est aussi directeur du département économie de l'Institut Paris Région, un bureau d'études qui accompagne les acteurs publics à définir leur politique et leur mise en œuvre. Le but : faire que les entreprises, les salariés, les habitants et les touristes vivent la meilleure expérience possible en Île-de-France ou là où il intervient.*

Pourquoi utiliser le Design Thinking pour créer ou développer des lieux publics ?

« On est passé d'une approche descendante, technique et fonctionnelle (un travail entre spécialistes qui livrent des lieux en fonction de leur représentation individuelle) à un travail en commun sur l'appropriation par les publics de ces lieux en prenant aussi en compte les considérations techniques. Pour réussir, il faut dialoguer ensemble dès le début du processus. »

Comment cela se matérialise-t-il ?

« On fait se rencontrer et dialoguer les utilisateurs, les cabinets d'études, les marketeurs, les urbanistes.... pour mettre l'utilisateur au centre, créer un vocabulaire et une vision en commun. Chaque partie prenante accepte d'investir du temps au début pour en gagner ensuite et passer très rapidement à l'action grâce à la simplicité et la rigueur du Design Thinking. »

Concrètement qu'apporte le Design Thinking à ces lieux ?

« L'aéroport de Schiphol Amsterdam a été construit dans une logique utilisateur en se disant "plus on proposera ce que les voyageurs et les salariés recherchent et plus ils seront contents de venir". Ils ont développé toute une série de services (supermarché, stands et marchés éphémères, happenings...) dans l'aéroport et ses pourtours qui ont permis d'augmenter la satisfaction générale.
Le quartier de La Défense avait la réputation d'être un site froid et peu agréable. En apportant, par petites touches progressives, de l'évènementiel, des expositions itinérantes, des food-trucks, des festivals, en essayant de réintroduire un peu de biodiversité... l'expérience vécue commence à se modifier. Ce n'est pas encore parfait, mais c'est plus vivant ! »

Outil 37 Se mettre dans la peau de...

> “ Vous ne voulez pas ressembler à vos héros, vous voulez voir le monde comme vos héros.
>
> Austin Kleon

En quelques mots

Bien que très simple à manier, cet outil (ou plutôt cet état d'esprit) est indispensable à la bonne tenue de vos futurs brainstormings. Car vous mettre dans la peau de vos futurs clients, vos futurs utilisateurs, vos personas, vous fera imaginer des idées exactement en adéquation avec leurs besoins. Si vous ne pensez que par et pour vous-même, vous risquez d'arriver à un résultat tout aussi autocentré, loin des préoccupations de vos utilisateurs.
Grâce à cette manière de penser, vous passerez d'une minute à l'autre de la personnalité d'un enfant, à celle d'une dame âgée, en passant par celle d'un superhéros...

CHANGEMENT DE PERSONNALITÉ DEMANDÉ !

POURQUOI L'UTILISER ?

Objectif

En se projetant dans la peau d'une autre personne, on développe une empathie idéale pour déclencher de nouvelles idées.

Contexte

L'équipe se réunit pour trouver un grand nombre d'idées grâce aux personas et aux quelques personnalités proposées ci-dessous.

COMMENT L'UTILISER ?

Étapes

1. Réutilisez les personas (et les résultats des outils qui en découlent) que vous avez créés.
2. Un persona après l'autre, le facilitateur **relit à haute voix ses caractéristiques** afin de mettre en situation votre équipe pour qu'elle puisse entrer entièrement dans l'esprit de cette personne.
3. Une fois le persona bien ancré, **chacun exprime ses idées comme s'il était ce persona**, en utilisant un ou plusieurs des outils de brainstormings contenus dans ce dossier.

Méthodologie et conseils

Il est conseillé de passer chaque persona en revue pour démultiplier les idées et les points de vue, mais aussi d'imaginer des personnalités différentes et complémentaires. Ne vous cantonnez donc pas seulement à vos personas, mais **explorez d'autres typologies de personnes**. Voici d'autres idées de caractères pour vous donner encore plus d'inspiration :

- un enfant de 8 ans, avec toute sa candeur et sa vision des choses sans déformation;
- un(e) adolescent(e), avec des doutes et ses humeurs;
- un papa/une maman, avec son envie de bien faire et sa bienveillance;
- une grand-mère/un grand-père, avec sa grande expérience de la vie et ses capacités physiques;
- un(e) maître(sse) d'école, aimant(e), attentionné(e) mais ferme parfois;
- un(e) vendeur(se) sur un marché, avec son sourire, sa dynamique et son franc-parler;
- un(e) commercial(e), avec sa force de persuasion;
- un(e) gardien(ne) d'immeuble, avec sa capacité à régler tous les problèmes rapidement;
- un(e) Japonais(e), avec sa culture si différente de la nôtre;
- Superman/Wonderwoman ou un autre super-héros, qui pourrait tout résoudre grâce à ses super-pouvoirs;
- un(e) punk, avec son mode de pensée différent de la majorité de la société;
- un(e) aristocrate, avec le poids des traditions;
- un(e) chef(e) d'entreprise de 10 salariés/de 1 000 salariés, avec une vision d'avenir;
- une star de la téléréalité, avec ses phrases mythiques et sa désinvolture légendaire;
- un(e) acheteur(se) compulsif(ve), qui souhaite tout et tout de suite, peu importe le prix...

On pourra aussi se mettre dans la peau d'un perdant, afin de réfléchir à toutes les manières de rater totalement son projet et d'assurer un échec total. Il suffira ensuite de faire exactement le contraire...
Pour terminer sur une vision positive, on se mettra dans la peau d'un gagnant, de quelqu'un à qui tout sourit et qui a l'envie de réussir.

Avant de vous lancer...

✓ **Intégrez cette méthodologie aux brainstormings présentés dans ce dossier.**

✓ **Échauffez bien les cerveaux de votre équipe car cet outil nécessite une bonne mise en condition.**

Outil

38 Le mash-up

> “ Vous êtes en fait un mélange de ce que vous décidez de faire entrer dans votre vie.
>
> Austin Kleon

En quelques mots

Le mot mash-up désigne le fait d'**écraser deux choses l'une contre l'autre**. Et c'est exactement ce que nous allons faire avec cet outil. Au lieu de brainstormer n'importe comment, nous allons découvrir une manière d'imaginer **toutes les possibilités** que nous offrent deux situations distinctes. En plus de créer des résultats parfois biscornus (ce qui aura le don de détendre l'atmosphère), le mash-up a le mérite de mettre en joie les équipes et leur montrer que, d'une idée paraissant étrange, il est possible d'en tirer une **véritable innovation**.

MIXER DEUX CHOSES POUR EN CRÉER UNE NOUVELLE

Votre reformulation : ....

Éléments 1 :
mobilier de bureau classique

1. Des armoires et des casiers
2. ....
3. ....
4. ....
5. ....
6. ....
7. ....
8. ....
9. ....
10. ....

Éléments 2 :
disponibles dans les lieux fréquentés par les étudiants (bar, discothèque, bibliothèque, bus...)

A. Des distributeurs de boissons
B. ....
C. ....
D. ....
E. ....
F. ....
G. ....
H. ....
I. ....
J. ....

Les différentes propositions de mash-up :
1A. Des distributeurs de boissons intégrés dans les armoires ou les casiers
1B. ....

POURQUOI L'UTILISER ?

Objectif

La mise en œuvre de cet outil permettra de créer des dizaines, voire des centaines de propositions différentes.

Le mash-up a le pouvoir de générer des propositions cocasses grâce auxquelles l'équipe va vraiment pouvoir libérer sa créativité. On arrive aussi très souvent à découvrir des combinaisons tout à fait innovantes et remarquables auxquelles l'équipe n'aurait jamais pensé sans cet outil.

Contexte

Après s'être échauffé le cerveau, on réfléchit en groupe avec cette méthode simple et génératrice d'idées nouvelles.

COMMENT L'UTILISER ?

Étapes

1. Sur un paperboard ou un nouveau fichier PowerPoint projeté sur un écran ou un mur, **écrivez votre reformulation du défi**.
2. Dans la partie de gauche, **on écrit l'élément principal du défi**. Dans notre exemple de la page gauche, une équipe souhaite innover en proposant un mobilier de bureau innovant grâce à l'approche Design Thinking. Elle liste donc le mobilier de bureau que le grand public à l'habitude d'utiliser.
3. Dans la partie de droite, **on écrit un élément** qui coïncide avec votre reformulation. Dans notre exemple, l'équipe souhaite inventer des éléments de bureau qui pourraient plaire à un public d'étudiants, généralement entre 18 et 28 ans.
C'est pourquoi elle a décidé que cette partie serait basée sur les éléments que l'on retrouve dans un lieu fréquenté par les étudiants, à savoir les bars, les discothèques, les bibliothèques, le bus...
4. Afin de créer une émulation de groupe, **chacun ajoute un élément de la partie de gauche** jusqu'à épuisement des propositions.
5. Puis **chacun ajoute un élément de la partie de droite** jusqu'à épuisement des propositions.
6. On **mixe** ensuite chacune des propositions (la 1 avec la A, la 1 avec la B, etc., puis la 2 avec la A, la 2 avec la B, etc., jusqu'à avoir effectué le tour des possibilités). Chaque combinaison est débattue en équipe ou en sous-groupes.
7. On note en bas du tableau **chacune de propositions** ayant retenu l'attention de l'équipe.

Méthodologie et conseils

Laissez les équipes citer toutes leurs propositions pendant le temps nécessaire, en fonction de l'émulation que vous remarquerez.

Mettez l'accent sur l'importance de trouver beaucoup d'éléments de chaque côté du tableau, car plus il y en aura et plus vous aurez de chances de générer de belles idées de nouveaux produits, services ou expériences innovantes.

Même si une proposition vous semble saugrenue, faites l'effort d'en débattre suffisamment de temps avec l'équipe. Il y a peut-être quelque chose à creuser ou à faire légèrement évoluer pour créer une belle idée.

Avant de vous lancer...

- ✓ **Durée estimée : entre 30 minutes et 2 heures, en fonction de nombre d'éléments à évaluer.**
- ✓ **Cet outil est idéal pour les groupes ayant du mal à faire confiance à leur créativité et à générer beaucoup d'idées.**
- ✓ **En demandant à l'équipe de suivre les étapes de cet outil, elle produira, de fait, un grand nombre de propositions.**

Outil 39 Le mood board

> “
> *Le bonheur est un état d'esprit.*
>
> Walt Disney

En quelques mots

Parfois appelée **planche des tendances** ou **planche d'humeur**, le mood board est un **collage d'images et de photos** récoltées autour de soi. Comme une image se révèle plus explicite qu'un discours, on utilise les mood boards dans l'ensemble des métiers liés à la création : la mode, le design, l'architecture et plus largement dans les métiers de la communication et du marketing. Et plutôt que de se cantonner aux seules images, pourquoi ne pas laisser voguer votre inspiration en y collant aussi des emballages alimentaires, des morceaux de tissus, des matières intéressantes ou des aplats de couleurs ?

À LA RECHERCHE DE TENDANCES INSPIRANTES

POURQUOI L'UTILISER ?

Objectif

Le mood board aide l'équipe à trouver l'inspiration et les tendances du moment en accumulant sur un même support des photos et un maximum d'éléments distincts.

Contexte

On utilise les mood boards pour exprimer et montrer les évolutions des tendances actuelles ou le parti pris que l'on souhaite apporter à notre projet.

COMMENT L'UTILISER ?

Étapes

1. En **groupe ou en individuel**, prenez une feuille de papier A4, A3 ou un paperboard.

2. Collez-y tout ce qui pourra inspirer visuellement le projet et votre équipe : une photo prise dans la rue ou un souvenir de vacances, une image trouvée sur Internet, sur Pinterest, sur Instagram, dans un magazine...

N'ayez pas peur d'y coller tout ce qui vous semble être bénéfique au projet et aux personas ou qui apporterait une base de réflexion supplémentaire à l'équipe.

3. Chacun présente son mood board à l'équipe en expliquant pourquoi il a choisi de coller chaque élément et comment cet élément pourrait faire avancer le projet.

4. Les membres de l'équipe débattent entre eux afin de ne sélectionner que les impulsions réellement utiles.

Méthodologie et conseils

Les éléments qui composent un mood board peuvent être totalement atypiques. Laissez votre créativité s'exprimer avec des couleurs, des photos d'ambiance, de mobilier, d'architecture, une police de caractères intéressante, des morceaux d'emballages, des visages de mannequins ou de personnes croisées dans la rue, des photos personnelles... En résumé, tout ce qui pourra montrer une tendance, une conviction et faire avancer votre projet.

Inspirez-vous aussi bien de la vraie vie que ce que vous voyez sur Internet. Le site Pinterest.fr est un parfait allié pour trouver de l'inspiration sur les modes de vie actuels et récupérer des visuels élégants. Par exemple, si vous souhaitez développer un produit en bois, tapez dans le formulaire de recherche les termes « design bois » ou « architecture bois » ou encore « matière bois ». S'afficheront alors une multitude d'images qui pourront vous aider à réaliser votre mood board.

De même, utilisez ce site pour nourrir votre réflexion sur le design, les matières ou les couleurs. Si vous tapez par exemple le mot « vert », vous découvrirez toute une multitude de concepts ou d'objets verts. On vous proposera aussi des visuels incluant les couleurs vert canard, vert émeraude, vert paon, etc.

N'oubliez pas qu'une recherche dans une autre langue vous apportera encore plus de résultats et des idées culturellement différentes.

Enfin, vous pourrez vous servir de Pinterest comme outil de benchmarking afin de trouver de nouveaux concurrents ou de nouvelles inspirations.

Avant de vous lancer...

- ✓ **Durée estimée : environ 1 heure pour réaliser son mood board, puis 5 à 10 minutes de présentation individuelle à l'équipe. Ajoutez à cela la période de réflexion en groupe.**
- ✓ **Au préalable, convenez du thème de votre mood board (expérience, matières, couleurs, concurrents, modes de vie...). Vous pourrez faire autant de mood board que de thème souhaité.**

Outil 40 Le World Café

> Le comptoir d'un café est le parlement du peuple.
>
> Honoré de Balzac

En quelques mots

Vous êtes sur le point de découvrir **l'un des outils les plus puissants, rapides et efficients de l'intelligence collective** ! Le **World Café** a été inventé un peu par hasard un jour de pluie de 1995 par deux Californiens, Juanita Brown et David Isaacs. Avec des amis, ils brainstormaient sur la pelouse de leur jardin quand un orage éclata. Obligés de se réfugier à l'intérieur de leur maison, de petits groupes se formèrent naturellement autour des tables dispersées dans le salon, la cuisine, le bureau… et les convives se déplaçaient de temps en temps d'une table à l'autre pour donner leur avis… le concept était né !

L'INTELLIGENCE COLLECTIVE À SON PAROXYSME

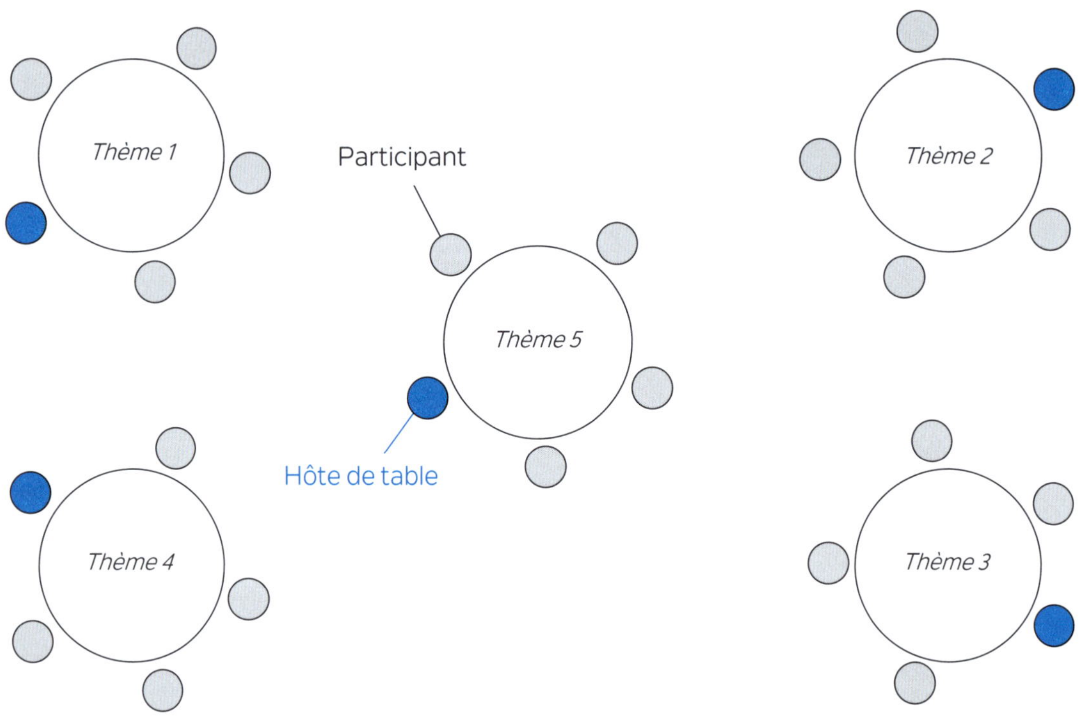

http://dunod.link/aae8g28

POURQUOI L'UTILISER ?

Objectif

Cet outil fonctionne très bien avec des personnes qui ont l'habitude de travailler ensemble (comme l'équipe projet) mais il est aussi très efficace pour briser la glace et faire travailler des personnes qui ne se connaissent pas encore : chacun pouvant s'exprimer librement en mettant de côté les barrières hiérarchiques, éducatives ou sociales.

Pour l'équipe projet, le World Café permet une réflexion rapide et très approfondie du sujet, aide à faire ressortir facilement les forces et les faiblesses du projet.

Contexte

Le World Café permet d'inviter ponctuellement les forces vives de notre organisation, des amis de bonne volonté, des clients, des experts, d'autres collaborateurs jusqu'ici non impliqués dans le processus de Design Thinking, des fournisseurs., des parties prenantes… (minimum 2 personnes et jusqu'à 8 personnes par table).

Cet outil utilise le concept de « fertilisation croisée des idées » : se nourrir des idées des autres pour les améliorer et en produire de nouvelles.

COMMENT L'UTILISER ?

Étapes

1. **Déterminez les thèmes et les questions** que vous souhaitez poser à chaque groupe (un thème par table). Chaque table peut avoir à répondre à plusieurs questions, mais toujours sur le même thème.
Pour plus de clarté, imprimez chaque thème et questions sur une feuille déposée sur chacune des tables.
2. **Expliquez que le but du World Café** est de produire un maximum de contenu en un minimum de temps et invitez les participants à choisir un premier thème de travail (celui sur lequel ils souhaitent travailler lors du premier round). Il y aura d'autres rounds, ils pourront donc satisfaire leurs envies au fur et à mesure.
3. **Un hôte (facultatif) peut être désigné** à chaque table, il prendra en notes toutes les réflexions du groupe.
4. **Round 1** : les groupes réfléchissent au thème et produisent leurs réponses pendant 10 à 20 minutes. **Une fois le temps écoulé**, l'hôte reste à la table et les participants se dispersent sur le thème de leur choix.
5. **Round 2 : l'hôte accueille les nouveaux participants** et fait un résumé des propositions apportées par le groupe précédent, puis il lance une nouvelle phase de réflexion de 15 à 25 minutes. Le nouveau groupe enrichit, corrige et améliore les échanges précédents.
Et ainsi de suite dans une limite de 4 rounds pour ne pas exténuer les participants.
6. **À la fin du 4e et dernier round**, un porte-parole du dernier groupe présente à haute voix les conclusions et solutions générées.
7. Après la séance, **récupérez et analysez** en détail les productions pour en faire une restitution ou un plan d'actions.

Méthodologie et conseils

Quelques thèmes à proposer :

- trouver des idées sur un thème spécifique ;
- forces et faiblesses du projet ;
- moyens d'aborder et de communiquer auprès des personas ;
- campagne de communication ;
- détails du lancement du projet, etc.

Avant de vous lancer…

- ✓ **Durée estimée : plusieurs rounds de 10 et 20 minutes chacun + restitutions à l'oral.**
- ✓ **Stylos-feutres, nappes en papier, grignotages et boissons à volonté pour stimuler la créativité !**

Outil 41

Le jeu de rôle d'idéation

“

Jouer un rôle, c'est se laisser habiter sans se faire totalement envahir. C'est une manière d'apprivoiser quelqu'un.

Marion Cotillard

En quelques mots

Le **jeu de rôle**, c'est le **jeu de la vie.** Idéal pour réfléchir et décrypter les projets liés à **l'amélioration de l'expérience client**, cet outil permet de reproduire les situations réellement vécues par le client. Divisé en deux parties distinctes, d'abord le jeu de rôles, puis le brainstorming d'équipe, ce jeu de rôles d'idéation est le meilleur moyen de mettre en lumière les moments de synergie avec le client et les moments de frictions grâce aux mini-scénarios préétablis.

JOUER COMME DANS LA VRAIE VIE

POURQUOI L'UTILISER ?

Objectif

Le but est de reproduire ou de créer une situation issue du réel.
Dans le cas de l'amélioration de l'expérience client, les équipes simuleront les moments où les collaborateurs ont un contact direct ou indirect avec le client.

Contexte

Grâce aux deux premières phases du Design Thinking, les équipes ont recueilli suffisamment de matière et de situations clés pour les reproduire et commencer à réfléchir à toutes les possibilités d'amélioration.

COMMENT L'UTILISER ?

Étapes

1. L'équipe détermine et rédige des mini-scénarios sur les sujets qu'elle souhaite améliorer.
Elle peut réutiliser des phrases provenant de témoignages recueillis pendant les entretiens mais aussi reprendre les automatismes, bons ou mauvais, effectués par les collaborateurs face aux clients.
2. Une fois les scénarios rédigés, **ils sont dispatchés** parmi les participants à cette réflexion.
3. Chaque scène est jouée de la manière la plus juste possible par les membres qui le souhaitent et devant tout le monde.
4. Après chaque scène, les participants mettent en avant **les points positifs** et **les points à améliorer** sur un paperboard.
5. Tous ensemble, **on réfléchit alors à la manière d'améliorer** les points qui posent un problème. On pourrait utiliser un brainstorming parmi ceux proposés en outil 42, avec une préférence pour le brainstorming nommé « Les pires idées » ou le « SCAMMPERR ». Le groupe entier débat ensuite des idées proposées, puis lance un jeu de rôles de prototypage (outil 52).
Le groupe prendra soin de bien maintenir les points positifs dans la solution finale.

Méthodologie et conseils

Prenons en exemple le projet d'améliorer la qualité de service à l'accueil d'un magasin. En effet, certains clients se sont déjà plaints de temps d'attente trop longs, d'un discours pas toujours clair et avenant. On créera alors des scénarios d'énervements des clients, provoquant alors une montée de stress chez les participants.
Lors de la création des mini-scénarios, n'hésitez pas, si vous pensez que le problème exposé ne sera pas suffisamment flagrant pendant la scène, à accentuer légèrement la réalité. Cela permettra de mettre plus facilement le doigt sur les points à améliorer.
En amont, pensez à bien compiler toutes les situations possibles et l'ensemble des problèmes à résoudre.
Le facilitateur peut jouer lui-même la première scène avec quelques volontaires enthousiastes afin de donner l'exemple. Cela créera une meilleure émulation pour le reste du groupe.

Avant de vous lancer…

- ✓ **Durée estimée : les scènes ne doivent durer que quelques minutes. Ajouter à cela le temps de débat et d'amélioration en groupe.**
- ✓ **Il est vivement conseillé de faire participer et réfléchir des collaborateurs extérieurs à l'équipe projet, comme vos commerciaux, vos assistants, vos stagiaires et même de vrais clients. Vous aurez alors un véritable éventail de scénarios à disposition et surtout de réponses « du terrain » à votre problématique.**

Outil 42

Le brainstorming 6-3-5 et 6 autres idées de brainstorming

> *Gardez le cap dans la tempête et tenez fermement la barre.*
>
> Guy Roux

En quelques mots

La traduction française du mot **brainstorming (tempête de cerveau)** explique ce que vous allez vivre en utilisant un des outils proposés. **Clé de voûte de votre phase d'idéation**, le brainstorming vous apporte sur un plateau, quelle que soit la méthode utilisée, de très nombreuses idées en un temps record. Forcément, toutes les idées ne seront pas bonnes à exploiter dans l'instant, mais l'objectif est d'en produire une grande quantité pour avoir le choix ensuite. Ce chapitre aborde **plusieurs méthodes de réflexion** : nous commençons par le brainstorming 6-3-5, puis explorerons d'autres manières de générer des idées.

LE BRAINSTORMING 6-3-5

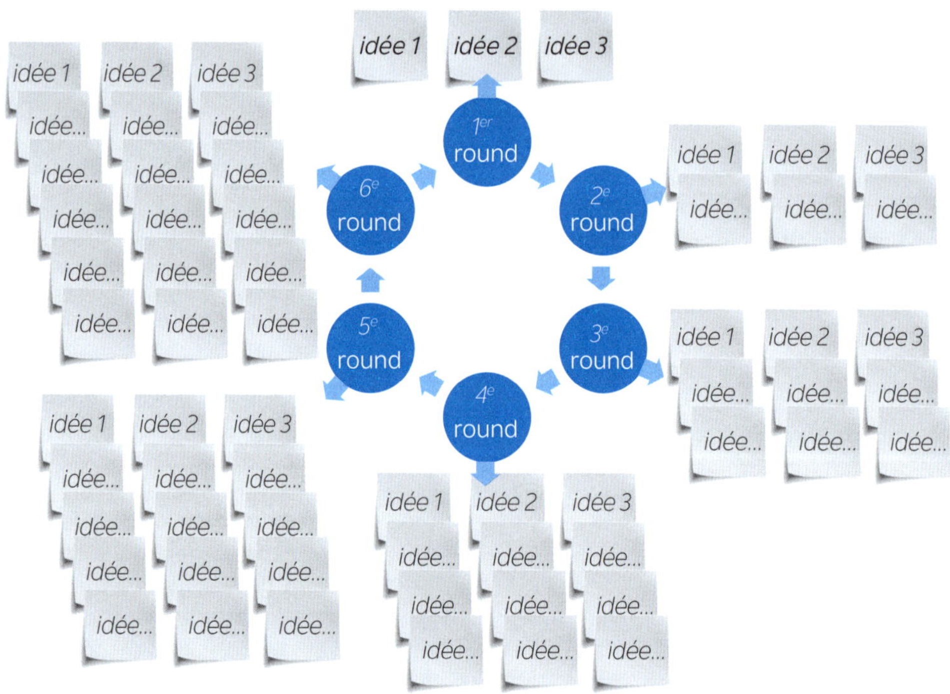

POURQUOI L'UTILISER ?

Objectif

Utilisez cette méthode pour générer 108 nouvelles idées en 30 minutes. Son nom décrit bien sa simplicité : 6 personnes, 3 Post-it, 5 minutes!

Basée sur le principe de fertilisation croisée des idées, où tout le monde améliore les idées de chacun, elle développe la réussite collective du projet et non plus la réussite d'une seule personne, et permet aux timides de s'exprimer autant que les plus assurés.

Contexte

Cette technique peut se pratiquer dès la fin de la phase d'analyse, mais toujours après un échauffement cérébral.

COMMENT L'UTILISER ?

Étapes

1. **Créez des groupes** de 6 personnes.
2. **Chaque personne aligne 3 Post-it** sur le haut d'une feuille posée devant lui en mode paysage.
3. Dans le silence le plus total et en quelques minutes, **chacun rédige 1 idée par Post-it**, sans la détailler.
4. Tout le monde passe sa feuille et les Post-it collés dessus à son voisin de droite.
5. **Chacun colle 1 Post-it supplémentaire** sur la partie basse de chaque Post-it précédent (la bande collante du nouveau doit chevaucher celui du haut).
6. Toujours en silence et en quelques minutes, **chacun s'inspire des 3 idées devant lui** et améliore chaque idée en rédigeant quelques lignes de détails et d'améliorations sur chacun des nouveaux Post-it.
7. **Une fois terminé**, on passe la feuille à son voisin de droite.
8. On colle à nouveau des Post-it sous les Post-it précédents et **on prolonge la colonne d'idées** en améliorant les idées supérieures.
9. **On fait tourner ainsi les feuilles** jusqu'à se retrouver devant sa feuille d'origine.

À la fin, vous aurez de grandes bandes de Post-it liés à l'idée d'origine. Vous en aurez besoin pour sélectionner et prioriser avec les outils de fin de dossier.

Méthodologie et conseils

La pertinence des idées exprimées sera meilleure si vous réexpliquez bien le contexte de votre projet ainsi que votre reformulation du défi, surtout si vous avez invité de nouvelles personnes à réfléchir avec vous.

- Rassurez les participants sur le fait de ne surtout pas se brider. Il n'y a pas de bonne ou de mauvaise réponse, toutes les idées sont les bienvenues, même les plus farfelues.
- On peut même dessiner sur ses Post-it.
- Créez des groupes multidisciplinaires : mixité hommes-femmes, mixité d'âges et de hiérarchies, mixité des expertises.
- Si votre groupe de travail ne permet pas de faire des groupes de 6, faites des groupes plus petits.
- Une fois les 3 premiers Post-it collés, on ne propose pas de nouvelles idées, on améliore les précédentes. Si le travail d'amélioration devient difficile, commencez votre phrase par « Oui et… ».

Si besoin, offrez quelques minutes supplémentaires pour permettre à tous de lire et rédiger ses axes d'améliorations, surtout vers la fin du processus.

Suite outil 42 →

Avant de vous lancer…

- ✓ **Durée estimée : environ 30 minutes.**
- ✓ **Faites venir des personnes externes à l'équipe projet (collaborateurs diversifiés, stagiaires, fournisseurs, clients…), vous aurez besoin de toute leur expertise et leur créativité.**

Suite outil 42

Le brainstorming 6-3-5 et 6 autres idées de brainstorming

COMMENT ÊTRE PLUS EFFICACE ?

Il existe une multitude de manières de réfléchir et de produire des idées en groupe. Voici quelques techniques supplémentaires.

How might we ?

Ou en français « Comment pourrions-nous... ? ». Cette simple question permet de lancer un brainstorming très simple et sans fournitures. Par exemple, à la question « Comment pourrions-nous aider les déficients visuels à mieux se repérer dans la ville ? », les participants peuvent générer des dizaines d'idées en quelques minutes.

Les pires idées

Un brainstorming très simple pour ceux qui pensent ne pas être créatifs (ce qui est toujours faux) : comment être certain de rater le projet ? Chacun note les pires idées qui lui passent par la tête. Il suffit ensuite de faire tout le contraire et d'ajouter du détail pour dégager un début de plan d'action.

Le Crazy 8's

Au crayon, chacun divise une feuille A4 en 8 carrés égaux. On donne 1 minute pour dessiner une idée dans le 1er carré. Une fois la minute écoulée, on donne 1 minute pour dessiner une tout autre idée dans le 2e carré... et ainsi de suite jusqu'au 8e carré. En 8 minutes, cette solution permet de vider entièrement son cerveau et sa capacité créative.

La patate chaude

Un membre de l'équipe est désigné scribe, il doit noter toutes les réponses données par l'équipe. L'équipe se met debout. Une première personne reçoit la patate chaude (mais une boule de papier suffira !) et doit proposer une idée. Elle lance la patate chaude à une autre personne qui doit trouver une nouvelle idée, et ainsi de suite...

L'imitateur

Une méthode qui fonctionne par analogie : essayez de vous remémorer des objets, des produits ou des services suffisamment inspirants qui pourraient vous aider à mieux développer le vôtre ! Par exemple, la tente de camping qui se déplie en 3 secondes a été influencée en regardant les lumières-parapluies des photographes qui se plient facilement. Le Velcro, quant à lui, a été inventé en regardant des fleurs de bardane accrochées à un pantalon.

Le SCAMMPERR

Générez de nouvelles idées en modifiant quelques petites choses afin de découvrir de nouvelles possibilités grâce aux lettres du mot SCAMPER (gambader, détaler en anglais) :

- **S** : Substituer > Qu'est-ce qui peut être remplacé ?
- **C** : Combiner > Que pourrions-nous combiner avec autre chose ?
- **A** : Adapter > Quel produit existant est similaire au nôtre ? Comment l'adapter ?
- **M** : Magnifier > Que peut-on ajouter ?
- **M** : Modifier > Peut-on changer la couleur, la matière, la forme ?
- **P** : Produire (ou trouver un autre usage) > Existe-t-il d'autres utilisations possibles ?
- **E** : Éliminer > Que peut-on soustraire ? Supprimer ? Diminuer ?
- **R** : Réorganiser > D'autres dispositions ? Un ordre différent ?
- **R** : Renverser > Puis-je le retourner ? Mettre le haut en bas ?

Cas d'entreprise

Le Centre hospitalier de Valenciennes et ses voiturettes pour enfants

Problématique

En 2017, le Docteur Nabil El Beki, chef de service en chirurgie ambulatoire au Centre Hospitalier de Valenciennes (Hauts-de-France), cherche une solution pour réduire le stress des enfants lors de leur transfert au bloc chirurgical. En effet, les pleurs et les cris des petits malades ont de trop nombreuses répercussions négatives sur le service : l'administration de tranquillisants entraîne un ralentissement au bloc et un réveil post-opératoire plus long occasionnant une pression supplémentaire sur le personnel soignant et une augmentation des dépenses de l'hôpital. Sans oublier leur préoccupation première au quotidien : le bien-être des patients.

Résultats

À cette époque, le personnel hospitalier fait déjà rentrer les patients adultes à pied dans le bloc opératoire plutôt que sur un brancard mais cette idée n'est pas envisageable pour les enfants. L'équipe se remémore alors une photo prise dans un hôpital anglo-saxon où les enfants jouent aux petites voitures avant d'être opérés. L'idée était née : les enfants iront d'eux-mêmes jusqu'au bloc en voiturette électrique !

Le personnel hospitalier passe alors un an entre les phases d'immersion et empathie et de prototypage pour améliorer l'idée : les contraintes d'hygiène sont draconiennes tandis que la procédure et la maintenance ne doivent pas être des contraintes supplémentaires. Les deux premières voitures sont achetées sur les deniers du personnel auprès d'un concessionnaire qui s'occupe de la maintenance. Touchés par l'idée, une troisième voiture est même offerte par les joueurs de foot de Valenciennes.

Depuis, tout le monde y gagne : les soignants administrent moins d'anxiolytiques, les parents sont heureux de voir leurs chérubins aller au bloc de bon cœur, les enfants n'ont plus peur et attendent même avec impatience l'heure du transfert. Un projet qui a aussi recréé du lien dans l'équipe du Docteur El Beki.

Outil 43 La fleur de lotus

> “ *Les idées sont des graines de lotus, elles ne dorment que pour mieux pousser.*
>
> Fatou Diome

En quelques mots

S'il existe une méthode particulièrement **zen et idéale pour réfléchir seul ou en groupe**, c'est bien la fleur de lotus. Issue de la **culture japonaise et son attrait pour le beau, le minimalisme et l'efficacité**, elle étonne souvent les participants par la profondeur de leur réflexion tout au long de l'utilisation de cet outil. Inventée par le japonais Yasuo Matsumura, consultant en management et directeur du Clover Research Center, cette fleur de lotus va s'ouvrir et se déployer au fur et à mesure que vos idées fleurissent, tout en étant guidées d'une façon très intuitive. Il est temps de faire fleurir vos idées.

64 IDÉES EN QUELQUES MINUTES

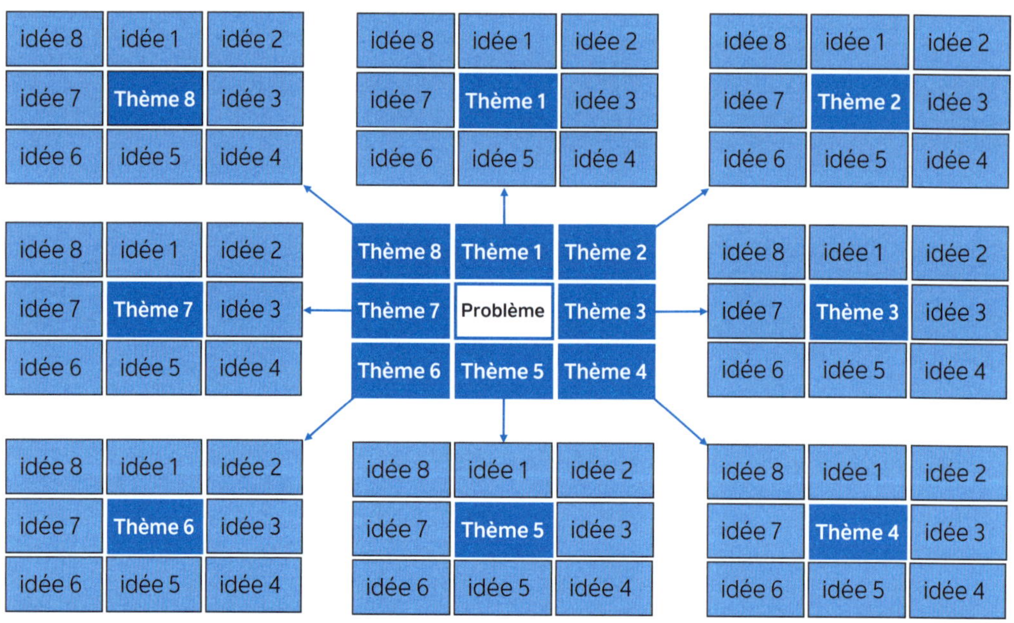

POURQUOI L'UTILISER ?

Objectif

Cette technique très simple repose sur une métaphore visuelle pour aider la pensée à créer plus qu'à son habitude. Au lieu de prendre le sujet ou le problème dans son entièreté, on va le découper en thèmes, puis en idées concrètes.

Contexte

Vite comprise et simple à utiliser, la fleur de lotus guide le cerveau et prend en main la réflexion en la découpant en petites parties plus concrètes à aborder. Cette méthode convient à la plupart des participants :

- ceux qui ne se pensent « pas assez créatifs » car elle leur donne des pistes pour générer des idées simplement et sans avoir l'angoisse de la page blanche ;
- ceux dont le mode de pensée serait divergent, c'est-à-dire qu'ils auraient tendance à partir dans tous les sens, sans pouvoir réellement se fixer sur un sujet et aller jusqu'au bout de leurs idées.

COMMENT L'UTILISER ?

Étapes

1. On commence par **écrire notre sujet, notre problématique ou notre reformulation au centre de la fleur du lotus** (le pistil).

2. Sur les pourtours directs du pistil, on écrit 8 thèmes principaux qui découlent de notre sujet. Par exemple, si notre sujet est « Comment communiquer lors du lancement de notre nouveau produit pharmaceutique pour les seniors ? », on pourrait décider de découper la réflexion en 8 cibles distinctes et représentatives des personas par exemple, comme « Les généralistes en cabinet, le personnel hospitalier, les influenceurs sur les réseaux sociaux, la presse généraliste, la presse spécialisée, les pharmacies, le grand public senior, le grand public acheteur pour les seniors ».

3. On reporte ensuite ces 8 thèmes sur les pétales extérieurs de notre fleur de lotus, nous permettant de trouver 8 idées concrètes pour chacun des thèmes. Par exemple, pour « Les pharmacies », on pourrait imaginer « Publicité à la caisse, grandes affiches en vitrines, distributions d'échantillons aux clients dans la cible, réduction de prix pour le lancement, opération 2 pour le prix d'un, etc. ».

Méthodologie et conseils

Cet outil pousse naturellement le cerveau à générer plusieurs idées différentes et pas seulement une seule, généralement celle qui coule de source, très conventionnelle ou trop souvent « inside the box ». Il n'est d'ailleurs pas rare de générer des idées assez folles, voire contradictoires d'une case à une autre. Rappelez-vous, lors d'un brainstorming, que l'objectif est de créer beaucoup d'idées de qualité variée et non pas de créer exclusivement des idées parfaites. Vidons nos cerveaux avant de prioriser les idées !

Une fois la fleur de lotus terminée, l'équipe peut mettre en commun les idées, puis les sélectionner et les prioriser via l'un des 3 outils proposés dans les pages suivantes.

Avant de vous lancer...

- ✓ **Durée estimée : entre 30 et 45 minutes environ pour réaliser une fleur de lotus.**
- ✓ **Vous pouvez utiliser cet outil en solo, mais aussi en petits groupes de 2 à 3 personnes. Ainsi, vous fertiliserez les idées entre vous et ferez fonctionner l'intelligence collective à plein régime.**

Outil 44 Le vote par gommettes

> “
> *L'adulte ne croit pas au père Noël. Il vote.*
>
> Pierre Desproges

En quelques mots

Voici un outil d'une **simplicité extrême** mais parfois bien utile pour **terminer correctement** cette phase d'idéation. Votre équipe a généré un très grand nombre d'idées, plus ou moins pertinentes, plus ou moins exploitables. C'était la période de divergence. Il est temps désormais de passer à la **période de convergence** pour sélectionner les meilleures idées qui passeront ensuite au prototypage. Le principe du Design Thinking étant basé sur le fait que la décision du groupe est plus importante que les décisions personnelles, le vote par gommettes exprime toute la **démocratie** de ce processus collaboratif.

LE DROIT DE VOTE POUR TOUS

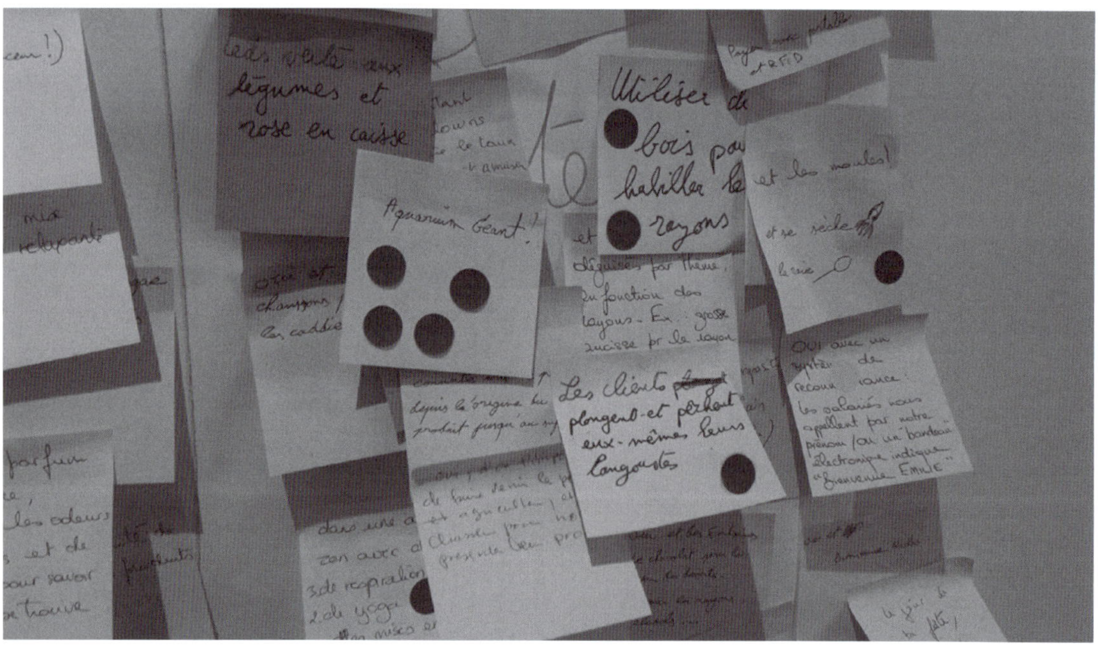

POURQUOI L'UTILISER ?

Objectif

Grâce à cet outil démocratique, vous serez certain qu'aucune décision médiocre ou approximative ne passera au travers de l'épreuve du vote. En effet, l'intelligence collective a cette faculté de mettre en avant la ou les solutions les plus plausibles et réalisables.

Contexte

Utilisez le vote par gommettes après avoir fait diverger l'équipe avec un ou plusieurs outils de brainstorming.

COMMENT L'UTILISER ?

Étapes

1. **Chaque membre de l'équipe** se voit attribuer 4 gommettes (peu importe la couleur des gommettes).
2. **Chacun doit voter deux fois** : une première fois pour l'idée qu'il trouve indispensable en lui attribuant 3 gommettes et une deuxième fois pour une idée qu'il trouve très bonne en lui attribuant 1 gommette.
3. **Les idées ayant récolté le plus de gommettes** sont celles qui auront une chance d'aller en prototypage. On les note alors sur un document (ou un paperboard) pour les porter à la connaissance de toute l'équipe.
4. **On pourra débattre ensemble** des idées sélectionnées en vue du prototypage et éventuellement utiliser le baromètre des priorités si les idées sont trop nombreuses et doivent être priorisées.

Méthodologie et conseils

Vous pouvez attribuer plus de gommettes aux participants si énormément d'idées ont été générées en proposant par exemple le vote suivant : 5 gommettes à placer sur la meilleure idée, puis 1 gommette sur les deux suivantes. On laisse volontairement une grande différence entre la meilleure idée et les autres afin de faire émerger les vraies bonnes idées plébiscitées par beaucoup de votants. Là aussi, vous pouvez faire participer un nombre élargi de personnes venants de toutes les hiérarchies de l'organisation, des fournisseurs et aussi des clients. La dynamique et la qualité du vote n'en seront que meilleures.

Une autre manière de faire voter avec des gommettes et de donner 5 gommettes vertes et 5 gommettes rouges à chaque participant. Les vertes servent à donner une voix à des idées qui doivent être prototypées et les rouges sont celles dont les votants ne veulent absolument pas. Liberté est donnée quant au nombre de gommettes à allouer à chaque idée : certains mettront 5 gommettes sur une seule idée pour lui donner une plus forte probabilité d'être prototypée, d'autres 2 ou 3 gommettes par idée car leur cœur balance, enfin certains préféreront voir prototyper une multitude d'idées et ne colleront qu'une seule gommette par idée.

On pourrait aussi demander aux participants de voter pour l'idée la plus écologique, la plus humaine, la plus réalisable en l'état actuel des choses ou la plus respectueuse du budget.

Une dernière méthode propose de coller une seule gommette sur chaque idée réalisable (temps, budget...), permettant ainsi de s'ouvrir à une multitude d'opportunités tangibles.

Avant de vous lancer...

- ✓ **Durée estimée : le vote doit se faire sur un temps restreint.**
- ✓ **Laissez le temps aux votants de relire toutes les idées proposées, surtout si elles sont nombreuses.**

Outil 45 L'avocat de l'ange

“

Un accusé est cuit quand son avocat n'est pas cru.

Pierre Dac

En quelques mots

Il n'est pas rare de jouer l'**avocat du diable** pour pousser son interlocuteur dans ses retranchements, le mettre face à ses contradictions ou tout simplement pour alimenter une conversation. Cet outil est tout simplement le **contraire** !

Il arrive parfois que le travail collaboratif ait tendance à mettre en avant les très bonnes idées et à laisser à la marge les idées qui ne seraient pas incroyables mais qui auraient un **véritable potentiel en y réfléchissant à deux fois**.

C'est exactement ce que l'avocat de l'ange propose de faire…

REPÊCHER UNE IDÉE RESTÉE SUR LE CARREAU

POURQUOI L'UTILISER ?

Objectif

En supprimant de la vue des participants les idées plébiscitées grâce à l'outil précédent, vous permettrez à l'équipe de relire une nouvelle fois les propositions restantes pour qu'elle soit certaine de ne pas en avoir laissé une ou deux qui avaient leur chance d'être sélectionnées.

Contexte

On fait venir l'avocat de l'ange juste après le vote par gommettes, un peu comme un vote de la dernière chance.

COMMENT L'UTILISER ?

Étapes

1. **Une fois le vote par gommettes effectué**, on retire de l'espace visuel les idées précédemment sélectionnées pour le prototypage.
2. On **distribue à chaque participant une seule gommette** de couleur ou de forme distinctive (par exemple, une gommette en étoile si on a précédemment utilisé des gommettes rondes, ou une gommette argentée si on a déjà utilisé des gommettes de différentes couleurs).
3. **Chaque membre de l'équipe** doit coller sa gommette « de l'ange » sur l'idée qu'il estime vraiment utile au projet et qui serait passée au travers des mailles du vote par gommettes.
4. Ensuite, **on comptabilise le nombre de gommettes** de l'ange pour chaque idée et on ajoute la ou les idées repêchées à la liste d'idées à prototyper.

Méthodologie et conseils

Il arrive parfois qu'aucune idée ne ressorte vraiment d'un avocat de l'ange. Cela veut dire que seules les meilleures idées ont été élues grâce au vote par gommettes et que votre équipe a vraiment très bien fait son travail. Dans ce cas, on n'ajoute pas de nouvelles idées à la liste de prototypage.

Cet outil, couplé au vote par gommettes, pourrait tout à fait être utilisé tout au long du processus de Design Thinking, dès lors qu'une décision collective et démocratique doit être prise. Ainsi, on pourrait demander aux participants de coller des gommettes et de faire l'avocat de l'ange dès la phase d'analyse pour sélectionner ce qu'ils vont devoir insérer dans la grille d'objectifs ou les éléments primordiaux pour constituer les personas. Il en est de même pour générer la plupart des outils de la phase d'implémentation, si l'équipe n'arrive pas à se mettre d'accord d'elle-même.

En cas de besoin, ces deux outils inséparables (vote par gommette + avocat du diable) deviennent le meilleur moyen de prendre une décision lorsque les tempéraments s'échauffent un peu trop.

Toutefois, je vous conseille d'utiliser l'outil suivant, dénommé « Générer des Quick Wins (idées vertes-idées noires »), lorsque vous effectuez votre toute première convergence ou sélection des idées à la suite d'un brainstorming. En effet, cette méthode vous permettra de sélectionner beaucoup d'idées intéressantes alors que le vote par gommettes et l'avocat de l'ange pourraient, et c'est le risque du vote collectif, n'en faire ressortir qu'un nombre très restreint. Privilégiez donc ces deux outils couplés pour des élections nécessitant finalement peu d'options.

Avant de vous lancer...

✓ **Durée estimée : quelques minutes pour relire les idées, puis, si nécessaire, un temps de débat pour que chacun puisse expliquer pourquoi il a sélectionné cette idée (1 minute maximum par idée).**

Outil 46

Générer des Quick Wins (idées vertes - idées noires)

> *Si la matière grise était plus rose, le monde aurait moins les idées noires.*
>
> Pierre Dac

En quelques mots

Comme pour la phase « Analyse », il est temps de **prioriser les idées** avant de passer à la phase suivante. On pourrait tout à fait réutiliser le **baromètre des priorités** ou utiliser ce nouvel outil qui, sous forme d'un simple tableau à quatre cases, permet de mettre en avant les véritables priorités de l'équipe. La version présentée est adaptée d'un outil s'appelant « **Yellow ideas** », mais ma pratique et mon expérience en tant que formateur en Design Thinking m'ont amené à améliorer le contenu des cases et le vocabulaire de l'outil pour une meilleure clarté et compréhension.

LA SÉLECTION DES MEILLEURES IDÉES À COURT ET LONG TERMES

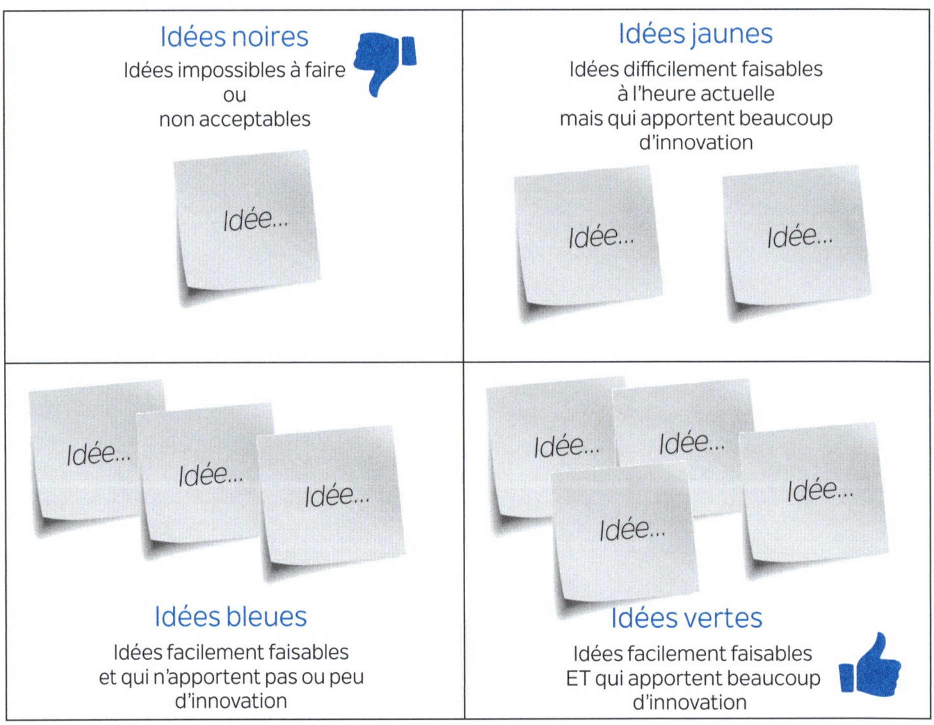

POURQUOI L'UTILISER ?

Objectif

Le tableau des idées vertes, bleues, jaunes et noires est un excellent outil de convergence pour générer des Quick Wins (des victoires rapides). Il permet de « poser à plat » toutes les idées en votre possession pour les valider, les garder pour plus tard ou les éliminer définitivement. En utilisant cet outil, vous prenez une décision nette pour chacune des idées proposées.

Contexte

Vous pouvez utiliser cet outil directement après votre ou vos différents brainstormings, sans forcément passer par le vote par gommettes et l'avocat de l'ange.

COMMENT L'UTILISER ?

Étapes

1. Sur un paperboard ou une grande feuille A3, **reproduisez le tableau à quatre cases** de la page de gauche.

- Dans la case en haut à gauche, écrivez « **Idées noires** : idées impossibles à faire ou inacceptables ».
- Dans la case en haut à droite, notez « **Idées jaunes** : idées difficilement faisables à l'heure actuelle mais qui apportent beaucoup d'innovation ».
- Dans la case en bas à gauche, écrivez « **Idées bleues** : idées facilement faisables et qui n'apportent pas ou peu d'innovation ».
- Enfin, dans la case en bas à droite, inscrivez « **Idées vertes** : idées facilement faisables ET qui apportent beaucoup d'innovation », les très recherchés « Quick Wins ».

2. À tour de rôle, **chaque membre de l'équipe se lève** et lit à haute voix les idées en sa possession, une par une (on ressortira alors les travaux réalisés grâce aux outils précédents).

3. L'équipe débat à propos de chaque idée, dans un temps volontairement court.

4. Une décision collective est prise : la personne debout dépose l'idée dans la case appropriée et validée par l'équipe.

Méthodologie et conseils

Les idées noires sont les idées infaisables, totalement hors contexte, non éthiques, hors de l'image de marque du projet.
Les idées jaunes sont un véritable « réfrigérateur à idées », déposées ici le temps que l'on négocie un budget supplémentaire, que l'on soit en capacité de la produire, que l'on achète la machine nécessaire ou que l'entreprise emploie une personne dédiée à développer cette idée brillante... Les idées jaunes seront vos innovations de demain !
Les idées bleues sont des points à développer dans un deuxième temps. Elles sont tellement simples que l'on se demande pourquoi on n'y avait pas pensé avant...
Les idées vertes sont à développer en extrême priorité, elles représentent vos innovations à très court terme, les victoires rapides et concrètes.
Parfois (le plus souvent en fait), cette phase est animée de discussions passionnées, c'est pour cela que le timing alloué doit être court. N'oubliez pas que l'ensemble de l'équipe doit se mettre d'accord.

Avant de vous lancer...

- ✓ **Si la sélection se fait en équipe nombreuse, et pour plus de visibilité, pensez à projeter votre tableau sur un mur à l'aide d'un vidéoprojecteur. Chaque membre de l'équipe devra alors se lever et partager les idées avec le groupe. Après délibération, il collera les idées dans la case appropriée, sur le tableau projeté au mur.**
- ✓ **À la fin de la sélection, cet outil permet de visualiser rapidement le volume de tâches à prototyper.**

5 DOSSIER

PROTOTYPAGE ET EXPÉRIMENTATIONS

“

Plus vous engagez vos clients, plus les choses deviennent compréhensibles et plus cela devient facile de déterminer ce que vous devez faire.

John Russell, ancien vice-président de Harley-Davidson

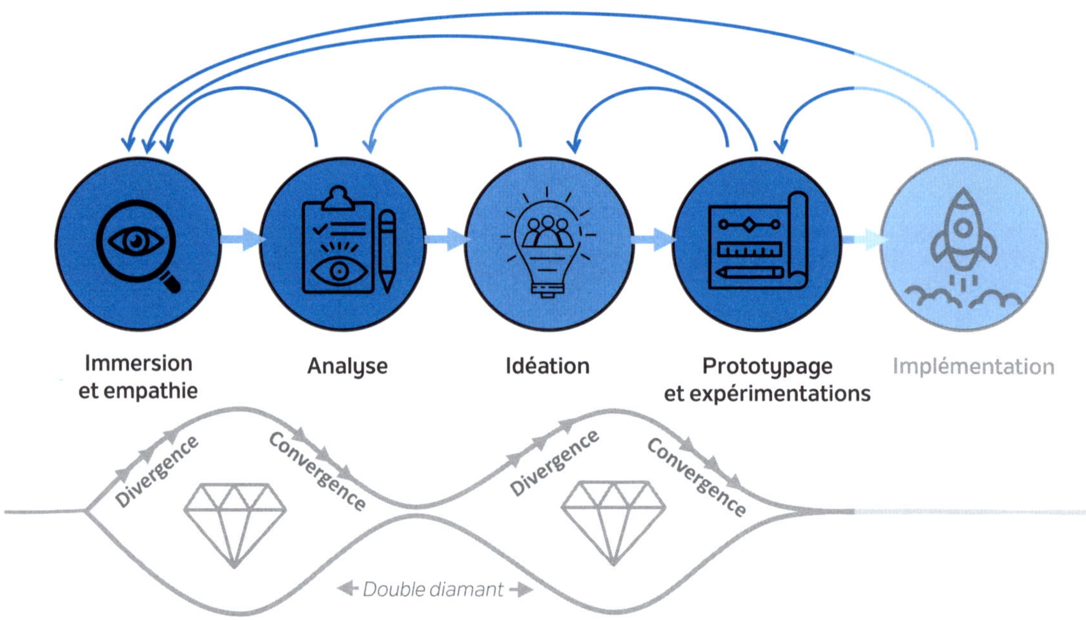

Vous entamez la phase probablement la plus excitante du Design Thinking, mais aussi peut-être celle qui vous prendra le plus de temps en raison des nombreux allers-retours (itérations) entre vos différents prototypes et les interviews de futurs utilisateurs.

Réduire les risques et les incertitudes

Sans l'approche Design Thinking, vous auriez sûrement lancé un produit ou un service terminé, parfait selon vos propres critères. Or, nous allons faire tout le contraire : fonctionner par petites améliorations successives en multipliant les expérimentations sur vos prototypes, puis en allant interroger vos futurs utilisateurs sur leur perception de ce nouvel ajout.

Prototyper vite et pas cher

Nous sommes ici au cœur même du Design Thinking : faire un prototype, d'abord en dessin, puis en maquette avec des matériaux simples, comme des Lego® ou du carton, pour ensuite l'améliorer rapidement par itérations en ajustant le tir et en faisant évoluer l'idée de départ. Vous utiliserez les outils 47 à 56 en fonction des spécificités de votre projet.

Expérimenter son prototype

Chaque nouveau prototype sera testé face à vos futurs clients ou utilisateurs afin de valider ou non cette dernière version (grâce aux outils 55 à 57). On réutilise alors la méthode du POC (une preuve de concept, de l'anglais *Proof of Concept*). Un adage dit qu'en Design Thinking, on devrait toujours prototyper pour savoir si l'on a raison et tester pour savoir si l'on a tort. Ainsi, vous saurez quand vous serez prêt à vous lancer définitivement en relisant l'outil 7 (du POC au MVP jusqu'au MAP).

Les outils

Outil 47

Le dessin et la bande dessinée

> “ *Les crayons ce n'est pas du bois et de la mine, c'est de la pensée par les phalanges.*
>
> Henri de Toulouse-Lautrec

En quelques mots

Ce n'est pas la première fois que l'on vous le dit depuis que vous avez commencé ce livre : **un dessin vaut mieux qu'un long discours.** Et c'est particulièrement vrai lors du prototypage. C'est pourquoi il est conseillé de commencer cette phase avec un **simple dessin**, surtout si vous travaillez à développer un objet ou améliorer un service. Cette méthode, **rapide et à la portée de tous**, permet d'esquisser les prémices de vos idées, d'une conversation entre un client et un vendeur, d'un nouveau processus innovant… et permet de faire travailler l'équipe sur ce qu'elle a réellement en tête.

TOUT COMMENCE PAR UN SIMPLE DESSIN

Dessin d'une veste à destination de personnes âgées atteintes de la maladie d'Alzheimer

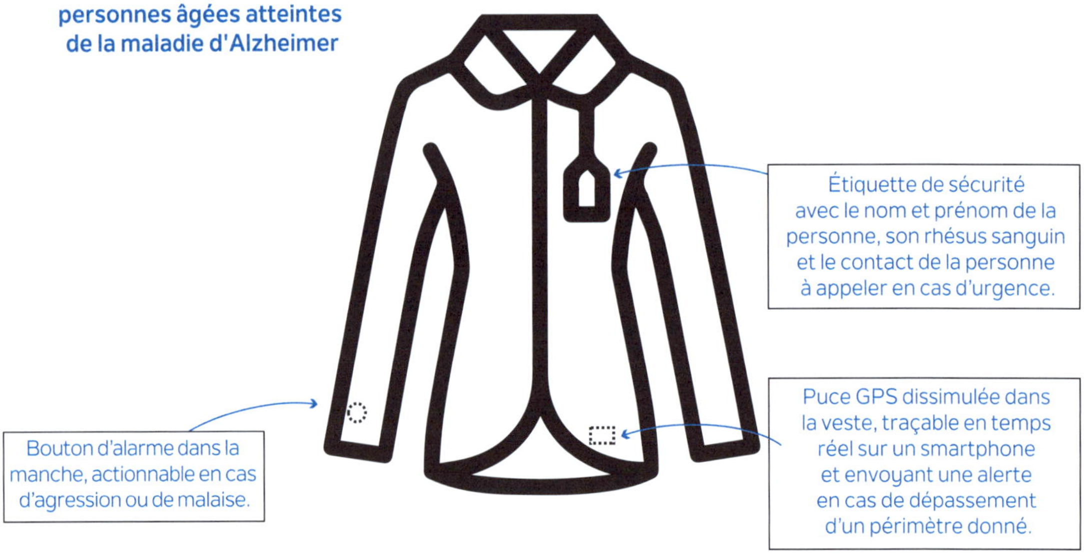

POURQUOI L'UTILISER ?

Objectif

Le but est de créer un premier prototype avec juste quelques feutres et de mettre l'équipe d'accord sur un premier rendu.

Contexte

Pour l'ensemble des outils de prototypage présentés dans ce dossier, je vous propose trois manières de procéder, à vous de choisir celle qui vous convient le mieux, en fonction du temps dont vous disposez :

- Soit l'équipe réalise un seul prototype en groupe et dans ce cas, tout le monde s'accorde au fur et à mesure de l'avancement de celui-ci. Sachez qu'il peut y avoir tout de même des biais liés au fait que tout le monde travaille en même temps sur le même prototype, laissant parfois s'échapper quelques bonnes idées, sans le vouloir.
- Soit en scindant l'équipe en sous-groupes de 3 à 4 personnes. On demande alors à chaque sous-groupe de réaliser son propre prototype, puis on met en commun les meilleures idées pour créer un ultime prototype (combinaison idéale des meilleures idées de chaque sous-groupe). Cette méthode est le juste équilibre entre « temps passé » et « qualité des idées ».
- Soit chacun imagine son prototype par lui-même, puis on réalise un dernier prototype intégrant toutes les bonnes idées individuelles. On aura alors une multitude de choix en laissant l'intelligence collective fonctionner à plein rendement.

COMMENT L'UTILISER ?

Étapes

1. En équipe complète, en sous-groupes ou en solo, **tentez de dessiner le mix parfait** entre votre reformulation du défi, les besoins de vos personas, les idées validées lors de vos brainstormings et votre propre inspiration.

2. Ensuite, **présentez votre prototype** et **débattez-en** ensemble pour apporter des changements et améliorations si nécessaire.

Méthodologie et conseils

Si vous optez pour le dessin, il n'a pas besoin d'être techniquement parfait. On préférera un dessin simple et concret, laissant voir les points les plus importants. On parle alors d'esquisse, ce n'est donc pas un concours de dessin mais juste une représentation compréhensible par tous.

La bande dessinée vous apportera une progression dans l'action. Elle est donc à privilégier si vous travaillez à l'amélioration d'un processus ou d'une expérience client par exemple. Veillez à détailler la situation de départ et la situation d'arrivée avec les changements apportés par votre solution.

Un autre moyen d'effectuer ce travail de prototypage est le roman-photo. Comme dans les magazines dédiés à ce type d'histoires, photographiez les protagonistes en situation et ajoutez-leur des bulles de dialogue via votre mobile ou PowerPoint.

Ayez toujours en tête tout le cheminement que vous avez effectué pour en arriver jusque-là : immersion et empathie, analyse, idéation.

Avant de vous lancer...

- ✓ **Durée estimée : de 15 à 30 minutes.**
- ✓ **Vous ne savez pas dessiner ? Peu importe ! Focalisez-vous sur le principal et ce que vous désirez faire passer comme message (une forme, une couleur, un bouton, une expérience, une fonction, la joie retrouvée).**
- ✓ **Ce n'est pas parce que c'est dessiné que vous ne pouvez pas écrire ou légender...**

Outil 48 Le prototype Quick and Dirty

> “ *Soyez rapide sans vous presser.*
>
> John Wooden

En quelques mots

Un rouleau de ruban adhésif, des feutres de couleur, du papier bariolé, du carton, des ciseaux, des gommettes, des élastiques, de la ficelle, du papier d'aluminium, de la colle, des trombones, un cutter, une agrafeuse..., non ce n'est pas « La complainte du progrès » de Boris Vian, ce sont bien vos **outils de travail** pour créer votre maquette **Quick and Dirty** (**rapide et sale**). Comme tous les premiers prototypes, le but est de concevoir **une ébauche grossière** que l'on pourra **modifier et améliorer aisément** avant de passer à un prototype plus détaillé.

LA PREMIÈRE ÉBAUCHE AVEC DU MATÉRIEL DU QUOTIDIEN

POURQUOI L'UTILISER ?

Objectif

Cet outil est idéal pour matérialiser un objet ou l'architecture d'un lieu (espace de travail, de loisirs, de commerce, bâtiments, jardins, quartiers...).
Il permet d'avoir une vision de l'objectif final, sans rentrer dans les détails de matières idéales, de formes exactes, de couleurs de la bonne teinte ou de textures spécifiques.

Contexte

Cet outil peut être réalisé après une première maquette en dessin validée par l'équipe (et pourquoi pas déjà présentée et améliorée grâce à l'aide de futurs utilisateurs), soit il peut aussi être votre tout premier prototype, éventuellement en relief.
Comme expliqué dans l'outil précédent, vous pouvez réaliser votre prototype de trois manières : en équipe, en sous-groupes ou en solo.

COMMENT L'UTILISER ?

Étapes

1. **Matérialisez votre projet et les idées validées en séance de brainstorming** en les créant grâce à l'ensemble du matériel mis à votre disposition. Utilisez-le pour exprimer au mieux vos idées.
2. Une fois la maquette achevée, on passe à l'oral. **Présentez en détail votre prototype Quick and Dirty** en prenant soin d'expliquer les éléments qui en ont besoin. Par exemple, vous avez dû utiliser du papier de couleur pour symboliser une matière que vous n'aviez pas sous la main : expliquez-le ! Vous n'avez pas encore les proportions ou les dimensions réelles du projet, pas de problème, dites-le, car ce type de prototypage sert aussi à ça.

Méthodologie et conseils

N'essayez pas de produire un prototype 100 % fidèle à votre idée : vous aurez l'occasion, grâce à de futurs prototypes plus élaborés, d'imaginer les détails qu'il vous manque pour le moment.
Par exemple, le visuel de la page de gauche exprime l'idée globale, grâce à du carton blanc et des gommettes de couleurs pour matérialiser les futurs boutons. On aurait même pu coller du papier d'aluminium pour symboliser un écran de téléphone mobile. On ne s'est volontairement pas préoccupé de « faire beau ». Si votre projet concerne le prototypage d'un lieu, la meilleure manière de le créer en Quick and Dirty est de commencer par poser une grande feuille de papier blanc sur une table. Vous pouvez même réutiliser votre tout premier dessin s'il est à une échelle exploitable. Il vous suffit ensuite d'apporter du relief à votre prototype en pliant des feuilles cartonnées pour matérialiser les murs et en améliorant le rendu avec le matériel à votre disposition. L'objectif est toujours de produire un prototype en quelques minutes sur lequel vous pourrez apporter de rapides améliorations au fur et à mesure des interview-tests.
Depuis le début du processus de Design Thinking, il est convenu que l'équipe doit impérativement se mettre d'accord pour avancer vers l'étape suivante. C'est un peu différent avec la phase de prototypage. En effet, si l'équipe n'arrive pas à se mettre d'accord sur un point, elle peut produire autant de prototypes que de points de désaccord. Il suffira ensuite de faire tester chaque proposition lors de vos interviews-test pour voir se dégager une préférence.

Avant de vous lancer...

- ✓ **Durée estimée : entre 15 minutes et 45 minutes, afin de ne pas tomber dans les détails.**
- ✓ **Le choix du matériel mis à disposition influence fortement les idées proposées et la maquette en elle-même.**
- ✓ **Veillez à proposer un large panel d'outils comme ceux cités en introduction.**

Outil 49

Le prototype en pâte à modeler ou en argile

> « Le modèle, c'est un soi idéalisé.
> Édouard Baer

En quelques mots

Ne nous le cachons pas, le Design Thinking fait parfois appel à nos souvenirs d'enfance pour mieux **libérer notre créativité**. Le prototype en pâte à modeler ou en argile fait partie des outils qui offrent un **moment de création collaborative particulièrement ludique**. Comme à l'école, on crée, on mélange les couleurs, on malaxe et on voit évoluer notre projet ; du dessin qu'il était auparavant à une première approche en relief. Particulièrement apprécié par les équipes, cet outil, mené sous forme d'atelier décontracté, est en général un des moments forts du processus tout entier.

LA CRÉATIVITÉ COMME À L'ÉCOLE

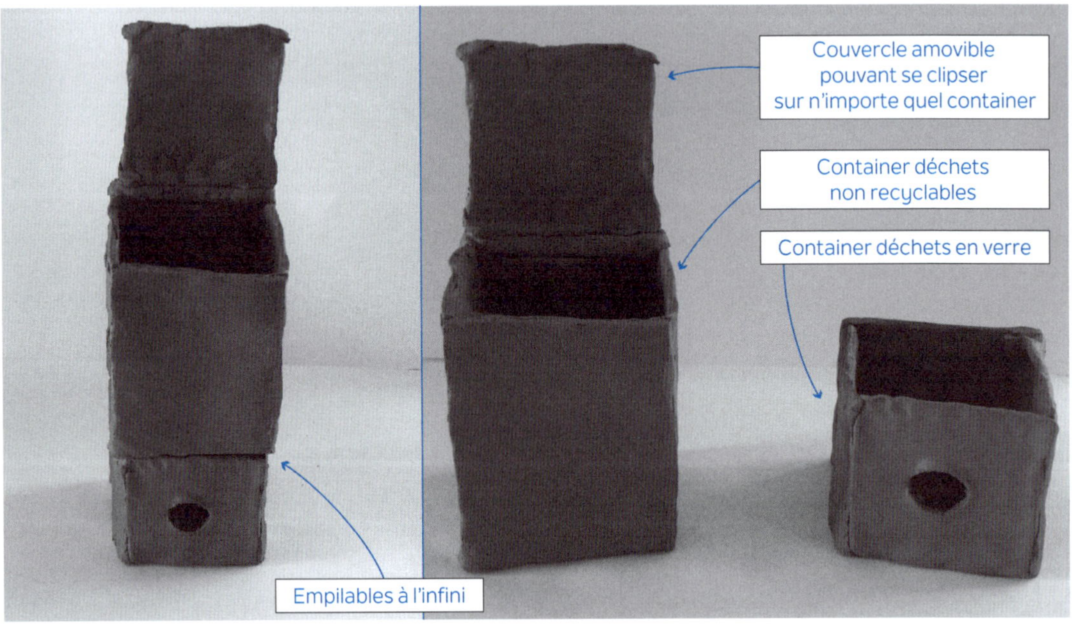

POURQUOI L'UTILISER ?

Objectif

Vous concevez maintenant votre premier prototype en 3D, celui qui aura la chance d'être touché, retourné dans tous les sens, vérifié par vos utilisateurs-tests.

Contexte

Comme à l'accoutumée, on commence par un prototype simple et on l'améliore au fur et à mesure de la réflexion avec les utilisateurs finaux.

COMMENT L'UTILISER ?

Étapes

1. **Concevez votre nouveau prototype** avec de la pâte à modeler ou de l'argile qui durcira par la suite. Pensez désormais à **respecter les proportions réelles** de votre objet pour une prise en main optimale par vos utilisateurs.
2. **Utilisez des teintes différentes** pour matérialiser les futures couleurs de votre objet si vous utilisez de la pâte à modeler, sinon utilisez de la peinture sur l'argile après séchage.
3. **Présentez le ou les prototypes** à l'équipe et débattez-en.
4. **Reconstruisez** autant de prototypes que nécessaire.

Méthodologie et conseils

Pour plus de solidité, utilisez de la pâte à modeler à séchage rapide et terminez par une couche de vernis. Vos utilisateurs pourront alors l'utiliser comme dans la vraie vie.

Pensez à bien façonner les éventuels boutons, écrans, petites pièces qui font partie intégrante de votre objet. Ce sont principalement sur ces « détails » que vos utilisateurs trouveront des choses à redire ou à améliorer, il convient donc de les matérialiser correctement pour être certain de leur bonne compréhension.

Sur la photo de gauche, une équipe a matérialisé sa vision de la poubelle de tri sélectif, en argile. Elle serait composée d'un bac au minimum mais pourrait tout à fait accueillir un ou deux bacs supplémentaires les uns sur les autres.

La base servirait à entreposer le verre (on glisserait les bouteilles par le trou rond), alors que le bac du haut servirait à recueillir les ordures ménagères.

Le couvercle est amovible pour pouvoir se clipser sur n'importe quel bac.

Ce prototype sera amélioré au fur et à mesure des itérations. D'ailleurs, l'équipe ne sait pas encore, au moment de la réalisation de ce prototype, si leur poubelle sera faite de plastique recyclé ou de véritable argile. Les prochains prototypes et les retours des futurs clients le diront...

Gardez précieusement chaque prototype finalisé ou exposez-les dans un endroit de passage dans votre organisation car il est toujours agréable de voir la progression du travail réalisé.

Avant de vous lancer...

- ✓ **Durée estimée : laissez suffisamment de temps à l'équipe pour qu'elle puisse « apprivoiser » la matière et reprendre ses habitudes d'enfant.**
- ✓ **Rappelez-vous qu'il est préférable de proposer un premier prototype fait rapidement pour le montrer à votre futur public, puis seulement après, de passer le temps nécessaire à l'améliorer en fonction des retours.**
- ✓ **Là aussi, vous pouvez travailler en solo, en sous-groupe ou en équipe avec la pâte à modeler ou l'argile.**

Outil

50

Le prototype en Lego®

> “
> *De tous les actes, le plus complet est celui de construire.*
> Paul Valéry

En quelques mots

Jouer aux Lego® quand on est adulte, quelle drôle d'idée ! Et pourtant, cet outil est probablement **le plus pertinent** pour imaginer une **très large gamme de prototypes** : fabriquer un objet en lui donnant des dimensions en 3D, mais surtout concevoir ou repenser un lieu, un bâtiment, une architecture, une boutique... et même travailler sur un processus, une modification de hiérarchie, de management ou l'amélioration de l'expérience client. Jouer avec des Lego® est tellement sérieux et respecté que la célèbre firme a développé sa propre méthode dénommée **LEGO® SERIOUS PLAY®**.

TRAVAILLER EN JOUANT SÉRIEUSEMENT

POURQUOI L'UTILISER ?

Objectif

Matérialiser son projet, même sommairement, à l'aide de ces petites briques de construction permet de trouver un consentement en groupe tout en améliorant l'engagement personnel et l'engagement collectif. Vous construisez un langage commun mis à jour grâce à toutes les avancées réalisées depuis le début du processus et bâtissez désormais une représentation détaillée et commune à toute l'équipe projet.

Contexte

Il y a deux contextes distincts pour mettre en œuvre cet outil, principalement en fonction du temps dont vous disposez :

- soit vous commencez la phase de prototypage par une maquette dessinée ou en pâte à modeler et seulement ensuite vous la réalisez et l'améliorez en Lego®;
- soit vous commencez la phase de prototypage directement avec les Lego®.

Le principal étant de ne pas perdre de vue que vous devez faire tester auprès des utilisateurs finaux, valider et améliorer votre prototype à chaque modification majeure.

Méthodologie et conseils

Travailler avec des Lego® aide à réfléchir ensemble, à échanger en permanence sur la solution que l'équipe a en face d'elle et à faire des modifications en direct. Il suffit alors de détruire et de recommencer, ce qui ne prend que quelques secondes.
L'équipe peut donc tester, changer rapidement d'idée et visualiser en temps réel plusieurs solutions et se rendre compte des évolutions que cela entraîne sur le projet.
Les projets concernant les organisations, la résolution de conflits et l'amélioration des processus, en déportant les problèmes via les briques et les personnages, se développent très bien avec cet outil.
Il en est de même pour les projets dédiés à un travail architectural (boutique, maison, bâtiment, aménagement intérieur ou extérieur...). Pensez juste à mettre à disposition de votre équipe des accessoires aussi importants que des fenêtres, des portes, des plantes, des personnages, etc.
Afin de faciliter la conservation de votre maquette finalisée, je vous conseille d'opter pour des plaques dites « de base » grises, vertes ou bleues, sur lesquelles vous pourrez poser les briques en toute sécurité et déplacer votre prototype sans risquer de tout casser.

Suite outil 50 →

COMMENT L'UTILISER ?

Étapes

1. Sur une grande table, laissez à disposition de l'équipe **un grand nombre de briques de construction**, de tailles, de formes et de couleurs différentes.
2. L'équipe doit construire **une représentation commune** du projet en s'accordant sur le rendu final.

Avant de vous lancer...

- ✓ **Si besoin, empruntez discrètement les briques Lego® de vos enfants sans oublier les petits personnages qui seront bien utiles pour matérialiser vos clients, futurs utilisateurs ou vos collaborateurs.**
- ✓ **À cette maquette en Lego®, vous pouvez bien évidemment ajouter tout type de matériel tel que des feuilles cartonnées, des élastiques, des feutres, de la ficelle, du ruban adhésif, du fil de laine... afin de laisser pleinement libre cours à la créativité de chacun.**

Le prototype en Lego®

COMMENT ÊTRE PLUS EFFICACE ?

Et si vous laissiez animer votre atelier Lego® par un professionnel ? Vous ferez alors appel à un facilitateur certifié LEGO® SERIOUS PLAY®, qui aidera l'équipe à construire sa réflexion en améliorant le dialogue afin de résoudre collectivement les problèmes complexes grâce à cette méthode bien particulière.

Les origines

À la fin des années 1990, Lego® cherchait à stimuler l'innovation dans son entreprise. Les dirigeants souhaitaient trouver une méthode pour penser en équipe et arrêter le mode descendant. Les collaborateurs Lego® se sont rendu compte qu'ils avaient dans leurs mains l'outil parfait : leurs propres briques de construction! Après une série d'itérations jusqu'en 2010, la société lance LEGO® SERIOUS PLAY® et invite depuis les adultes d'un nombre croissant d'organisations dans le monde à « penser avec leurs mains ».

Travailler par métaphores

À la différence de la description faite précédemment, LEGO® SERIOUS PLAY® ne fonctionne que sur des problématiques complexes comme le développement organisationnel de l'entreprise (organigramme, méthodologie, processus interne...), la qualité de service, l'amélioration du management, l'esprit d'équipe, la création de nouveaux services, etc.

Le facilitateur invite les participants à construire une métaphore individuelle en briques pour l'intégrer ensuite à une représentation commune via des connexions matérialisées par des fils. Cette méthode fait que chacun apporte sa pierre à l'édifice et garantit ainsi que tout le monde a bien contribué à sa manière à la représentation commune.

La métaphore individuelle est construite selon la vision de chacun. Chaque participant doit modéliser ses pensées avec l'ensemble des éléments Lego® qui lui plaît et ne doit pas chercher à produire quelque chose de visuellement cohérent. Il n'est donc pas rare de voir la symbolisation d'un problème via un hippopotame ou la représentation d'un directeur par un personnage Lego® avec un rouage vissé sur la tête. Chaque participant doit ensuite présenter et expliquer sa métaphore aux autres, chacun disposant ainsi du même temps pour construire et s'exprimer, quel que soit son niveau hiérarchique.

Pourquoi ça marche ?

La méthode se base sur l'humain et sa propre façon de résoudre le problème. Là non plus, il n'y a pas de bonne ou de mauvaise réponse, chacun interprétant et expliquant sa vision et ce qu'il a sur le cœur. Les participants sont libres de questionner les autres sur leur réalisation sans jamais exprimer leur opinion. Le facilitateur relance les conversations en posant des questions sur les détails des réalisations et non pas sur les participants eux-mêmes, permettant ainsi de rester concentré sur le projet et non pas sur les personnalités et les frictions qui peuvent sortir le groupe du droit chemin.

LEGO® SERIOUS PLAY® offre une vue d'ensemble partagée en visualisant mieux toutes les connexions qui existent entre les éléments qui composent le problème et la solution que l'on a trouvés ensemble.

Cas d'entreprise

Per Kristiansen, co-inventeur de la méthode LEGO® SERIOUS PLAY®

Per Kristiansen a fait partie de l'équipe qui a développé la méthode LEGO® SERIOUS PLAY® au Danemark, il est aussi le co-fondateur de l'Association des facilitateurs certifiés et propose des formations à la méthode dans le monde entier depuis bientôt 10 ans. Rencontre avec ce globe-trotteur qui emporte toujours des briques avec lui.

Pouvez-vous nous expliquer ce qu'est cette méthode ?

« C'est une manière de penser et de communiquer qui aide à raisonner plus en profondeur et en 3D, en utilisant ses mains pour créer des métaphores. Elle permet de transcender la plupart des barrières que nous avons pour communiquer avec d'autres personnes. »

Pouvez-vous nous donner des cas concrets de bénéfices d'utilisation de cette méthode ?

« Dans un atelier LEGO® SERIOUS PLAY® qui servait à aider une start-up à réaliser sa deuxième levée de fonds, nous nous étions inspirés du Business Model Canvas. Les parties "Proposition de valeur" et "Client final" bloquaient tout le reste quand un participant a eu une illumination très positive. Ils n'avaient absolument jamais pensé à cette proposition auparavant et cela leur a permis de modifier et d'améliorer tout leur business model en quelques instants.

Un autre exemple, pour un cabinet de consultant. Les participants avaient construit un pont bleu, métaphore de la fusion qu'ils vivaient à ce moment. La discussion s'est basée naturellement sur le fait de savoir si leurs idées et leurs décisions allaient faire que le pont s'écroule ou perdure. C'était une conversation tellement profonde et animée!

Sur un point de vue plus personnel : j'ai travaillé pour une association culturelle en Irlande qui s'occupait de rénover et exploiter un Bed And Breakfast dans une maison historique. L'objectif de l'atelier était de faire germer l'expérience que le conseil d'administration voulait proposer aux clients, à savoir ce qu'ils allaient voir, ressentir, découvrir dans cette maison... 6 mois plus tard, je suis revenu sur les lieux et j'ai eu l'impression d'être réellement dans la maquette. Ils avaient réussi à transposer parfaitement leurs idées dans le monde réel.

Plus généralement, j'adore le moment où les participants disent tout fort "Je ne savais pas que je savais ça!". »

Outil 51

Le prototype d'appli ou de site Internet

> « Après la philosophie il faut l'action : la vive force achève ce que l'idée a ébauché.
>
> Victor Hugo

En quelques mots

Si le but de votre projet est de créer un **site Internet** ou une **application sur téléphone mobile**, voici votre outil dédié. Ici, pas de pâte à modeler, ni de briques de construction mais, pour commencer, des dessins qui représentent les différents écrans de votre projet. Nul besoin de vous y connaître en technique, en graphisme et en code pour le moment, vous allez simplement **matérialiser chacune des pages par des dessins**, puis les **prendre en photo** pour constituer une première ébauche de site ou d'appli.

DES APPLIS POUR PROTOTYPER... DES APPLIS

Marvel – App prototype facile

Proto.io

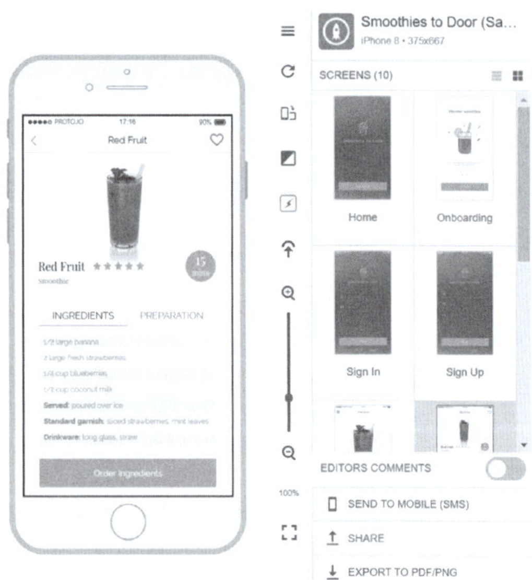

POURQUOI L'UTILISER ?

Objectif

La toute première version de votre site ou de votre application sera votre première fierté. Bien entendu, elle ne ressemblera que de très loin à ce que vous aviez imaginé mais ce n'est que la première étape : vous allez d'abord créer les bases de la navigation, le contenu des écrans et les boutons principaux, pour les faire tester à vos futurs utilisateurs.
Ensuite et seulement ensuite, vous irez un peu plus dans les détails...

Contexte

Si vous avez un graphiste ou un webmaster dans votre équipe projet, laissez-le prendre en main un des logiciels présentés ci-dessous. Il a probablement l'habitude de travailler avec et vous fera gagner du temps.
Cependant, rien ne vous empêche de réaliser une maquette papier au préalable en équipe, puis de laisser votre graphiste ou votre webmaster mettre en page correctement votre prototype.

COMMENT L'UTILISER ?

Étapes

1. Sur une feuille A4, **dessinez les principaux écrans** de votre application mobile ou de votre site Internet (page d'accueil, fiches produits, page panier, page de confirmation de commande et menu).
Nul besoin de dessiner les éléments en détail, vous améliorerez votre prototype au fur et à mesure des itérations.

2. Si vous réalisez une application sur téléphone mobile, téléchargez l'application « Marvel – App prototype facile » disponible gratuitement sur Google Play et App Store.
Une fois l'application lancée, photographiez chaque écran dessiné via cette appli. Elle vous demandera alors de matérialiser avec votre doigt l'emplacement des boutons sur chaque page et leur page de destination.
Et en quelques minutes, vous pourrez faire des démos et les faire tester en interne ou à vos futurs utilisateurs.

3. Dans le cas d'un site Internet, réalisez aussi une maquette papier des écrans principaux, puis connectez-vous sur un site de prototypage comme *www.proto.io* ou *www.balsamiq.com*, ce sont de précieuses aides pour avancer plus vite. Ces sites de prototypages proposent toute une batterie de boutons cliquables déjà dessinés et la plupart des éléments qui composeront les pages de votre site. Il suffit alors de les sélectionner, de les déposer à l'emplacement voulu, de les redimensionner et voilà ! En quelques instants, vous aurez réalisé un très beau prototype de site Internet, suffisamment évolué pour être testé.

Méthodologie et conseils

Ces maquettes virtuelles sont très pratiques car elles peuvent être partagées rapidement à toute l'équipe.
Ainsi, les itérations, basées sur les retours, idées et demandes d'améliorations de vos utilisateurs se feront presque en temps réel, en modifiant les éléments à l'écran.

Avant de vous lancer...

- ✓ **La plupart des sites Internet de prototypage offrent une période d'essai gratuite (15 à 30 jours), puis deviennent payants.**
- ✓ **Les prix sont très accessibles pour une petite équipe avec un seul projet et cela vous aidera à gagner un temps précieux, alors n'hésitez pas à sauter le pas une fois la période d'essai terminée.**

Outil 52 Le jeu de rôle de prototypage

> « Quand intelligence et sensibilité sont en parfait équilibre, on a le merveilleux acteur.
>
> Charlie Chaplin

En quelques mots

Suite logique du jeu de rôle d'idéation, ce dispositif convient parfaitement aux **projets d'amélioration de l'expérience client**, d'un processus commercial ou de la qualité de vie au travail. Comme dans une pièce de théâtre interactive dont vous êtes le héros ou le metteur en scène, on imagine plusieurs mises en scène, plusieurs déroulements et plusieurs fins dans le but de ne sélectionner que la solution qui correspond le mieux à notre besoin d'innovation et aux besoins des utilisateurs finaux, découverts lors de la phase d'analyse.

C'EST PEUT-ÊTRE LE RÔLE DE VOTRE VIE !

POURQUOI L'UTILISER ?

Objectif

Cet outil permet aux membres de l'équipe de théoriser, mettre en scène, agir et visualiser l'évolution du processus d'amélioration dans sa globalité, et de pouvoir effectuer les ajustements au fur et à mesure des scènes jouées.

Contexte

Après avoir réalisé le jeu de rôles d'idéation, enchaînez sur cet outil et profitez de la présence des différentes parties impliquées (commerciaux, collaborateurs, vendeurs, directeurs, fournisseurs, clients...) pour mettre en place les interviews-tests en temps réel. Vous gagnerez un temps précieux et pourrez faire les améliorations avec eux, à chaud.
Si l'équipe est timide et a du mal à jouer la comédie, il est tout à fait possible de réaliser ce jeu de rôle de prototypage avec des personnages et des briques Lego®. Ainsi, les participants ne jouent plus sur scène mais reportent le problème sur les petits personnages dont ils incarnent la voix. On essayera alors de reproduire le lieu où se déroule l'action grâce aux briques de construction.

COMMENT L'UTILISER ?

Étapes

1. Comme vous avez identifié les problèmes grâce à l'outil « jeu de rôles d'idéation » et que vous avez fait un brainstorming pour apporter des réponses, il ne vous reste plus qu'à les « jouer » afin de tester leur crédibilité.
N'hésitez pas à faire évoluer les propositions en questionnant « Et si je fais plutôt telle action ? » ou « Et si je dis plutôt ça, est-ce que ça fonctionne mieux ? ».

2. En **reprenant la liste des points positifs et des points à améliorer** générée lors de l'utilisation des outils précédents, posez-vous les questions suivantes :

- Est-ce que la nouvelle situation imaginée est meilleure que la précédente ? Pourquoi ?
- A-t-on fait une réelle avancée pour résoudre notre problème ?

Méthodologie et conseils

Une autre technique est aussi envisageable en fonction de votre problématique.
Peut-être avez-vous eu la chance de voir le film *Le Fondateur* de John Lee Hancock. Il contient une séquence entière de jeu de rôles de prototypage. Nous sommes dans les années 1950, et les fondateurs du premier restaurant McDonald's (les frères Richard et Maurice McDonald) s'aperçoivent qu'ils ont un problème de place et de productivité en cuisine. Leur vient alors l'idée de repenser entièrement son agencement en faisant un jeu de rôle de prototypage. Sur un parking, ils dessinent au sol, à taille réelle et à la craie, l'aménagement exact de leur cuisine. Puis ils mettent en scène les employés comme s'ils devaient préparer des burgers. Ils remarquent progressivement que certains éléments de la cuisine sont trop éloignés les uns des autres alors qu'ils devraient être juste à côté pour éviter les déplacements et la perte de temps. S'ensuit alors une série de tâtonnements et d'itérations pour redessiner la cuisine avec l'agencement parfait... qui est encore en vigueur dans les McDonald's du monde entier.

Avant de vous lancer...

- ✓ **Le jeu de rôle de prototypage est un outil très pragmatique, ne vous laissez pas emporter par le côté humoristique du jeu des acteurs.**
- ✓ **Restez concentré sur les faits, les mots employés et les actions mises en itérations.**

Outil

53

Le prototypage en FabLab ou en atelier

> *Faire un truc que les autres ne font pas, c'est déjà passer pour un original. Au moins, on n'encourt pas la comparaison.*
>
> Romain Bouteille

En quelques mots

Vous avez commencé à prototyper votre objet, d'abord avec un dessin, puis peut-être avec de l'argile ou de la pâte à modeler. Vous avez réalisé quelques améliorations, itérations, allers-retours à la suite des **remarques constructives de vos futurs utilisateurs**. Il est temps désormais de faire un immense pas en avant et de passer dans la cour des grands avec un **prototype en matériaux professionnels**. Il y a encore quelques années, réaliser un prototype en bois ou en plastique pouvait coûter des milliers d'euros. Cette époque est désormais révolue…

PRODUIRE À L'UNITÉ SANS DÉPENSER TROP

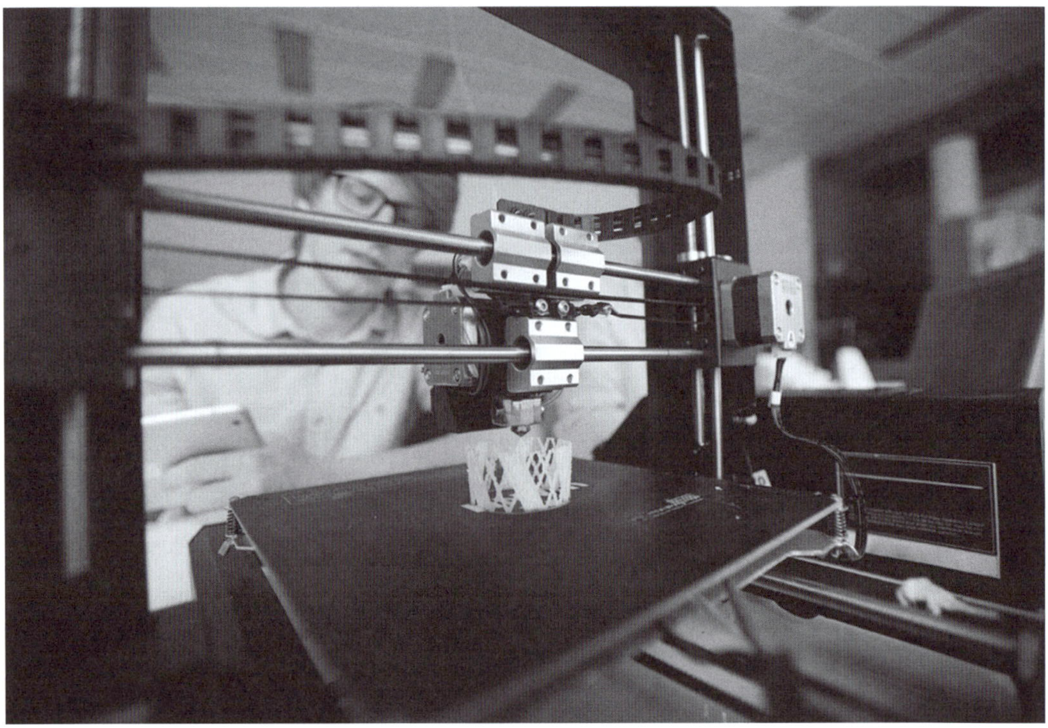

POURQUOI L'UTILISER ?

Objectif

En passant par un atelier de prototypage, vous aurez enfin dans les mains le modèle le plus avancé de votre projet. Très rapidement, vous pourrez le faire tester par vos futurs utilisateurs pour l'améliorer à nouveau jusqu'au MVP puis au MAP.

Contexte

Un FabLab est un laboratoire de fabrication (*Fabrication Laboratory* en anglais) proposant des machines-outils dédiées à la conception et la fabrication de divers objets. Il est ouvert à tous gratuitement ou en échange de services bénévoles envers les autres utilisateurs. Ce dernier fonctionne donc comme une communauté où chacun œuvre au bon fonctionnement des machines, forme les autres membres et laisse ses créations à disposition pour que chacun puisse s'en inspirer et apprendre.
Pour pouvoir prétendre au titre de FabLab, le lieu doit respecter la charte des FabLabs développée par le Massachusetts Institute of Technology (MIT), pionnier du genre dans les années 1990.
L'atelier d'auto-production, quant à lui, est une entreprise privée mettant à la disposition de tous des machines-outils, contre une somme calculée généralement en fonction de la machine et de sa durée d'utilisation.
Il est souvent possible d'y suivre des formations certifiantes et des ateliers de conception ou de participer à des conférences sur des sujets en rapport avec le lieu.

COMMENT L'UTILISER ?

Étapes

1. **Rapprochez-vous d'un FabLab** ou d'un atelier d'auto-production proche de chez vous et pouvant accueillir votre projet.
2. **Expliquez aux équipes ce que vous souhaitez réaliser** et la matière souhaitée. Elles vous guideront vers le meilleur choix en fonction de vos besoins et de vos compétences personnelles.

Méthodologie et conseils

Chaque atelier ayant des spécialités distinctes et ses propres machines, vérifiez qu'il est en mesure de réaliser ce que vous avez en tête. Vous trouverez des adresses un peu partout dans le monde sur le site www.makery.info/labs-map. Il existe plus de 450 lieux de ce genre en France, il y en a donc un probablement dans une ville proche de vous.
Une fois sur place, 3 possibilités s'offrent généralement à vous :

- un employé de l'endroit travaille avec vous sur les contraintes techniques, puis réalise le prototype pour vous (il faudra donc généralement ajouter le coût de la main-d'œuvre au coût de la location de la machine);
- un employé du lieu vous forme à l'utilisation de la ou des machines nécessaires à la création de votre prototype, puis vous laisse le réaliser par vous-même;
- vous savez déjà utiliser la ou les machines nécessaires. Dans ce cas, vous serez autonome pour réaliser votre prototype.

Suite outil 53 →

Avant de vous lancer...

✓ **Cette étape de prototypage peut prendre du temps, notamment en raison de la complexité technique de votre objet.**

✓ **Choisissez aussi votre atelier en fonction de la synergie que vous ressentez avec les équipes que vous rencontrez. Il est primordial d'être sur la même longueur d'onde.**

Suite outil **53**

Le prototypage en FabLab ou en atelier

COMMENT ÊTRE PLUS EFFICACE ?

Trouver le bon lieu

En plus des lieux à visée généraliste (mise à disposition d'une multitude d'outils pour tous), émergent désormais des lieux conçus pour des métiers ou des branches professionnelles spécifiques. Si votre projet porte sur une des catégories suivantes, je vous recommande vivement de rechercher ce type d'endroit pour prototyper. Vous serez ainsi en contact avec des professionnels qui vous aiguilleront et vous prodigueront de précieux conseils :

- architecture et urbanisme (prêt d'outils, rencontre avec des architectes, réflexions sur les techniques d'avenir...);
- environnement (problématiques de récupération de matériaux, d'upcycling, d'économie circulaire...);
- arts contemporains (mise à disposition d'outils et de matières difficilement trouvables ou recyclées);
- design (matériaux, machines spécifiques...);
- arts décoratifs (ateliers dédiés aux meubles ou aux accessoires...);
- santé (imprimante 3D pour création de prothèse ou d'orthèse);
- métiers du livre (pagination, reliure, travail du papier, édition spécifique...);
- mode et textile (mise à disposition de découpeuses laser, de matières et de savoir-faire);
- jeux (jeux vidéo, jeux de plateau, jeux de rôle, simulateurs professionnels, jeux en formation...);
- photographie et vidéo (prêt de matériel, échange de techniques...);
- emploi et réinsertion (décrochage scolaire, confiance en soi, entretiens d'embauche...);
- formation et éducation (problématiques liées à l'apprentissage, à l'échange de savoirs, mise en place d'outils digitaux...).

Utiliser le bon outil

Dans un FabLab ou un atelier de co-conception, il n'est pas rare qu'une multitude d'outils s'offrent à vous. On se retrouve alors souvent perdus devant l'étendue des possibilités.

Petit tour du potentiel :

- Logiciels de CAO : programme permettant la conception assistée par ordinateur, c'est-à-dire la création d'un objet virtuel en 3D.
- Imprimante 3D : encore un peu chère pour les particuliers et les usages occasionnels, elle permet de concevoir un véritable objet en 3 dimensions après avoir réalisé une maquette en CAO. Les possibilités de tailles, de couleurs, de textures, de designs sont presque infinies. Aux modèles en plastiques habituels, on peut désormais faire appel à la cire, au métal ou encore à la céramique. Très utile aussi pour reproduire une petite pièce d'un électroménager cassé par exemple.
- Découpeuse laser : technique de fabrication numérique dite soustractive, utilisant un faisceau laser pour graver ou découper. Vous aurez besoin d'un fichier vectoriel obtenu avec un logiciel spécifique.
- Fraiseuse numérique bois ou métal : technique d'usinage qui permet de supprimer de la matière pour obtenir une pièce finale.
- Menuiserie et métallurgie : établi, scie à onglet, sauteuse ou circulaire, ponceuse, défonceuse, outils rotatifs...
- Petit outillage : perceuse et visseuse, rabot électrique, scie radiale, serre-joint et étaux, visserie et consommables...

Cas d'entreprise

Maïté Dupont et le Cityfab1 Bruxelles

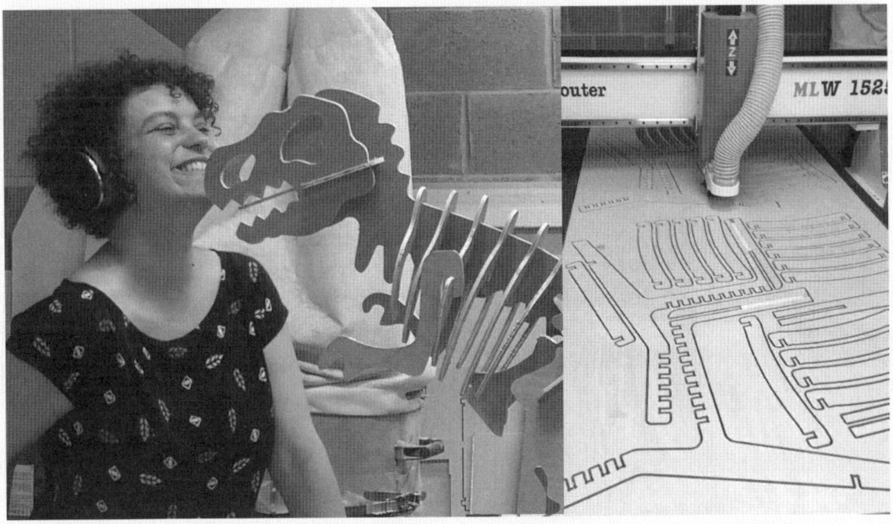

Issue du monde de l'art et du design, Maïté Dupont est la FabManager de Cityfab1 à Bruxelles, un fablab dédié à la fabrication numérique et qui a la particularité d'être 100 % public et grand public. Son métier est de vulgariser et de démystifier des méthodes et des machines qui peuvent sembler parfois effrayantes car très technologiques. Pour cela, elle ancre les utilisations sur des projets concrets en ayant la volonté de faire de ce lieu un endroit le plus accessible possible.

Quel est le profil des personnes qui poussent la porte de Citifab1 et quels sont leurs projets ?

« On a Monsieur et Madame Tout-Le-Monde ou des bricoleurs du dimanche qui viennent réparer ou (re)construire quelque chose comme un bouton pour leur four à micro-onde ou qui viennent "pimper" ou graver un objet pour un cadeau.

On travaille aussi beaucoup avec les écoles et leurs élèves. En fonction du programme scolaire, on leur apprend les maths et la science en utilisant les machines. Par exemple, on leur fait utiliser un drawbot (machine qui dessine) pour leur faire prendre conscience d'une sinusoïdale ou d'une fonction. Cela les aide à se projeter dans un métier... C'est d'ailleurs comme ça que l'on envoie des fusées dans l'espace !

Nous accueillons aussi des start-up qui veulent prototyper leurs idées, ainsi que des architectes, des artistes (de la gravure à l'ancienne jusqu'à l'art contemporain très pointu), des menuisiers indépendants qui utilisent nos fraiseuses numériques, des gens du textile, de la broderie, des étudiants aussi... »

Une anecdote marquante à nous raconter ?

« Pendant la pandémie, nous avons confectionné des masques et des visières, capables d'être produits à grande vitesse car sans couture. Une fois le processus au point, on a rendu les fichiers (les patrons) téléchargeables gratuitement pour que d'autres personnes puissent les produire n'importe où dans le monde et vendre leur production. On s'est adapté à l'urgence en gardant en tête notre mission de service public.

Le menuisier indépendant qui travaillait dans le local d'à côté est devenu notre formateur à mi-temps. Il donne des cours de menuiserie et d'assemblage. Il s'est pris au jeu en faisant évoluer son métier, son public et son type de production. »

Outil

54 Le service blueprint

« L'arbre cache la forêt.

Proverbe français

En quelques mots

Si votre projet de Design Thinking porte sur un service, vous savez probablement que le client final ne voit qu'une infime partie de ce qui doit être mis en place pour obtenir sa satisfaction. Il n'a d'ailleurs généralement aucune idée de ce qu'il se passe en coulisses. Le **service blueprint** est un **outil de visualisation du parcours client** permettant de distinguer l'ensemble des personnes, équipes et services entrant en jeu, que ce soit face à lui ou dans l'ombre. Aussi appelé « **Procédure de service** », son origine remonte au XVIIe siècle, quand il était utilisé dans l'industrie navale.

LE SERVICE BLUEPRINT SIMPLIFIÉ D'UNE NUIT À L'HÔTEL

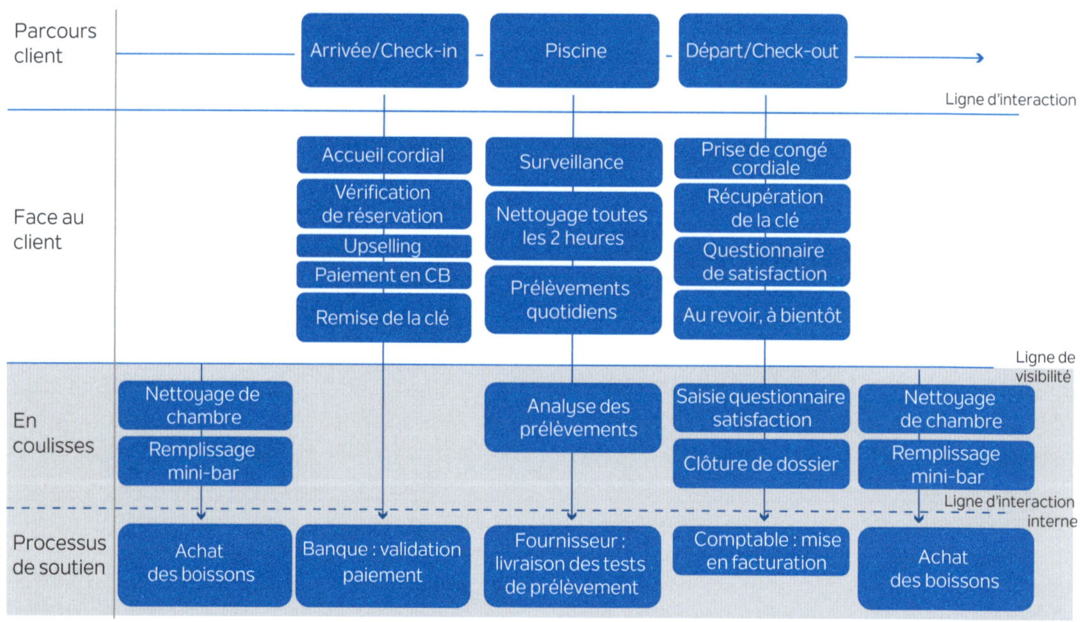

POURQUOI L'UTILISER ?

Objectif

Avec cet outil, vous mettez à plat l'ensemble de votre processus interne et découvrez très rapidement les forces et les faiblesses de votre parcours client.
Il n'est pas rare, quand on lance un nouveau projet, de ne pas voir toutes les actions induites à chaque fois qu'un client effectue une commande ou une demande particulière, par exemple.

Contexte

Il est important de réaliser votre service blueprint en compagnie d'un maximum de parties prenantes impliquées dans votre projet.
En effet, elles seules savent exactement ce qu'elles doivent faire et ce dont elles ont besoin à chaque étape du processus.
Elles vous aideront donc à viser l'exhaustivité la plus totale en vous faisant remarquer les problèmes qui surviennent le plus souvent, les incompréhensions et diverses tensions de communication, de gestion des stocks en amont, de planning, etc.

COMMENT L'UTILISER ?

Étapes

Cet outil se crée et se lit de façon horizontale, puis verticale :

1. **En haut de votre page**, créez à l'horizontal le parcours client habituel, en détaillant chaque événement.
2. **Sous chaque événement**, listez l'ensemble des actions que chaque collaborateur doit réaliser face au client.
3. Tracez une grande ligne horizontale qui matérialise **la ligne de visibilité**. En dessous de cette ligne, plus rien n'est visible par le client, mais tout est primordial pour que le service fonctionne correctement.
4. **Dans la partie « En coulisses »**, énumérez toutes les actions qui doivent se dérouler sans que le client ne le sache.
5. **La partie « Processus de soutien »** liste tous les besoins internes ou externes à l'entreprise nécessaires pour que le parcours client soit correctement effectué.

Méthodologie et conseils

Vous allez très vite vous rendre compte des faiblesses de votre parcours client et surtout des opportunités d'amélioration.
On pourrait ainsi s'apercevoir que, dans une situation particulière et toujours à la même étape, il y a un manque de communication en interne entre les parties prenantes.
On pourrait aussi s'apercevoir qu'une partie de la logistique doit être gérée bien plus en amont.
Vous verrez et démontrerez ainsi que chaque service est dépendant de tous les autres et que, si un seul service pose problème, c'est toute la machine qui s'enraye, au détriment du client final.
Pour encore plus de compréhension, on peut ajouter des flèches entre les différentes actions et services impliqués afin de mettre en évidence les dépendances de chacun.
Certains services blueprint intègrent aussi le temps imparti pour effectuer chacune des tâches.
Votre service blueprint n'est pas un outil figé dans le temps : améliorez-le et faites-le évoluer au fur et à mesure des itérations et des changements qui surviendront dans votre projet (embauches, nouvelles procédures, innovation...).

Avant de vous lancer...

✓ **Cet outil puissant est idéal pour matérialiser l'évolution de la qualité de votre service et optimiser les coûts, les timings, etc.**

Outil 55 L'expérimentation pilote

> “
> *Le réel dépasse toujours ce que nous pouvons imaginer.*
> Paul Auster

En quelques mots

Avec cet outil, vous voici enfin **face à votre public potentiel**. Vous serez réellement sur le terrain pour tester et recueillir les premières impressions. L'expérimentation pilote est basée sur l'idée principale de cette phase du Design Thinking : **réduire les incertitudes et les risques** en commençant tout petit, en testant encore et toujours, en écoutant les remarques des personnes venues à votre rencontre, en apportant des améliorations successives. C'est seulement après que vous pourrez plonger pleinement dans le grand bain, avec sérénité.

UN MINI-TEST DANS LA VRAIE VIE

POURQUOI L'UTILISER ?

Objectif

Ce type d'expérimentation vous permet de vous entraîner et de faire tester votre produit ou votre service à toute petite échelle avant le lancement officiel, en récoltant des avis, positifs ou négatifs, et des axes d'améliorations.

Contexte

La marque « Innocent », reconnue en Europe pour ses jus de fruits et ses smoothies, est devenue le succès que l'on connaît grâce à l'utilisation de cet outil. En 1988, 3 amis anglais qui adorent les smoothies achètent 250 kg de fruits frais et testent leurs recettes maison auprès de visiteurs d'un festival de jazz. Au-dessus de leur petit stand fait de bric et de broc, ils installent une pancarte « Devons-nous démissionner de nos postes actuels pour nous consacrer entièrement à ces smoothies ? ».
Pour répondre à ce sondage, les visiteurs doivent jeter leur gobelet dans une poubelle « Oui » ou dans une poubelle « Non ». À la fin du festival, la poubelle « Oui » débordait de gobelets vides. Se sentant pousser des ailes, les 3 amis ont donc démissionné dès le lendemain pour lancer la marque « Innocent ».

COMMENT L'UTILISER ?

Étapes

1. **Imaginez une dégustation ou une démonstration** à destination d'un public qui se rapproche de vos personas (même tranche d'âge, même centre d'intérêt, même ville ou quartier…).
2. **Implantez-vous dans un endroit facilement accessible** pour vous (hall de votre entreprise, entrée de votre immeuble, sortie de l'école de vos enfants, association culturelle ou sportive que vous fréquentez, pendant un rassemblement comme un vide-greniers, une réunion à domicile, une foire, etc.).
3. **Après avoir fait tester** votre produit ou votre service, appliquez-vous à demander des retours quantifiables, des évaluations, des commentaires par écrit.
4. Une fois la présentation terminée et les résultats des questionnaires disséqués, **apportez les améliorations** nécessaires à votre projet.
5. **Testez vos améliorations** auprès d'un nouveau public cible.

Méthodologie et conseils

Évidemment, demandez toujours les autorisations nécessaires avant de vous implanter.
Veillez surtout à tester votre projet sur des personnes que vous ne connaissez pas personnellement, sinon les résultats seront trop biaisés par l'affectif qui vous lie.
Comme dans le cas de la marque « Innocent », votre questionnaire de satisfaction doit être simple et rapide à répondre. Sans pour autant ne proposer qu'une seule et unique question, essayer d'amener vers des réponses courtes, basées sur des « oui », « non », des questions à choix multiples ou des témoignages exploitables.
Terminez éventuellement le questionnaire par une question ouverte du type « Avez-vous quelque chose à ajouter ? » ou « Souhaitez-vous dire quelque chose à la personne qui a réalisé ce projet ? ».

Suite outil 55 →

Avant de vous lancer…

✓ **Face à de vrais testeurs, rien ne vous sera épargné ! Vous aurez parfois besoin d'une bonne dose de courage pour accepter les critiques et pour mieux rebondir. Le jeu en vaut toujours la chandelle, voyez les critiques comme des axes d'améliorations précieux…**

L'expérimentation pilote

COMMENT ÊTRE PLUS EFFICACE ?

Un pilote à petite échelle

L'exemple de la marque Innocent est basé sur le fait d'avoir un stand, mais vous pouvez tout à fait trouver d'autres configurations. Si vous avez des produits à faire goûter, vous pouvez tout simplement les mettre sur un plateau ou dans un panier et les faire tester aux passants dans la rue, à l'entrée de la gare ou devant un centre commercial. L'important étant d'être sur un axe suffisamment passant pour ne pas perdre de temps en partant à la recherche de testeurs potentiels.

Si votre innovation porte sur un service, expliquez bien les objectifs et les bénéfices liés à ce projet à l'aide d'un schéma par exemple. Ayez toujours comme objectif que vous devez récolter un maximum d'avis pour pouvoir faire les améliorations nécessaires et prendre les bonnes décisions.

Vous pouvez aussi mettre en place des réunions à domicile, sortes de réunions Tupperware où vous ferez tester vos produits ou services à vos connaissances qui auront pour tâche d'inviter deux personnes que vous ne connaissez pas. Ainsi, vous aurez des retours concrets plutôt que biaisés en raison de l'affect.

Louer un local commercial sur une durée courte

Plutôt que de prendre le risque de vous lancer dans le grand bain directement en contractant un bail et en ouvrant une grande et belle boutique, vous pouvez aussi tester votre projet « dans les conditions du réel » en louant un local ou une boutique éphémère pendant quelques jours ou quelques semaines. On parle alors de pop-up store, qui génère du trafic en raison de son côté événementiel et de son ouverture à durée limitée. De nombreux sites se sont spécialisés dans la location de pop-up store, comme les sites Popmyshop.fr, Jeloueuneboutique.com, Ladevanture.com ainsi que Thestorefront.fr, qui donne même des conseils en matière d'implantation.

Grâce au moteur de recherche de ces sites, vous pourrez trouver le lieu adapté à vos besoins, votre budget et proche de chez vous. Les locations se font en général à la journée, à la semaine, voire au mois.

Si vous avez plusieurs prototypes à faire tester, mettez-les en concurrence en les faisant tester par vos clients et en récoltant leurs arguments positifs et négatifs. Apprenez en permanence et faites des améliorations en temps réel : quelque chose ne s'est pas passé correctement le 1er jour, testez-le d'une manière différente le jour suivant, etc. Testez aussi vos tarifs, votre argumentaire de vente, la manière de présenter vos produits, le nombre potentiel de clients et de ventes que vous pouvez générer en une journée...

Dernière astuce : les mairies de certaines petites villes peuvent proposer gratuitement ou à tarif réduit des locaux vacants depuis longtemps afin de redynamiser leur centre-ville. Rapprochez-vous de votre mairie avec votre projet détaillé et argumenté, on ne sait jamais.

Cas d'entreprise

Decathlon et le masque de plongée EasyBreath

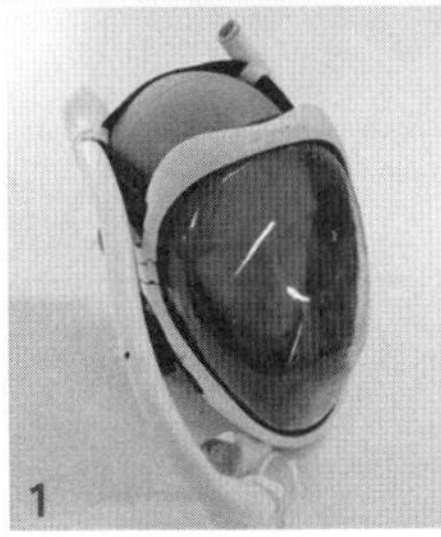

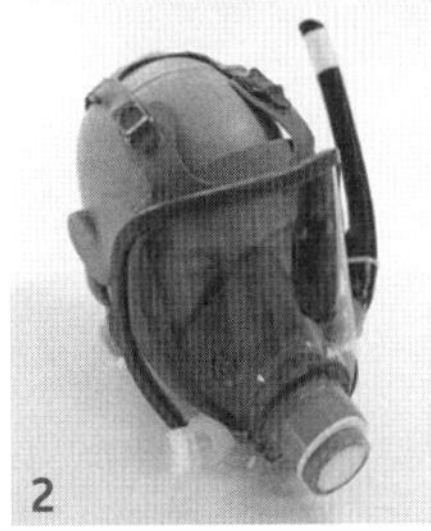

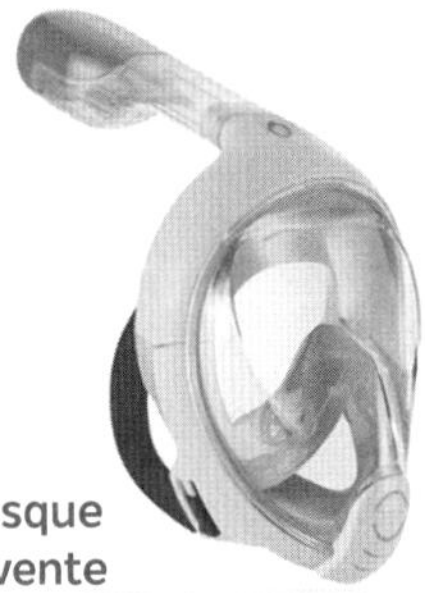
Masque en vente

Raphaël Vis (Design Director chez Decathlon, à droite de la photo) et Cédric Caprice (designer Senior chez SUBEA, la marque de Decathlon dédiée aux sports subaquatiques, à gauche) évoquent les étapes de création du masque de snorkeling EasyBreath, vendu à plus de 3 millions d'exemplaires par an. Avec des produits distribués dans plus de 1 500 magasins et 51 pays, c'est tout naturellement qu'ils développent leurs innovations avec le Design Thinking.

Comment est venue l'idée du masque EasyBreath ?

« C'est le fruit d'une longue écoute de nos clients plongeurs et des craintes des non-plongeurs. Nous sommes arrivés à un concept onirique : mettre sa tête dans une bulle pour respirer dans l'eau comme sur Terre, par le nez et la bouche, de la manière la plus naturelle possible. »

Combien de prototypes pour en arriver au produit final ?

« Beaucoup ! Il a fallu sept ans de conception mais cinq prototypes sont significatifs.

Le 1er était une collaboration avec une école de design, une projection sans répondre à aucune problématique technique. Le 2e prototype (fonctionnel) donnait le mal de mer à cause de la vision déformée par la forme en bulle. Il a fallu rendre le hublot plat (3e prototype) ce qui provoquait de la buée. Le 4e prototype a résolu un problème d'intoxication au CO2, car on respirait son propre air en vase clos. Nous avons alors conçu un système de valves, comme celui du cœur humain, pour permettre à l'air propre de rentrer dans le masque et de ressortir vicié. Nous avons alors découvert par hasard le système antibuée le plus efficace au monde : c'est l'air circulant dans le masque qui chasse la buée de la vitre. À ce stade, plus on rentre dans les petits détails et plus on obtient un concept innovant.
Enfin, le 5e prototype devait s'adapter aux différentes formes de visages, cacher les flux d'air et donner au masque le design que vous retrouvez en magasin. »

Outil 56 Le Turc mécanique (tester en mode POC)

> “
> *Celui qui cherche un ami sans défaut reste sans ami.*
>
> Proverbe turc

En quelques mots

Le Turc mécanique était un **célèbre tour de magie** (certains le qualifient même de charlatanisme) datant du XVIIIe siècle. Il s'agissait d'un automate capable de jouer aux échecs contre n'importe quel adversaire. Exposé en Europe et aux États-Unis, son principe a tenu en haleine les plus grands de ce monde pendant presque 100 ans : Bonaparte, l'impératrice Marie-Thérèse d'Autriche, Catherine II de Russie, Edgar Poe, Benjamin Franklin et bien d'autres s'y sont confrontés. Ce Turc avait un truc : caché sous la table qui servait de plateau au jeu d'échecs, un humain actionnait l'automate.

FAIRE LE TURC POUR PALLIER LES INCONNUES TECHNIQUES

Le Turc mécanique, gravure de Karl Gottlieb von Windisch dans le livre de 1783, Raison inanimée.

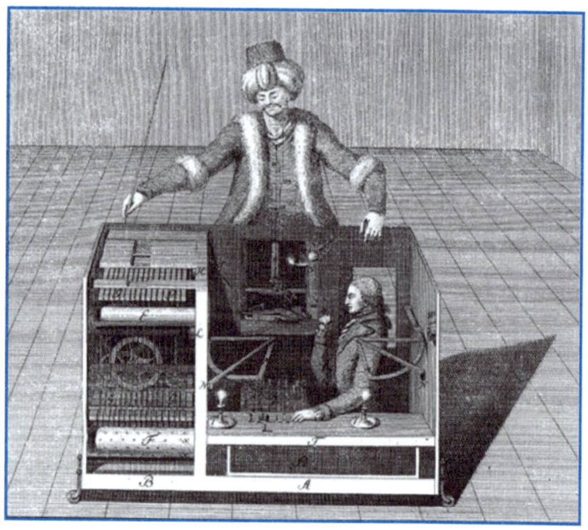

Coupe du Turc mécanique selon Racknitz, avec la position supposée de l'opérateur.

POURQUOI L'UTILISER ?

Objectif

L'objectif de cet outil est de vous faire prendre conscience qu'il faut faire tester votre prototype à vos utilisateurs le plus tôt possible, quoiqu'il arrive, et même si vous n'êtes pas du tout au point techniquement.

Vous optimiserez toute la partie technique plus tard, peut-être avec un expert, un webmaster ou un ingénieur spécialisé.

Contexte

Cet outil vous aide, dans un contexte impliquant beaucoup de technologie ou le besoin d'avoir plus de temps pour trouver une solution technique, d'avancer tout de même dans votre processus de Design Thinking. Sans les oublier, vous reviendrez plus tard sur ces points spécifiques pour les faire tester à nouveau.

Basé sur le fait de simuler une action mécanique ou technologique alors, qu'en vérité, c'est un humain qui actionne les choses, cet outil est aussi appelé « Expérience du Magicien d'Oz », en hommage au moment où Toto, le chien de Dorothy, tire le rideau derrière lequel se cache le Magicien d'Oz et montre que le vieil homme est un charlatan actionnant de simples manettes et manivelles pour faire cracher du feu et de la fumée à une statue, ôtant ainsi toute notion de pouvoir magique.

Vous aussi, un peu comme le magicien d'Oz ou le joueur d'échecs caché sous le Turc mécanique, vous actionnerez, ni vu ni connu, différents mécanismes sans forcément les expliquer à votre utilisateur testeur.

COMMENT L'UTILISER ?

Étapes

Voici deux façons de faire tester votre prototype en mode POC et « avec les moyens du bord » :

1. Si vous savez qu'il manque une étape clé dans l'utilisation de votre prototype, faites en sorte que votre interviewé passe à l'étape suivante sans trop se poser de questions et sans trop de frustration.

Par exemple, vous pourrez actionner à la main les éléments qui ne fonctionnent pas encore automatiquement dans le cas d'un objet technique ou mécanique, ou montrer une capture d'écran statique simulée si vous travaillez sur un site Internet ou une appli.

Vous pouvez aussi lancer une vidéo simulant le cheminement correct si vous êtes sur une tablette, par exemple.

2. Pour plus de discrétion et si cela est possible, **vous pouvez mettre votre utilisateur testeur** dans une situation neutre, c'est-à-dire sans que vous ne lui montriez qu'il manque un élément à votre prototype.

C'est alors un co-équipier situé dans une autre pièce qui actionnera certains éléments à distance, via Wifi ou Bluetooth.

Méthodologie et conseils

Même si vous n'avez pas complètement terminé votre prototype, le principe du Design Thinking impose de procéder par touches successives. N'attendez donc pas le dernier moment pour faire tester vos idées.

Avant de vous lancer...

- ✓ **Si l'action qui doit être « cachée » est trop visible par votre testeur, expliquez-lui alors ce que vous êtes en train de faire et pourquoi vous le faites.**
- ✓ **Il ne vous en tiendra pas rigueur et continuera le test en toute confiance, comprenant pertinemment que votre prototype ne représente pas la proposition finale.**

Outil 57 L'interview-test

"Sachez écouter, et soyez sûr que le silence produit souvent le même effet que la science.

Napoléon Bonaparte

En quelques mots

Qu'il soit réalisé en papier, en pâte à modeler, en argile, en briques de construction ou toute autre matière, sur Internet ou sur une appli, **votre premier prototype est prêt**! Vous savez qu'il n'est assurément pas parfait, qu'il nécessite encore beaucoup de développements, de questionnements et d'améliorations. **Une interview-test correctement menée** après chaque évolution de votre projet vous apportera une multitude d'informations qui vous feront valider des étapes cruciales. C'est donc le moment de redonner la parole à vos futurs clients ou utilisateurs.

TESTEZ VOTRE PROTOTYPE AVEC EFFICACITÉ

J'aime	Je n'aime pas/ Je ne comprends pas
Questions	Nouvelles idées

POURQUOI L'UTILISER ?

Objectif

Avec cet outil, vous organisez la récolte d'informations lors de vos tests d'utilisateurs. Vous soulevez ainsi les points de vigilance et de friction, ceux nécessitant une explication plus poussée et de nouvelles idées ou de précieux axes d'améliorations proposés par les interviewés eux-mêmes.

Contexte

Une fois votre premier prototype finalisé, lancez des sessions de test avec de futurs utilisateurs. Nielsen et Landauer ont calculé que 5 testeurs apportaient 80 % des réponses aux problèmes rencontrés alors que 10 testeurs en apportaient 98 %.
Même si cette statistique est parfois remise en cause, on pourrait dire que, plus que la quantité, c'est surtout la qualité des réponses qui va jouer en votre faveur : vos testeurs doivent se livrer le plus possible, sans blocage ni contrainte.

COMMENT L'UTILISER ?

Étapes

1. En équipe, **élaborez un guide d'interview** de la même manière que celui réalisé pour l'entretien approfondi, mais dédié à votre prototype et aux éléments que vous souhaitez tester.
2. Rencontrez votre interviewé.
3. Laissez-lui entre les mains votre prototype en ne lui expliquant pas ce que vous cherchez à démontrer pour ne pas l'influencer.
4. Suivez le guide d'entretien. Si votre interviewé ne décèle pas les éléments à tester, aidez-le en resserrant discrètement l'interview sur ces éléments.
5. Une fois l'entretien terminé, reproduisez le tableau de gauche (appelé « Test des quatre quadrants »), puis annotez-y les éléments importants de l'entrevue ainsi que les citations majeures.
6. Après la série d'interviews-test, **discutez-en en équipe** en compilant vos tableaux et apportez les améliorations nécessaires à votre prototype en vue de nouveaux tests.

Méthodologie et conseils

Idéalement, vous ferez l'interview-test en compagnie d'un autre membre de l'équipe afin qu'il y ait une personne qui pose les questions et puisse rebondir sur les réponses et l'autre qui prend des notes et observe la situation, note les mimiques de l'utilisateur, ses incompréhensions, ses questions, etc.
Laissez votre interviewé s'approprier votre prototype, n'essayez pas de l'influencer, même malgré vous. N'essayez pas de lui « vendre » votre innovation ou de le convaincre que votre solution est la meilleure. Pour résumer : vous observerez plus que vous ne parlerez.
Comme pour l'entretien approfondi en phase « Immersion et empathie », laissez votre interlocuteur aller à son rythme, notamment grâce aux silences et en lui posant des questions comme « Et ça, qu'en pensez-vous ? », « Pourquoi dites-vous ça ? »... Là encore, la technique des « cinq pourquoi » fonctionne à merveille.
Si le besoin s'en fait sentir, vous pouvez vous écarter de votre guide d'entretien si vous pensez que cela peut déboucher sur des informations importantes.

Suite outil 57 →

Avant de vous lancer...

✓ **Avec la permission de votre interviewé, enregistrez la conversation en audio, voire en vidéo, pour garder les expressions et les citations exactes. Vous pourrez ainsi les retrouver plus tard si un doute vous habite.**

L'interview-test

COMMENT ÊTRE PLUS EFFICACE ?

Très vite, vous allez vous retrouver face à des dilemmes inextricables concernant beaucoup d'éléments de votre prototype. Où placer les boutons, en quelle matière, de quelle couleur, de quelle forme ? Sur votre site Internet ou votre appli mobile, est-ce que le bouton « Acheter » est plus efficace en bleu, vert ou rouge ? Si l'internaute clique sur tel bouton, la page qui s'affichera ensuite sera-t-elle plus pertinente avec tel ou tel design ? L'expérience client sera-t-elle meilleure si le conseiller de vente explique les choses de telle ou telle manière ?
Afin de gagner du temps, il est donc recommandé de faire tester plusieurs prototypes à la fois. Ce seront des prototypes avec de petites différences, car vous et votre équipe projet ne savez pas lequel plaira le plus aux utilisateurs. Vous allez donc les tester ensemble et ne garder que le meilleur. Cela s'appelle de l'A/B Testing : le premier prototype s'appellera A et le second B (le troisième C, etc.).

L'A/B test pour mieux comparer

Tout d'abord, il ne convient pas de faire tester des prototypes trop différents les uns des autres. On ne montrera alors qu'un seul type de proposition à la fois, comme le changement de couleur d'un élément, sa forme ou son emplacement. Si vous modifiez trop de paramètres d'un coup, vous risquez de créer une confusion dans l'esprit du testeur, au point de ne plus pouvoir choisir le prototype qu'il préfère.

L'A/B test comme vecteur de données

Il arrive parfois que les testeurs préfèrent une solution plutôt qu'une autre sans vraiment pouvoir définir pourquoi. Vous aurez beau leur demander cinq fois « Pourquoi ? », vous aurez peut-être des réponses comme « Je préfère c'est tout. C'est mieux mais je ne peux pas l'expliquer. C'est mon goût personnel ». Prenez alors cette réponse plutôt comme une donnée utile que comme un constat d'échec : vous avez donc une personne qui préfère cette solution. Au bout d'un certain nombre, vous aurez une tendance et pourrez sélectionner la meilleure des propositions.

L'A/B test perpétuel, même après le lancement

Cette notion d'A/B test doit revenir tout au long de la vie de votre projet. Même une fois lancé, il est vivement conseillé de continuer à faire des A/B tests auprès de vos cibles et prospects pour toute nouvelle amélioration.
Ainsi, les start-up internet ont pris l'habitude de faire des A/B tests directement sur leur site. Grâce à un algorithme, 50 % des internautes arrivent sur une page montrant la proposition A et 50 % montrant la proposition B. En quelques jours (voire en quelques heures), une statistique d'utilisation est alors visible par les équipes techniques et c'est la version qui génère la meilleure utilisation qui restera en ligne, visible par tous. Par exemple : on souhaite savoir si une page « Panier de commande » apporte plus d'achats validés qu'une autre. On lance un A/B test et on garde celle qui transforme le plus.

Cas d'entreprise

Comment Decathlon intègre ses vendeurs dans le processus de prototypage

Emerson Delcourt, diplômé de l'Institut Supérieur de Design, a grimpé les échelons de Decathlon pour devenir Design Leader en charge d'imaginer et proposer des pistes partageant les valeurs de la marque en répondant aux problématiques terrain.

Pourquoi inclure vos vendeurs dans vos cycles de création ?

« Historiquement, nous faisions des enquêtes clients bien avant de proposer nos produits dans nos magasins, mais les retours n'étaient pas suffisamment marqués. On s'est aperçu qu'en interne, les exigences étaient plus fortes, parce que nos ambassadeurs (les vendeurs et collaborateurs impliqués dans le processus de tests des nouveaux produits) sont pratiquants du sport en question, qu'ils connaissent parfaitement la technique et l'offre de la concurrence. Cela allait donc de soi de les interviewer sur nos produits et leur valeur fonctionnelle, prix, sécurité... »

Qu'apporte cette démarche à Decathlon ?

« Beaucoup d'ambassadeurs testent les produits sur la durée ou organisent des sorties avec des clients-utilisateurs pour avoir de nouveaux retours. L'intérêt est d'avoir aussi bien du qualitatif que du quantitatif.

Par ailleurs, on s'est rapidement rendu compte qu'un vendeur qui avait participé à la conception du produit avait beaucoup plus d'appétence pour ce dernier et savait mieux expliquer sa véritable valeur ajoutée à un client potentiel. Après trois ans de tests et à la vue des résultats positifs, nous avons structuré cette démarche auprès de nos ambassadeurs une fois par an sur la France et elle est en cours de déploiement dans d'autres pays. »

Quels enseignements en tirez-vous ?

« Notre objectif est de rendre accessible au plus grand nombre le plaisir et la pratique du sport. Nous recherchons d'abord le bénéfice d'utilisation et la qualité du produit. Un produit, pour être mis sur le marché, se doit d'atteindre nos exigences d'usage, de sécurité, de simplicité d'emploi ou de style. Notre préoccupation première, c'est le juste produit ! »

6 DOSSIER

IMPLÉMENTATION

"

La réussite, c'est un peu de savoir,
un peu de savoir-faire
et beaucoup de faire-savoir.

Jean Nohain

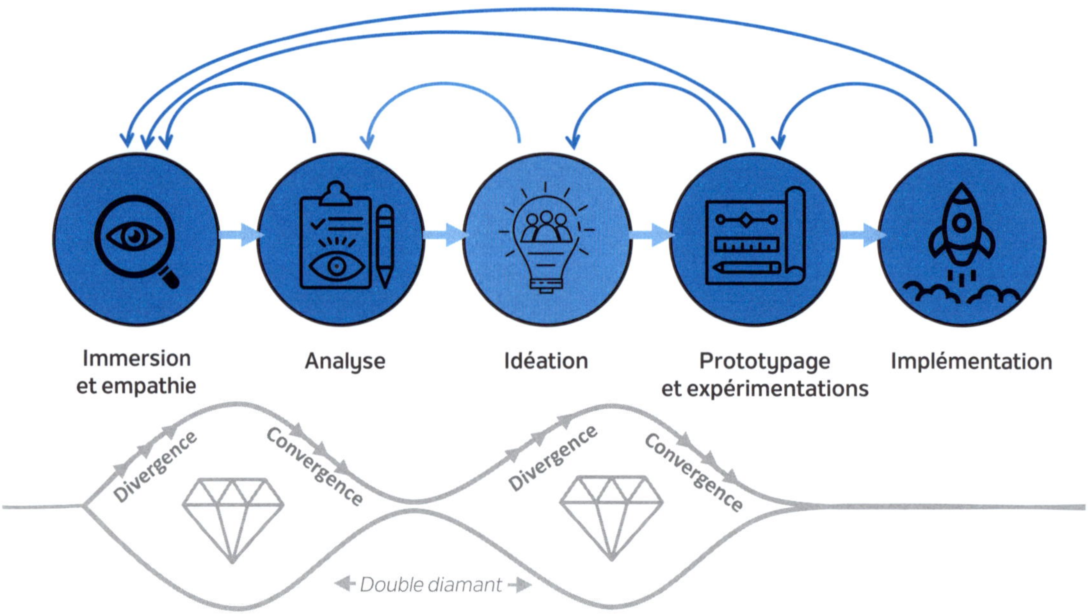

Avant de commencer ce dernier dossier, laissez-moi d'abord vous féliciter pour le chemin que vous avez parcouru. Maintenant que vous êtes arrivé à cette phase d'implémentation, c'est le moment de larguer les amarres en douceur et de penser au lancement officiel de votre projet. Trop de fois délaissée par les pratiquants du Design Thinking, cette phase reste indispensable au bon démarrage, avec l'objectif de l'inclure dans le plan d'action général de l'organisation et de vous projeter encore un peu plus dans le futur.

Améliorer son projet de manière continue

Les nombreuses itérations liées à vos allers-retours dans le processus du Design Thinking ne sont pas près de s'arrêter. Maintenant que vous avez compris l'état d'esprit et l'intérêt de mettre l'utilisateur au cœur de votre pensée, vous pouvez continuer d'utiliser cette méthode itérative au fur et à mesure de l'évolution de votre projet.

Présenter son projet plus efficacement

Une fois votre prototype validé, les outils 58 à 65 vous aideront à voir plus loin qu'un simple lancement et permettront à l'équipe de mieux appréhender ce passage parfois stressant, en réalisant notamment un plan d'action efficace lié à un pitch mémorable pour défendre un business model ambitieux mais réaliste.

Ouvrir son projet sur le futur

Les deux derniers outils de ce livre, quant à eux, ouvrent l'esprit sur un avenir fait de succès innovants et de remises en question légitimes, de changement d'échelle et d'apprentissage continuel avec la mise en place de méthodes complémentaires.

Les outils

Outil 58 Le SWOT

> “
> *Dans la vie, rien n'est à craindre, tout est à comprendre.*
>
> Marie Curie

En quelques mots

Il est l'heure de jouer carte sur table. Vous avez réalisé des prototypes tous plus utiles les uns que les autres, peut-être avez-vous expérimenté concrètement avec votre pilote, vous êtes donc **prêt à vous lancer**. Réfléchissez encore un peu… N'y a-t-il pas encore quelques améliorations à apporter ? Quelle image vos clients et vous-mêmes avez-vous de votre projet ? Vos concurrents ont-ils de l'avance sur vous ? Ces questions, et bien plus encore, trouveront réponse grâce au SWOT. Cet acronyme anglais fait ressortir **vos forces, vos faiblesses, vos opportunités et vos menaces**.

L'IMAGE DE VOTRE PROJET À UN TEMPS T

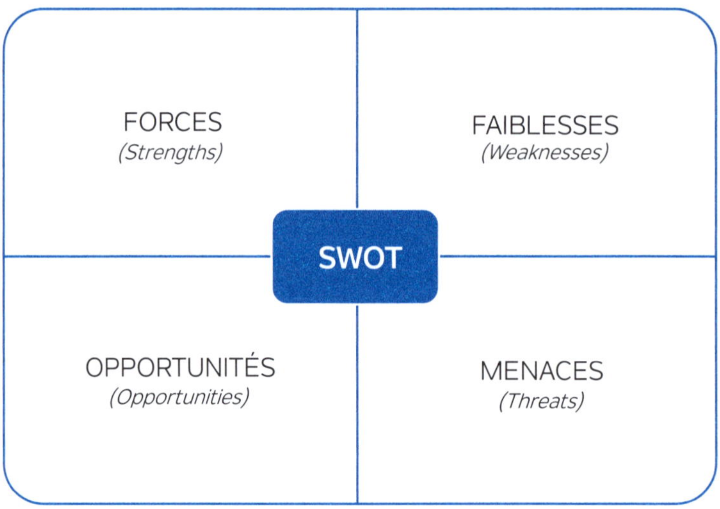

POURQUOI L'UTILISER ?

Objectif

Le SWOT simplifie la priorisation et permet de prendre conscience des points positifs et des points à améliorer de votre projet, afin d'avancer sereinement vers la prochaine étape ou de prendre le temps de revenir sur les points apparus comme bloquants.

Contexte

En équipe projet, essayez de renseigner le plus objectivement possible les quatre cases du tableau SWOT : les cases du haut représentent les facteurs internes à votre projet, alors que les cases du bas évoquent plutôt les facteurs externes. Cet outil ne fonctionne bien que si l'on est conscient des réalités et si l'on ne se voile pas la face vis-à-vis de son projet.

COMMENT L'UTILISER ?

Étapes

1. **Reproduisez le tableau** de quatre cases ci-contre (Forces, Faiblesses, Opportunités, Menaces).
2. En équipe, **renseignez chaque case** avec le plus d'objectivité possible.
3. **Ordonnez les résultats** de chaque case par ordre d'importance.
4. **Essayez de résoudre vos faiblesses** dans les plus brefs délais et **restez conscient de vos menaces** en permanence pour pouvoir les éviter ou les supprimer.

Méthodologie et conseils

Afin de vous simplifier l'utilisation de cet outil, voici quelques questions que vous pouvez vous poser :

- **Forces** : tout ce que vous faites correctement, ce qui vous donne un avantage concurrentiel.
  - Quels avantages et atouts (concurrentiel, technologique, managérial...) avez-vous ?
  - Que faites-vous vraiment très bien ?
  - À ce stade, votre équipe est-elle toujours idéale pour ce projet ?
  - Depuis le début, quels ont été vos succès ?
  - Qu'identifient vos clients-testeurs comme vos atouts ?
- **Faiblesses** : retards et désavantages sur le marché, sur vos concurrents.
  - Quelles sont vos faiblesses (grandes ou petites) ?
  - Que pourriez-vous faire mieux ?
  - Quels sont les points générant des critiques, des questionnements ou, pire, des plaintes ?
  - Sur quels sujets internes êtes-vous vulnérables ?
- **Opportunités** : fluctuations du marché, des concurrents, des tendances, de la loi...
  - Quelles opportunités voyez-vous actuellement ? Et dans le futur ?
  - Ces opportunités sont-elles émergentes, récurrentes, sur la durée ou ponctuelles ?
- **Menaces** : principalement externes.
  - Quelles sont les menaces sur votre projet (grandes ou petites) ?
  - Sont-elles critiques pour le projet ?
  - Y a-t-il quelque chose ou quelqu'un qui vous empêche d'avancer ? Comment le/la contrer ou le rallier à votre cause ?
  - Y a-t-il à votre connaissance des évolutions (marché, concurrents, tendances, lois...) qui pourraient s'avérer négatives à court terme ? À long terme ?
  - L'état de vos finances vous permet-il d'avancer correctement ?

Un SWOT n'est pas un exercice figé. Les événements évoluant très vite, mettez votre tableau à jour tous les mois ou à chaque étape cruciale de votre avancement.

Avant de vous lancer...

✓ **Durée estimée : entre 20 minutes et 1 heure environ, en incluant la réalisation d'un plan d'action correctif.**

✓ **Pour renseigner au mieux ce tableau, reprenez les conclusions de vos interviews-tests, personas, brainstormings et prototypes...**

Outil 59 Le canevas de proposition de valeur

> “
> *Quelle est la valeur des hommes ? Ce qu'ils cherchent.*
>
> Proverbe persan

En quelques mots

Excellent outil **visuel et de convergence** en cette fin de processus Design Thinking, le canevas de proposition de valeur (Value Proposition Canvas) a été conçu par le brillant Alexandre Osterwalder de la société Strategyzer (dont vous retrouverez l'autre outil iconique juste ensuite : le Business Model Canvas). Ces quelques cases à remplir permettent **d'identifier et de confirmer si votre projet possède une réelle création de valeurs** car il est basé sur l'affinité et l'interaction entre clients et valeur apportée… en 2 mots si votre projet apporte quelque chose d'utile à son utilisateur.

QUAND LE BÉNÉFICE DE VOTRE PROJET RENCONTRE SON CLIENT

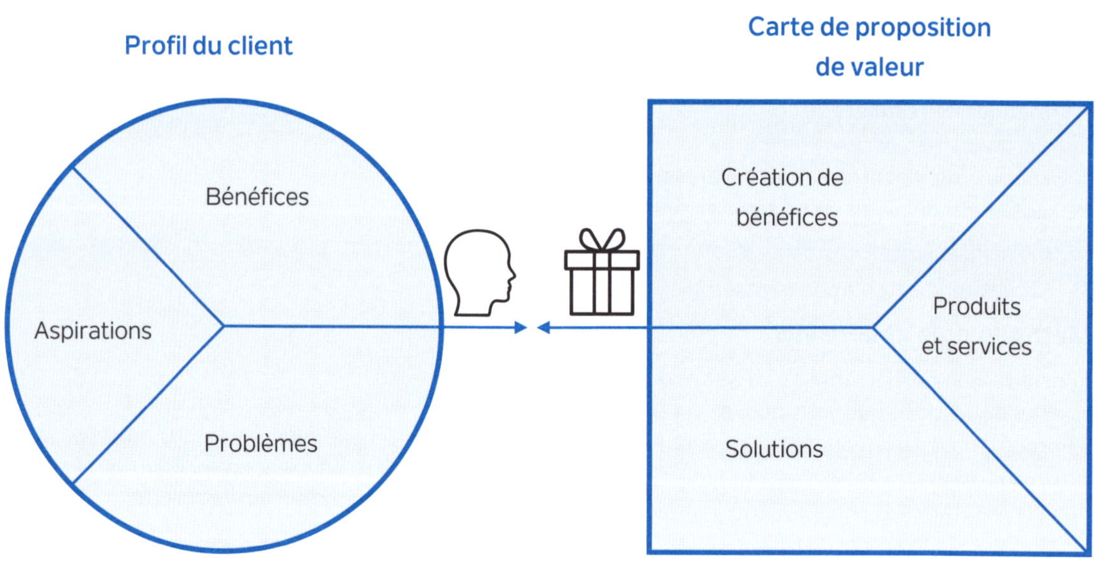

Matrice inspirée de celle de Strategyzer AAG

POURQUOI L'UTILISER ?

Objectif

Cet outil permet à l'équipe projet de confirmer définitivement le bien-fondé de sa démarche en se basant sur des faits réalistes.

Contexte

Le Design Thinking étant une démarche tournée vers l'utilisateur, il est donc normal de se recentrer sur lui en fin de processus.

Une fois rassemblés, ces éléments seront exploitables et réutilisables notamment dans le Business Model Canvas (outil suivant) et permettront à des financeurs ou des Business Angels de valider votre vision et de vous accompagner sur la durée.

Aussi, il n'est pas rare, en réalisant ce canevas, qu'émergent de nouvelles idées et des ajustements. C'est très bon signe et cela prouve que votre solution pourra encore être améliorée lors d'un prochain MVP. Vous pourriez aussi trouver naturellement des produits ou services complémentaires à proposer à votre client afin de vous différencier de la concurrence.

COMMENT L'UTILISER ?

Étapes

Avant toute chose, il convient de prendre conscience que 1 persona = 1 profil spécifique de client ou d'utilisateur = 1 proposition de valeur spécifique.

1. Profil du client :

- **Aspirations :** on cherche à rassembler les tâches qu'il tente de réaliser, ce qu'il souhaite résoudre ou les besoins qu'ils souhaitent satisfaire. Il existe 3 grandes familles d'aspirations :
  - **Émotionnelles :** être en sécurité, augmenter sa satisfaction, être plus heureux…
  - **Fonctionnelles :** se nourrir, se déplacer, gagner de l'argent, faire des économies, faire une action plus rapidement…
  - **Sociales :** être reconnu par ses pairs, avoir de nouveaux amis, rencontrer l'amour…
- **Bénéfices :** on liste ce qui apportera un mieux-être, de la satisfaction ou de la fidélisation à vos clients, les résultats concrets qu'il désire et qu'il va atteindre grâce à votre projet.
- **Problèmes :** ce qui lui crée du stress, de l'insatisfaction, de la frustration, une incapacité temporaire ou totale…

2. La carte de proposition de valeur :

- **Produits et services :** listez ici ce que votre projet propose à votre client.
- **Création de bénéfices :** pourquoi vous allez soulager son stress, ses frustrations, ses maux.
- **Solutions :** expliquez la manière dont votre projet va permettre de résoudre ou soulager les problèmes de votre persona. Plus le problème résolu est important, majeur, primordial à la vie de votre client et plus la proposition de valeur est forte. Ces solutions peuvent être émotionnelles, fonctionnelles, sociales.

Méthodologie et conseils

N'hésitez pas à remplir votre canevas avec des témoignages entendus lors de vos interviews-tests (outil 57) car ils apporteront du concret et du tangible à vos idées.

La bonne convergence entre la proposition de valeur et le profil du client confirmera l'intérêt de votre projet, surtout s'il est « Innovation4Good ».

Avant de vous lancer…

✓ **Durée estimée : une vingtaine de minutes par persona.**

✓ **L'utilisation de cette méthode vous permettra de mieux aborder l'outil suivant.**

Outil 60

Le Business Model Canvas

> « Le succès, c'est offrir du bon miel à la bonne mouche au bon moment et au bon endroit.
>
> Salvador Dalí

En quelques mots

Si vous pouviez résumer votre projet Design Thinking sur une seule page, comment feriez-vous ? Ce n'est pas si évident que ça, car vous êtes passé par tellement de moments de joie, de doutes, de découvertes, d'erreurs, de modifications... que vous auriez du mal à être concis. Le **Business Model Canvas** est un **outil de classement des informations** qui permet de décrire n'importe quel projet d'une manière visuelle et intelligible par tous. Créé en 2009 par Alex Osterwalder et Yves Pigneur, il est désormais utilisé par toute organisation qui souhaite innover et faire passer rapidement ses idées.

TOUTE L'HISTOIRE DE VOTRE PROJET SUR UNE PAGE

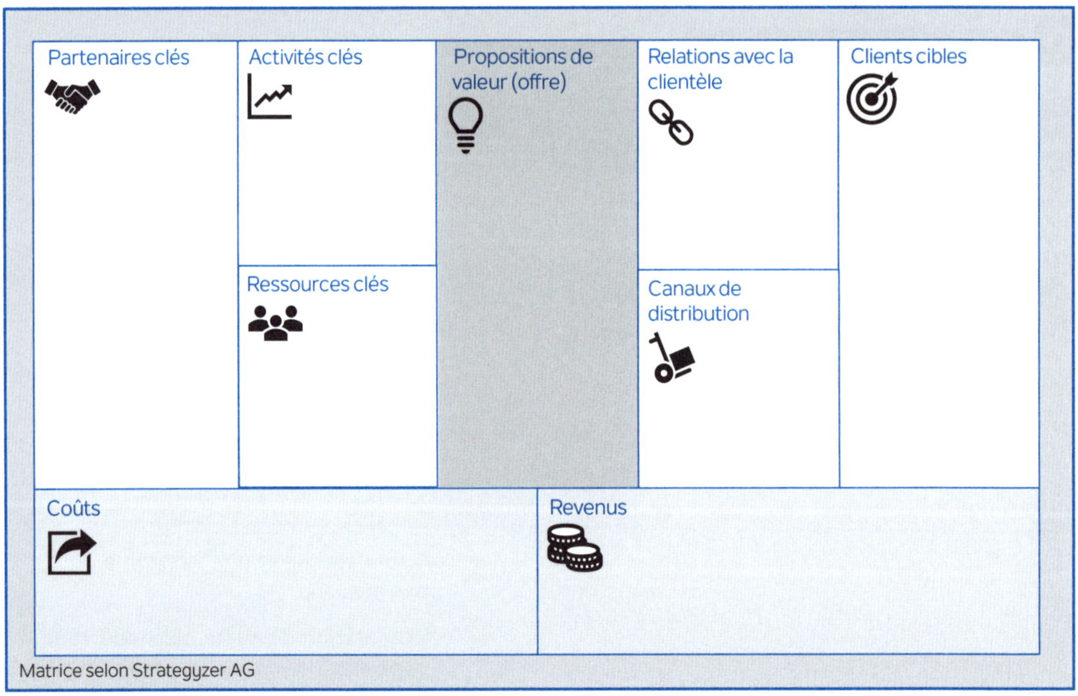

Matrice selon Strategyzer AG

http://dunod.link/oq9rs0v

POURQUOI L'UTILISER ?

Objectif

Le Business Model Canvas offre les atouts d'un business plan de manière réduite, pratique, visuelle et assumée par toute l'équipe.

Contexte

Cet outil de convergence permet de faire le point sur chacun des éléments importants du projet.
Il fait souvent office de document officialisant l'implémentation réelle de ce dernier et son niveau de maturité.

COMMENT L'UTILISER ?

Étapes

1. Construisez le tableau ci-contre.
2. Dans la case appropriée, **listez en donnant du détail** vos partenaires clés, les activités clés, les ressources clés, votre proposition de valeur, les différents canaux de relations avec vos clients, vos canaux de distribution, vos clients cibles, vos coûts et vos revenus.

Méthodologie et conseils

Renseignez chaque case de la manière la plus simple et la plus claire possible. Avec cet outil, on cherche la rapidité de lecture, pas de préciser toutes les étapes de votre cheminement : le Business Model Canvas est dans le factuel.

- Les **partenaires clés** représentent les **parties prenantes intermédiaires** (vos fournisseurs, vos investisseurs...) qui font que votre projet ne pourrait être ce qu'il est sans eux.
- Les **activités clés** représentent **l'énumération des métiers** que vous devez mettre en place pour que votre activité fonctionne comme prévu. Par exemple, on trouvera « Développement et maintenance du site Internet » et « Modération des contenus » pour les activités clés d'un réseau social ou on mettra « Gestion de l'approvisionnement », « Sourcing des producteurs et produits », « Conseil et vente » pour une épicerie fine.
- Appliquez-vous à **bien renseigner la case « Proposition de valeur ».** Située en plein centre de votre Business Model Canvas, c'est le cœur de votre projet. Quel problème allez-vous résoudre ou aider à résoudre ? Quels sont les besoins de vos clients ? N'oubliez pas que vous n'offrez pas qu'un simple produit ou service, vous aidez vos clients cibles à résoudre un problème.
- Dans **« Relations avec la clientèle »**, listez **toutes les interactions** proposées à vos clients pour les chouchouter : « Satisfait ou remboursé » ou « Hotline 24 heures sur 24 » par exemple.
- Vos **canaux de distribution** sont les moyens par lesquels vous allez vendre votre solution (site Internet, boutiques, affiliation, franchises, vente à domicile...).
- Vos **clients cibles** sont la description la plus objective et mise à jour de vos personas (civilité, âge, CSP, passion...).
- **Indiquez l'ensemble de vos coûts** (logistiques, salaires, loyers, communication...), puis listez vos **différents revenus potentiels** (vente au détail, en gros, revenus publicitaires, abonnements annuels ou mensuels...). Vous n'aurez de profit que si vos coûts sont inférieurs à vos revenus.

Suite outil 60 →

Avant de vous lancer...

- ✓ Vous trouverez bon nombre de modèles sur Internet. Inspirez-vous-en.
- ✓ Cet outil est indispensable pour décrire votre projet dans sa globalité. Ne passez pas à côté.

Suite outil 60 Le Business Model Canvas

COMMENT ÊTRE PLUS EFFICACE ?

En plus de devenir un outil central et fédérateur pour présenter votre projet et créer des conversations et des opportunités avec de nouveaux acteurs importants pour vous, il y a de nombreux moyens d'utiliser le Business Model Canvas autrement que pour votre seul projet. En voici quelques exemples.

Comprendre la concurrence

Pourquoi se cantonner exclusivement à votre projet ? En réalisant le Business Model Canvas de vos concurrents, vous comprendrez plus facilement leurs forces et leurs faiblesses, leur manière de générer davantage de chiffre d'affaires, de mettre en avant une proposition de valeur plus efficace que la vôtre ou d'avoir un meilleur rapport revenus/coûts. À vous ensuite de modifier votre propre Business Model Canvas pour vous en approcher, vous en éloigner ou être meilleur, selon vos objectifs.

Comprendre les entreprises clientes

Une manière de mieux comprendre le fonctionnement des entreprises clientes de la vôtre est de réaliser leur Business Model Canvas. Vous pourrez ainsi le présenter en réunion à vos commerciaux et collaborateurs. C'est le moyen idéal d'expliquer clairement et rapidement ceux avec qui vous allez travailler prochainement et qu'il va falloir comprendre pleinement.

Associer des Business Model Canvas

Si vous associez et mélangez les points forts du *canvas* de deux organisations à succès, peut-être trouverez-vous la vraie innovation de demain ? Et si Uber mixait son Business Model Canvas avec Apple ? Vous pourriez peut-être déceler des pistes de revenus supplémentaires...

Soumettre de nouvelles idées

Certaines organisations rendent obligatoire la réalisation d'un rapide Business Model Canvas pour proposer une innovation ou une nouvelle idée. Ainsi, la réflexion est poussée avec suffisamment de recul pour qu'elle puisse émerger correctement, sans précipitation. L'outil rend aussi la comparaison des nouvelles idées plus aisée.

Créer un tableau de bord

Des entreprises détournent le principe du Business Model Canvas pour en faire un véritable tableau de bord. Elles ajoutent dans chaque case des indicateurs et des objectifs à suivre, puis ils colorient les cases une fois par semaine en vert, orange ou rouge selon leurs degrés de satisfaction ou de réussite. Chaque lundi, on recommence un nouveau *canvas* mis à jour.

Aider la rétrospection ou envisager le futur

On peut aussi utiliser cet outil en tant que plan d'action. On décrit alors ce qu'il s'est déroulé pendant l'année précédente et les tendances et objectifs pour l'année à venir.

Lever des fonds ou décider d'investir

Enfin, le Business Model Canvas est devenu une condition *sine qua non* pour espérer lever des fonds auprès d'investisseurs et de Business Angels. Cela leur permet de comparer les concepts ainsi que les forces et les faiblesses d'un coup d'œil sans avoir à perdre du temps à lire des pages entières de dossiers de présentation. Si vous souhaitez lever des fonds, travaillez votre Business Model Canvas !

Cas d'entreprise

Le Business Model Canvas de Airbnb

Partenaires clés
- Hôtes
- Investisseurs
- Photographes d'appartements
- Fournisseur et serveur Internet
- Assureur

Activités clés
- Proposer des logements aux voyageurs
- Proposer des clients aux hôtes

Ressources clés
- Marque forte
- Site Internet, appli
- Algorithme
- Communauté d'utilisateurs

Propositions de valeur (offre)

Pour les voyageurs :
- Photos vérifiées
- Paiement sécurisé
- Messagerie instantanée
- Avis sur appartement
- Tarifs tout inclus
- Large choix
- Rencontre de locaux

Pour les hôtes :
- Garantie de paiement
- Agenda temps réel
- Rencontres
- Avis sur voyageurs

Relations avec la clientèle
- Assistance téléphonique 24h/24
- Assurance jusqu'à 800 000 €
- 200 conseillers
- Messagerie

Canaux de distribution
- Publicité online, réseaux sociaux
- Bouche-à-oreille
- Parrainage
- E-mailing
- Relations presse

Clients cibles

Les voyageurs :
- Étudiants, travailleurs, chômeurs, retraités, fêtards, romantiques, culture
- Budget serré, intermédiaire, luxe
- En solo, en couple, entre amis, business

Pour les hôtes :
- Cherchent complément de revenu ou revenus complets
- Studios, villas, appartements...

Coûts
- Publicités
- Loyers
- Salaires
- Avocats
- Prestataires techniques

Revenus
- Revenus sur chaque transaction effectuée : de 6 à 12 % pour les voyageurs 3 % pour les hôtes

Matrice selon Strategyzer AG

Problématique

Airbnb, la fameuse plateforme Internet de mise en relation de voyageurs et d'hôtes, est devenu un succès planétaire grâce à un business model clair, simple et innovant. Réfléchissons à ce que pourrait être le Business Model Canvas d'une telle entreprise.

Résultats

Commençons par le cœur du canvas, à savoir la proposition de valeur. Elle est double pour Airbnb, car ils doivent satisfaire d'une part les voyageurs en leur proposant un large catalogue de lieux à réserver dans un environnement sécurisant (avis d'autres voyageurs, photos vérifiées, paiement sécurisé, remboursement sous conditions...). D'autre part, ils doivent au même moment répondre aux besoins des hôtes proposant leur bien à la location (paiement garanti, avis sur leurs futurs habitants).

Leurs partenaires clés sont primordiaux pour que l'entreprise soit un succès : les hôtes évidemment, mais aussi les photographes professionnels qu'ils missionnent pour crédibiliser les annonces. Saviez-vous que la fréquentation du site n'a explosé que lorsque les fondateurs se sont rendu compte que les images d'excellente qualité étaient le premier critère de réservation ? On comprend alors pourquoi les photographes sont des partenaires importants.

La case « Clients cibles » est tout aussi essentielle, car elle définit l'ensemble des catégories sociales des voyageurs ainsi que les différentes causes de voyage et leurs budgets associés. Là aussi, Airbnb cible aussi les hôtes, qu'ils considèrent comme des clients à recruter et fidéliser.

La case des coûts liste les postes de dépenses de l'entreprise (le marketing publicitaire, les frais d'avocats). Enfin, la rubrique des revenus mentionne une spécificité : une commission à deux vitesses où les voyageurs comme les hôtes paient un pourcentage spécifique à chaque transaction.

Outil 61

Définir le succès avec des objectifs SSMAART

> « Le plus grand péril se trouve au moment de la victoire.
>
> Napoléon Bonaparte

En quelques mots

Oscar Wilde disait « Il faut toujours viser la lune, car même en cas d'échec, on atterrit dans les étoiles ». C'est vrai pour beaucoup de choses... mais parfois totalement contre-productif pour fixer les objectifs d'un groupe. Si vous **visez trop haut** d'emblée, vous risquez d'**épuiser l'équipe** et sa **motivation s'en ressentira**.
De même pour vos éventuels investisseurs et partenaires : si vous leur faites miroiter monts et merveilles dès le départ, ils auront un sentiment d'échec ou de duperie envers vous. Sachez donc vous fixer **les bons objectifs**. Mais d'abord, qu'est-ce que le succès ?

SAVOIR SE DONNER DES OBJECTIFS MOTIVANTS

S.S.M.A.A.R.T.

Spécifique	**S**timulant	**M**esurable	**A**cceptable	**A**mbitieux	**R**éaliste	**T**emporellement défini

POURQUOI L'UTILISER ?

Objectif

Définir et mettre en commun des objectifs ambitieux mais réalistes permet de transmettre un état d'esprit et un comportement positif et non agressif, amenant au challenge, à la créativité et à la motivation de chacun.

Contexte

En équipe projet, réfléchissez à des mesures de succès quantitatives (par exemple : atteinte d'un nombre précis de commandes, chiffre d'affaires mensuel, point de rentabilité, nombre d'employés embauchés, taux de retours pour remboursement…), ainsi qu'à des mesures qualitatives (qualité de vie au travail, qualité de votre produit ou service, expérience client, agrandissement des locaux, etc.).
Une fois vos objectifs répertoriés, appliquez à chacun l'acronyme SSMAART :

- **Spécifique** : on peut aussi dire « Simple », c'est-à-dire que votre objectif doit être clair, précis, compréhensible par tous et basé sur un seul critère.
- **Stimulant :** vous veillerez alors à toujours embarquer l'enthousiasme et la motivation dans votre équipe projet. Sans ce paramètre, vos objectifs peuvent laisser quelques membres de l'équipe sur le bord de la route.
- **Mesurable** : une valeur ou un seuil à franchir.
- **Acceptable** : par l'équipe, les utilisateurs, les collaborateurs…
- **Ambitieux** : pour rester stimulant et inciter l'équipe à se dépasser de la bonne manière.
- **Réaliste** : atteignable en prenant en compte de l'ensemble des paramètres et aléas.
- **Temporellement défini** : une date limite ou un événement important, relativement proche.

Ainsi, plutôt que de donner comme objectif « augmenter les ventes le plus vite possible », on préférera l'objectif « atteindre 10 % de parts de marché auprès des mères de famille de la région Sud, au terme des 6 prochains mois ».

COMMENT L'UTILISER ?

Étapes

1. **Listez** tout ce qui pourrait ressembler, de près ou de loin, à un succès pour votre équipe et pour votre projet en appliquant la méthode SSMAART.
2. **Puis créez votre équipe du futur et votre plan d'action (outils suivants)** pour générer les dates clés de votre projet
3. **Partagez ces objectifs** avec chaque partie prenante concernée.

Méthodologie et conseils

Pour définir vos premiers objectifs, adoptez là aussi une attitude centrée vers l'humain : donnez-vous des objectifs, essayez, itérez, modifiez en conséquence…
Une fois que vous aurez atteint plusieurs objectifs, vous pourrez imaginer le succès dans 6 mois, dans 1 an, dans 3 ans, dans 5 ans… mais pas avant, car vous n'aurez pas eu suffisamment de recul et d'expérience pour le faire correctement.
Enfin, pour créer un challenge encore plus fort tout en restant réaliste, vous pouvez ajouter des niveaux de difficultés à vos objectifs :

- classique (votre objectif de départ) ;
- très bon (en général +10 % de l'objectif classique) ;
- ambitieux (en général +20 % de l'objectif classique) ;

Sachez aussi récompenser les efforts, cela créera une émulation et une synergie positive entre vous.

Avant de vous lancer…

✓ **Gardez les pieds sur terre. Nul doute que votre projet est à vos yeux le meilleur qui existe, mais restez réaliste quant à vos objectifs.**

Outil 62 L'équipe du futur

> “ *Pour voir le futur, il faut regarder derrière soi.*
>
> La Bible, Livre d'Isaïe

En quelques mots

Peut-être avez-vous déjà recruté une ou plusieurs personnes depuis le début de votre aventure Design Thinking, afin d'avancer dans de meilleures conditions. Ou peut-être avez-vous l'ambition d'embaucher de nouvelles recrues dès que vous y verrez plus clair et que votre projet sera lancé. Toujours est-il que, pour une **meilleure visibilité sur le moyen et le long terme**, et aussi pour provisionner les coûts liés à ces futures embauches, vous devez vous projeter dans le futur grâce à un **organigramme** mettant en scène les collaborateurs que vous imaginez nécessaires à la bonne santé de votre projet.

L'ORGANIGRAMME DU FUTUR

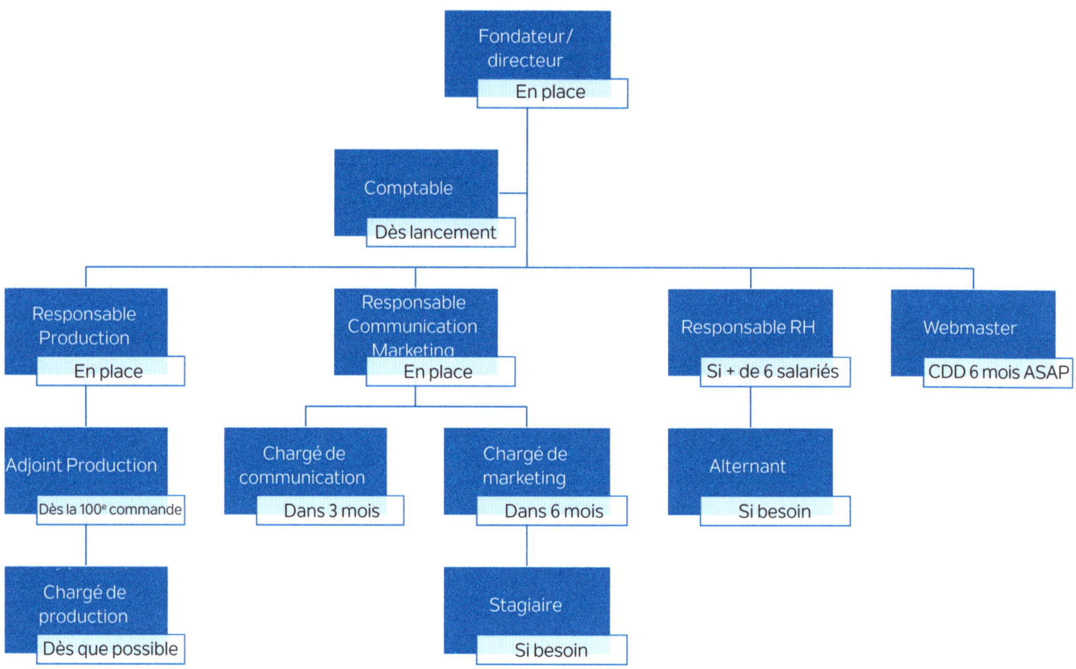

? POURQUOI L'UTILISER ?

Objectif

Cet outil a pour but de rassurer les équipes et permet de propulser le projet et les collaborateurs dans un avenir ambitieux mais réaliste.

Contexte

En équipe, définissez les types de postes à recruter pour que votre projet puisse vivre dans de bonnes conditions.
N'essayez pas de faire plaisir à tout le monde en ajoutant des strates qui n'ont rien à faire dans votre organigramme, ni dans votre budget, alors soyez juste et sincère.

COMMENT L'UTILISER ?

Étapes

1. **Tracez l'organigramme** de votre projet tel qu'il est actuellement.
2. **Commencez par lister les compétences** qu'il manque à votre projet.
3. **Ajoutez à votre organigramme les collaborateurs** à recruter et leurs fonctions/poste afin que votre projet devienne ou reste viable et compétitif.
4. **Ajoutez à chaque collaborateur embauché** la période idéale de recrutement et ses spécificités.

Méthodologie et conseils

Commencez simplement en composant tout d'abord l'équipe minimum viable (un peu comme sur le modèle de l'outil 7 « du POC au MVP jusqu'au MAP »). Soyez pragmatique! Le but de cet exercice est de rester les pieds sur terre et de faire en sorte que votre projet soit rentable. Sachez prévoir sur le long terme plutôt qu'à très court terme.
Devant chaque nouvel emploi, il convient d'ajouter la spécificité de l'embauche :

- Est-ce un CDI, un CDD, un freelance ponctuel ?
- Dans combien de temps lancer (idéalement) la procédure d'embauche : dans 3 mois, 6 mois ?

Reprenez aussi votre tableau SWOT, il doit probablement inclure des menaces concernant la taille critique de votre projet.

Certains postes nécessitent d'être pourvus à certaines phases clés du développement du projet. Ainsi, l'exemple de la page de gauche nous montre un projet porté pour le moment par trois personnes (notées « En place ») et qu'un comptable devra être embauché dès le lancement du projet, c'est-à-dire dès que les premières commandes commenceront à affluer.
Autre embauche : un responsable RH devra être en place dès que le seuil de six salariés aura été atteint, afin de soulager la charge administrative du fondateur du projet.
Enfin, un adjoint à la production devra être embauché dès que le nombre de commandes dépassera les 100 unités par jour afin de soutenir le responsable de production.
Cet outil permet aussi de prévoir en amont les périodes d'intégration et de formation afin que les nouvelles recrues soient efficaces au moment voulu.
Si votre vision de l'équipe du futur est trop complexe pour être lue sur un seul organigramme, n'hésitez pas à réaliser plusieurs organigrammes à 6 mois d'intervalles ou par service, par exemple.

Avant de vous lancer...

- ✓ **Durée estimée : 1 à 2 heures environ.**
- ✓ **L'équipe projet a déjà dû aborder, même rapidement, le fait de devoir embaucher une personne supplémentaire sur un domaine qu'elle n'était pas capable de gérer seule. C'est donc le bon moment pour l'inclure dans votre organigramme du futur.**

Outil

63 Le plan d'action (Roadmap)

> Chaque jour est une nouvelle expérience et chaque expérience doit faire espérer un nouveau jour.
>
> Anonyme

En quelques mots

Comme un navigateur au long cours, vous allez avoir besoin d'une **feuille de route** pour vous frayer un chemin avec le moins d'embûches possibles tout au long de la vie de votre projet. Ainsi, un plan d'action est réalisé par l'équipe projet dans le but de **mieux planifier les tâches de chacun** en fonction de dates butoirs. L'équipe sait alors à quel moment elle doit avoir finalisé une tâche spécifique, ce qui emmènera naturellement au commencement d'une autre...
De quelques semaines à plusieurs années, votre plan d'action devient désormais votre gouvernail.

LA FEUILLE DE ROUTE DES SIX PROCHAINS MOIS

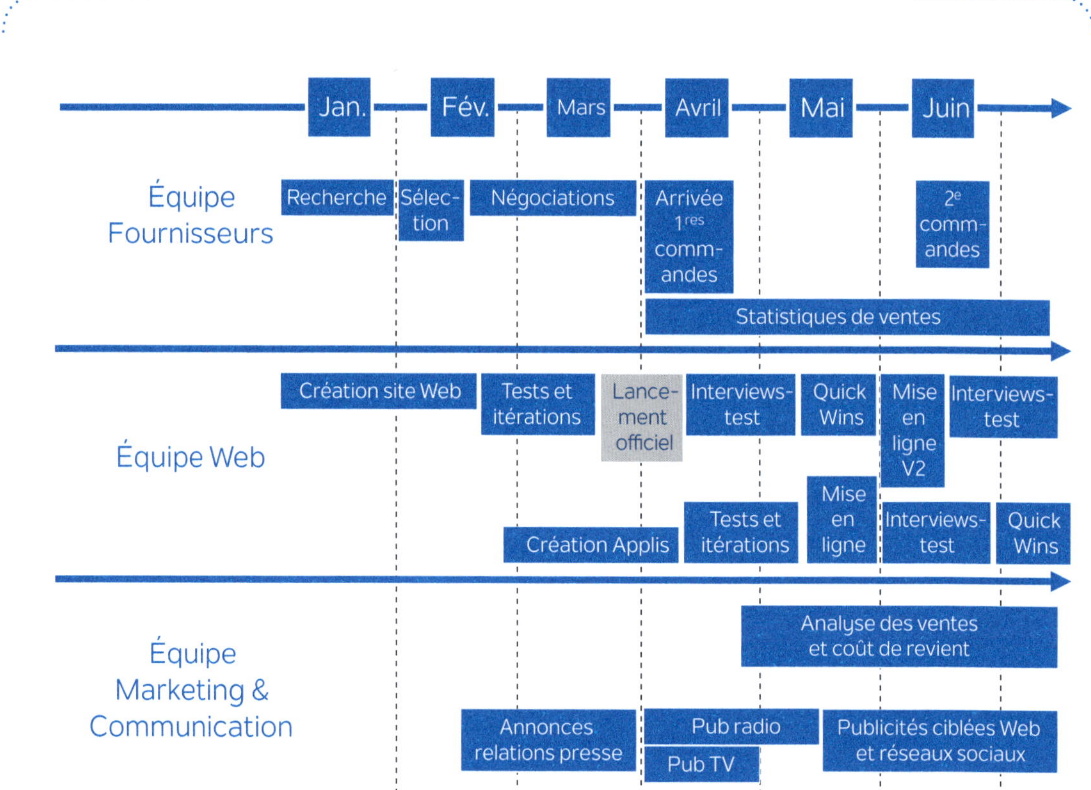

POURQUOI L'UTILISER ?

Objectif

Cet outil vous permet d'avoir une vision de l'ensemble des tâches à effectuer par l'équipe projet à court, moyen et long termes. Il est intéressant de le modifier en temps réel afin de parer à tous aléas et changements.

Contexte

Vous pouvez reprendre les 2 outils précédents pour mettre en place votre plan d'action.
Un plan d'action n'étant pas uniquement tourné vers l'équipe projet, n'oubliez pas d'y inclure aussi des actions à réaliser ou à faire réaliser par vos parties prenantes secondaires ou extérieures.

COMMENT L'UTILISER ?

Étapes

1. Définissez la durée de votre plan d'action (de plusieurs semaines à plusieurs mois).
2. Déterminez les différentes équipes en place sur votre projet :
- équipe de direction ;
- équipe RH ;
- équipe commerciale ;
- équipe logistique ;
- équipe technique et web ;
- équipe marketing et communication, etc.

3. Sur la gauche de votre tableau, empilez les noms des équipes de manière à leur donner suffisamment d'espace pour pouvoir ajouter l'ensemble de leurs tâches ou actions.
4. Assignez une ligne par thème de travail (site Internet, appli mobile, communication externe...).
5. Pour chaque thème de travail, **définissez les différentes étapes** de manière chronologique.
6. Attribuez le délai de réalisation optimal de chaque tâche.
7. Partagez ce fichier avec l'ensemble des équipes et des parties prenantes.

Méthodologie et conseils

Le plan d'action d'un projet peut généralement courir sur deux à six mois, en fonction de la longueur des tâches. Pour certaines professions, comme la construction d'immeubles par exemple, on bâtit un plan d'action incluant toutes les étapes jusqu'à la livraison du projet. Il n'est donc pas rare de voir le plan d'action courir sur plusieurs années. À vous de déterminer la longueur optimale de votre plan d'action.
Comme beaucoup d'outils du Design Thinking, ce plan d'action n'est absolument pas figé. Vous attribuerez des délais théoriques pour chaque tâche mais nous savons très bien que rien ne se déroule jamais comme prévu. Si une tâche doit être décalée, reportée ou annulée, vous rectifierez en conséquence la roadmap.
Vous devez retravailler quotidiennement votre plan d'action pour le maintenir à jour et pouvoir finaliser les tâches dans les différents temps impartis. Ainsi, il n'est pas rare de voir des plans d'action incluant dès le début des jours de retard potentiels. Cela aura l'avantage de créer une période de sécurité pour terminer les tâches dans les temps.
Pour plus de visibilité, vous pouvez élargir les colonnes dédiées aux mois et allouer une case par jour de travail. Vous aurez ainsi une vision plus précise de votre projet et pourrez faire évoluer les tâches au jour le jour.

Avant de vous lancer...

✓ **Vous pouvez vous servir d'Excel pour réaliser votre plan d'action ou utiliser l'un des nombreux sites Internet proposant cet outil. Certains sont totalement gratuits, d'autres nécessitent un abonnement pour pouvoir bénéficier de nombreuses options de mise en page et de partage en équipe.**

Outil 64 Le plan de ressources

> “ L'esprit humain est notre ressource fondamentale.
>
> John Fitzgerald Kennedy

En quelques mots

Le **plan de ressources** détermine l'ensemble des besoins nécessaires à la survie de votre projet et de votre organisation. Il est constitué des **ressources impliquées** et de leur **durée d'utilisation**. Sachez qu'absolument tout peut être considéré comme une ressource : des collaborateurs bien évidemment, mais aussi du matériel spécifique, des équipements informatiques, des partenaires, freelances, fournisseurs et parties prenantes à mobiliser pendant un temps donné. Cet outil vous rappellera probablement le plan d'action mais, cette fois-ci, on ne pilote que de l'humain et du matériel.

PLANIFIER CORRECTEMENT LES HOMMES ET LES BESOINS

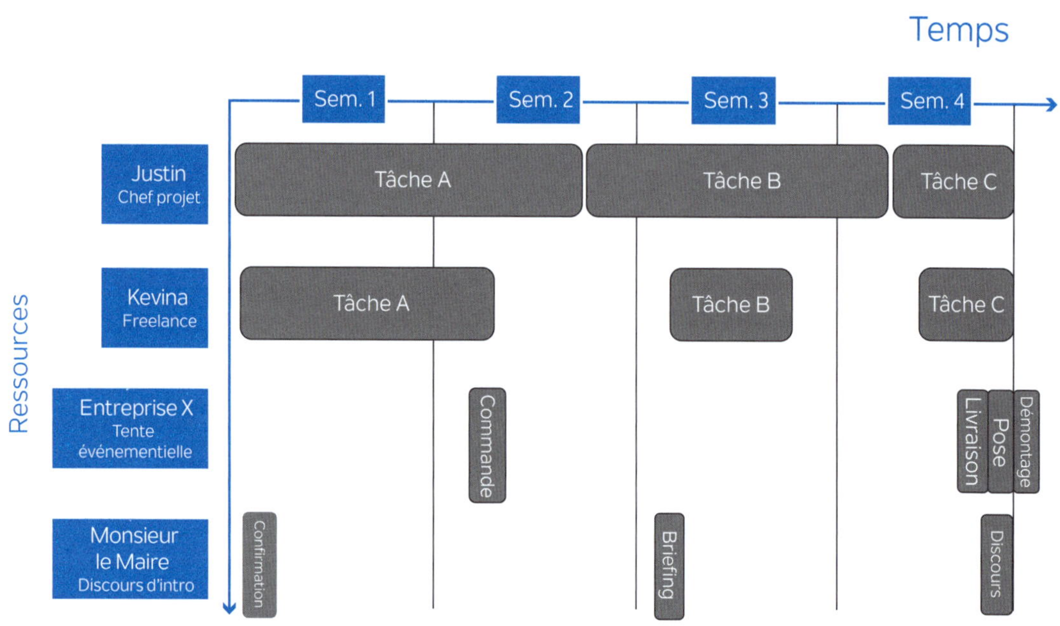

POURQUOI L'UTILISER ?

Objectif

Le but d'un plan de ressources bien élaboré est d'éviter toute mauvaise surprise de dernière minute afin de ne pas perdre du temps, de l'argent, de la qualité, des opportunités, de la crédibilité si les tâches sont faites dans la précipitation.
Sans ce plan, les retards risquent d'agacer l'équipe et les partenaires, d'autant plus si ces problèmes se reproduisent trop souvent.
Cet outil aide à planifier chaque tâche et chaque acteur du projet dans le but que tout commence et se termine dans les délais impartis.

Contexte

Idéalement, et dans l'esprit du Design Thinking, c'est à l'équipe projet de réaliser ce plan de ressources.
Si on a une vision à plus long terme, le plan de ressources permet d'éviter les pics et les creux de travail de votre équipe et vous aide à ressentir le besoin d'embaucher un nouveau collaborateur suffisamment en amont du pic d'activité pour qu'il soit recruté et prêt au moment où vous aurez le plus besoin de lui.

COMMENT L'UTILISER ?

Étapes

1. **Listez chaque type de ressource** dont vous aurez besoin dans les prochaines semaines (humaines, matérielles, internes, externes...).
2. **Évaluez le nombre de jours ou d'heures nécessaires** pour chaque tâche à effectuer ainsi que leur date de début et de fin.
3. **Construisez votre plan** de ressources en mettant sur l'axe horizontal le temps (en général, les jours de la semaine) et sur l'axe vertical les différentes ressources nécessaires.
4. **Placez les différentes tâches** en face de la ressource, en fonction du temps alloué.

Méthodologie et conseils

Afin de ne pas être submergé par les tâches et les ressources à allouer, et de ne pas vous perdre dans votre plan, commencez par faire le plus simple possible sur les premières semaines (quick wins). Vous augmenterez votre capacité à gérer de mieux en mieux votre plan de ressources au fur et à mesure.
Si vous n'avez pas assez de ressources disponibles, une seule solution : priorisez. Si ce manque se renouvelle sans cesse pendant plusieurs semaines ou plusieurs mois : soit vous avez tendance à sous-estimer les durées de travail, soit votre équipe a un problème de productivité, soit vous devriez embaucher un nouveau collaborateur.
Cet outil ne doit pas être figé et peut être modifié à tout moment, même plusieurs fois par jour, en fonction des aléas du projet.
Faites en sorte qu'il soit actualisé avant chaque réunion d'équipe, ainsi vous pourrez proposer une attribution optimale des tâches.
Enfin, toute l'équipe doit avoir accès au plan de ressources pour connaître l'étendue des tâches à accomplir et leur priorisation.

Avant de vous lancer...

- ✓ **Effectuez le plan sur Excel ou sur un fichier Google Spreadsheet partagé avec toute l'équipe, voire via un site spécialisé, plus pratique pour effectuer des modifications rapides et partagées en temps réel.**
- ✓ **Une fois que vous serez aguerri au plan d'action et au plan de ressources, vous pourrez fusionner les deux pour n'en faire qu'un.**

Outil 65 Le pitch et le storytelling

> “ Le monde est façonné par deux choses : les histoires racontées et les souvenirs qu'elles laissent derrière nous.
>
> Vera Nazarian

En quelques mots

Vous avez passé des semaines, peut-être des mois à concevoir votre projet en Design Thinking, vous le connaissez par cœur puisque c'est votre bébé. Seulement voilà, vous avez sûrement du mal à en parler de manière rapide et impactante. Vous avez envie de tout dire avec beaucoup d'enthousiasme... mais vous perdrez votre crédibilité auprès de votre public si vous n'avez pas préparé suffisamment votre discours. Comme Steve Jobs, ne laissez rien au hasard, **travaillez votre pitch** et **faites du storytelling** pour toucher à ce que les gens ont de plus précieux en eux : **leurs émotions** !

RACONTEZ L'HISTOIRE DE VOTRE PARCOURS

POURQUOI L'UTILISER ?

Objectif

Le pitch permet de vous faire connaître, vous et votre projet, d'engager la conversation lors d'une rencontre formelle ou informelle et pourquoi pas faire aboutir une entrevue avec une personne qui changera le cours de l'histoire de votre projet. Pour atteindre cet objectif, vous devez avoir un discours concis rappelant l'ensemble des éléments fondamentaux et permettant de susciter l'intérêt de vos interlocuteurs.

Contexte

Nous allons utiliser le principe de la pyramide de Freytag et les arcs dramatiques (exposition, complication, climax et résolution) pour créer un récit impliquant, stimulant et qui reste dans les esprits.

COMMENT L'UTILISER ?

Étapes

1. Sur des notes adhésives, **notez toutes les idées qui vous viennent à l'esprit** selon six catégories :

- un chiffre clé qui vous a étonné lors de la phase « Immersion et empathie » ;
- une phrase présentant l'équipe projet;
- le problème que vous souhaitez résoudre;
- un gros point de blocage que vous avez vécu, menaçant votre projet et sa résolution;
- la solution que vous avez trouvée;
- votre business model;
- les prochaines étapes de votre aventure.

Notez une seule idée par Post-It.

2. Relisez l'ensemble des idées et sélectionnez celle qui vous semble la meilleure ou la plus représentative de votre expérience vécue dans chaque catégorie.

3. Commencez par une phrase de présentation, puis construisez votre scénario en articulant les idées dans l'ordre proposé, en créant un lien entre elles. Vous avez besoin de créer un suspense, une attente de découvrir comment vous avez résolu vos problèmes et trouvé des solutions.

4. Terminez votre pitch par les futures étapes de votre projet et une ouverture vers l'avenir pouvant susciter les questions et les demandes de précisions.

5. Apprenez ce pitch par cœur et « jouez-le » devant un miroir ou vos proches pour écouter leurs commentaires et l'améliorer.

Méthodologie et conseils

Prévoyez deux pitchs différents. Un premier pitch de deux minutes que l'on appelle communément un *Elevator pitch*, et qui vous servira à faire une présentation rapide mais efficace de votre projet en un temps record (l'équivalent d'un trajet en ascenseur dans une tour de la Défense). Le 2e pitch est un peu plus long (3 à 4 minutes), et vous servira lors de conférences, de présentations plus formelles, nécessitant plus de temps ou lorsque vous sentirez que votre interlocuteur pourrait être très important pour la bonne marche de votre projet.
Argumentez vos chiffres clés, si possible provenant d'un organisme reconnu, ils crédibiliseront votre discours.
Créez différents scénarios prêts à être exploités en fonction de la personne ou de l'audience que vous avez en face de vous (plus ou moins de chiffres, plus ou moins formel, par exemple).

Suite outil 65 →

Avant de vous lancer...

- ✓ **Travaillez votre pitch sur plusieurs jours. En prenant le recul nécessaire, il n'en sera que meilleur.**
- ✓ **Faites évoluer votre pitch en fonction de l'avancement de votre projet et de ses prochaines étapes.**

Suite outil 65

Le pitch et le storytelling

COMMENT ÊTRE PLUS EFFICACE ?

Voilà, vous avez un bon pitch. Alors, si on y ajoute de l'émotion, de l'humain, de l'humour et un sentiment d'appartenance de la part d'un public en réunion ou en conférence, c'est gagné... et ça s'appelle le storytelling.

Qu'est-ce que le storytelling ?

Né dans les années 1990 aux États-Unis, le storytelling est un procédé narratif pour renforcer l'écoute, séduire et convaincre un public. Il s'est vite propagé aux mondes du marketing et de la politique. Depuis quelques années, les publicités de grandes marques comme Ikea, Disneyland Paris ou McDonald's racontent toutes une histoire émouvante et font du storytelling, à défaut de ne plus avoir à nous convaincre de leurs produits.

Les quatre piliers du storytelling

- **Simple (mais pas simpliste) :** 1 discours = 1 message à faire passer.
- **Surprenant par sa nouveauté :** ne pas raconter ce que vos interlocuteurs savent déjà.
- **Crédible :** par votre attitude, votre ton de voix et surtout vos anecdotes.
- **Émouvant :** vous marquerez les esprits en apportant de l'émotion. C'est la partie la plus compliquée à mettre en œuvre.

Faire appel aux sens du public

Le storytelling a pour vocation de vendre votre produit ou votre service sans passer par le discours commercial habituel. Pour cela, parsemez votre histoire de détails déclenchant une émotion ou un souvenir : le temps qu'il faisait ce jour-là, l'émotion d'une rencontre importante, une odeur inoubliable... pour créer un sentiment d'immersion auprès de vos interlocuteurs.

Partagez aussi des choses très personnelles, comme vos problèmes, émotions, frustrations... cela évoquera quelque chose au plus grand nombre.

Rendre le public attentif à votre discours en le rendant actif

Engagez votre audience dans votre aventure en commençant par exemple par « Vous est-il déjà arrivé de... ? » ou « On a tous eu le même problème, non ? ». C'est le genre de phrases auxquelles on ne peut répondre que par la réponse voulue. Ainsi, vous ferez passer votre public d'une attitude passive (écoute du discours sans trop y faire attention) à une attitude active (meilleure implication en répondant aux questions, même si c'est en silence et dans sa tête). Cela crée de l'empathie envers votre discours.

Créez un moment de tension, de suspense, de doutes, d'échec...

Comme dans un bon scénario, placez un moment de tension dans votre discours (l'arc dramatique) car la vie est parsemée d'embûches et de moments de doutes. Ce sont ces moments qui font ce que vous êtes et ce pour quoi vous êtes en train de parler devant votre audience.

Soignez le final avec une belle *punchline*

Parce que l'on n'a pas deux fois l'occasion de faire un bon final et comme les grands comiques, trouvez une phrase « choc », mémorable, inattendue, drôle ou pleine de sagesse. S'il n'y avait qu'une phase à retenir de votre discours, ce serait celle-là.

Cas d'entreprise

Le storytelling selon Christophe Terral

Christophe Terral est coach en leadership narratif. Son métier est de rendre audible les histoires que portent les entrepreneurs, les équipes, les organisations et les marques. Il partage avec nous ses conseils pour mieux transporter le public grâce au pouvoir de la narration.

Selon vous, qu'apporte le storytelling ?

« Aujourd'hui, un leader est quelqu'un qui sait embarquer les autres dans une histoire qu'il sait raconter. Je reprendrai une phrase formidable de la poétesse américaine Maya Angelou, confirmée par les neurosciences : "Les gens oublieront ce que vous avez dit, ils oublieront ce que vous avez fait, mais n'oublieront jamais ce que vous leur avez fait ressentir". »

Racontez-nous une intervention mémorable.

« Je suis intervenu auprès d'une marque de dermo-cosmétique, spécialiste des problèmes d'eczéma, qui avait besoin de se repositionner sur son marché. Après un long travail, il est apparu qu'elle était très impliquée dans l'économie circulaire : les produits étaient sourcés en périmètre restreint, les résidus de plantes utilisées chauffaient l'usine de production, etc. Leur approche était vraiment bienveillante et sincère. Nous avons donc repositionné la marque comme "Naturellement responsable", autour d'un manifeste pour la faire évoluer vers encore plus de responsabilité positive. Leur propre storytelling leur a ouvert l'esprit et la voie vers de nouveaux projets : mécénat, expo-photo itinérante pour sensibiliser les gens aux maladies de peau, etc. Le storytelling n'est pas seulement raconter, c'est aussi faire... »

Un conseil pour ceux qui se lancent dans le design thinking ?

« Mon conseil de base : ne présentez pas votre projet en termes de caractéristiques (notamment techniques), mais en termes de bénéfices en utilisant les mots de références de votre auditoire. Ne parlez plus pour vous mais pour quelqu'un, cela s'appelle l'allocentrisme. »

Outil 66

Grandir et changer d'échelle

> “
> *L'intelligence est la capacité de s'adapter au changement.*
> Stephen Hawking

En quelques mots

Augmenter ses effectifs, avoir une croissance exponentielle, s'ouvrir à l'international... est le rêve de beaucoup d'entrepreneurs, mais n'est aucunement un passage obligé. Une fois que vous êtes arrivé à la **maturité de votre projet**, des améliorations importantes peuvent s'opérer en respectant trois facteurs clés : le bien-être des équipes, le respect de la qualité et la stratégie de changement d'échelle choisie en fonction de votre vision, des opportunités et de la situation du marché. Pour ceux qui rêvent de grandeur, voici quelques pistes pour passer de la start-up (débutante) à la scale-up (succès international).

FAIRE PASSER SA START-UP À UNE SCALE-UP

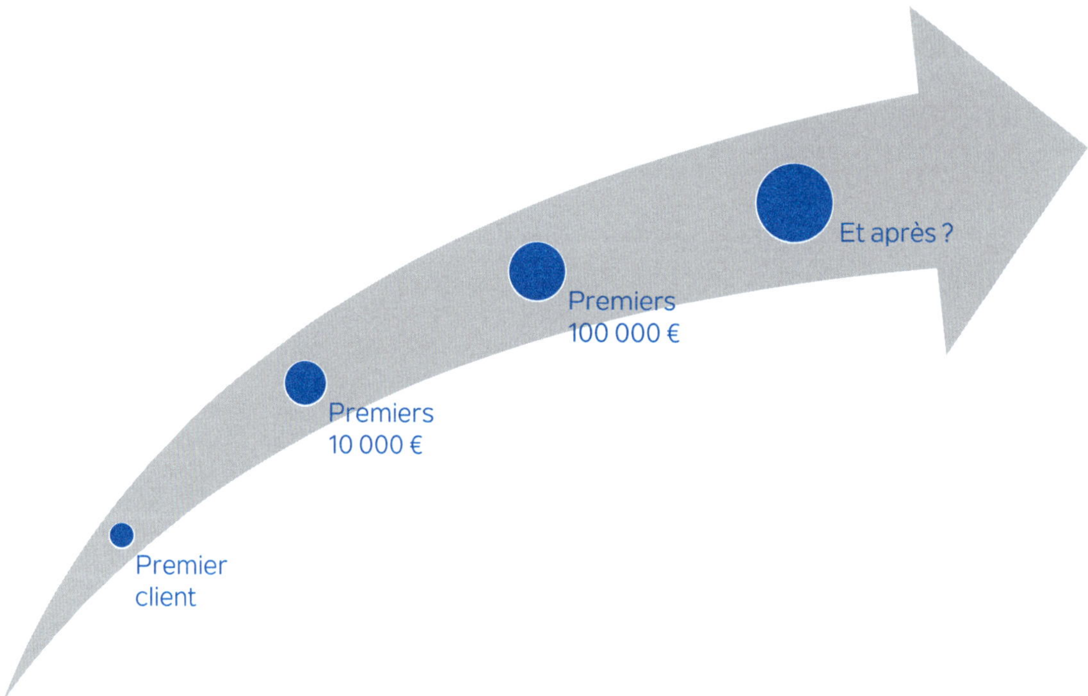

POURQUOI L'UTILISER ?

Objectif

Les entrepreneurs à succès vous le diront : il est plus facile de créer sa start-up que de la développer. En effet, les contraintes qu'imposent l'exercice et la tentation de brûler les étapes sont nombreuses, au risque de mettre en péril l'activité si le processus d'amélioration et d'innovation est lancé à marche forcée.

Contexte

Il n'y a pas de période particulière pour changer d'échelle, néanmoins il faut être prêt et avoir les reins solides, que ce soit en termes humains, d'autofinancement, de trouver des partenaires financiers, des possibilités d'embauche, etc.
L'équipe projet devra ressentir que c'est le bon moment et que tout le monde est prêt à plonger dans cette nouvelle aventure.

COMMENT L'UTILISER ?

Étapes

4 méthodes de changement d'échelles sont possibles :

1. La croissance « classique » : augmenter le nombre de commandes, les effectifs, les lignes de production, les locaux, les usines... même quand on est tout petit et que l'on ne fait « que » doubler ses capacités, c'est déjà énorme ! Attention toutefois, ce qui fonctionne à petite échelle n'est pas forcément transposable facilement si on double ou triple les besoins. Faites des tests et itérations sur différentes tailles d'échelle.

2. La diversification : ajouter une nouvelle activité ou un nouveau produit ou service dans le but de conquérir de nouveaux marchés.

3. La duplication : faire une sorte de copier-coller et exporter le modèle économique sur un autre marché, en France ou à l'international. Pour cela, on vérifiera (en Design Thinking) que le besoin existe bien.

4. La fusion-absorption : mettre en commun une même vision en se rapprochant d'un concurrent ou d'un partenaire afin de créer une nouvelle entité. Nécessite d'être accompagné par des spécialistes.

Méthodologie et conseils

Frédéric Mazzella, fondateur du service français de covoiturage BlaBlaCar (une véritable scale-up) révélait pendant une conférence organisée par le magazine *Challenge* les trois piliers stratégiques qui lui ont permis de pérenniser son entreprise. Il est ainsi passé d'une idée réalisée comme simple hobby à une entreprise internationale, présente dans 22 pays et recensant plus de 90 millions de membres :

- Conserver son ADN et les valeurs qui font que vous et vos collaborateurs en êtes arrivés jusque-là. Si ça a fonctionné, ça fonctionnera probablement à plus grande échelle (en faisant certainement de légers aménagements en fonction de la culture du marché que vous visez).
- Rester cohérent avec la stratégie : ne changez pas de business model comme de chemise, au risque de dérouter vos équipes et partenaires. Changez d'échelle progressivement.
- Garder un état d'esprit d'entrepreneur innovant en continuant à vous remettre en question et en écoutant vos clients en permanence.

Suite outil 66 →

Avant de vous lancer...

✓ **Un projet de changement d'échelle prend du temps.**

✓ **Ne précipitez pas les événements pour ne pas déclencher une résistance au changement de la part de vos parties prenantes.**

Suite outil 66

Grandir et changer d'échelle

COMMENT ÊTRE PLUS EFFICACE ?

Un autre moyen de changer d'échelle est de le faire avec le soutien d'une ou plusieurs personnes ou organisations tierces. En règle générale, cela passe par un soutien financier, mais pas seulement.

Le financement participatif (crowdfunding)

C'est un moyen de réunir des sommes d'argent provenant de la famille, des amis, de futurs clients ou de parfaits inconnus touchés par votre action. De nombreuses plateformes sont dédiées à cette collecte en ligne : KissKissBankBank, Ulule, Kickstarter ou encore Indiegogo sont parmi les plus connues. Certaines sont même spécialisées dans certains projets : culture, design, durable, technologique...

Après avoir ouvert un compte et créé une page de présentation de votre projet de financement avec des textes, des images ou des vidéos, c'est à vous d'en faire la promotion sur vos réseaux sociaux et autour de vous. Vous pouvez expliquer pourquoi vous avez besoin de la somme demandée ou, mieux encore, commencer à vendre votre futur produit pour une somme moindre afin de remercier les toutes premières personnes qui vous ont fait confiance. Si votre campagne rencontre son public, cette méthode vous apporte une visibilité et vous permet de faire du buzz autour de votre projet avant sa sortie officielle.

Les aides publiques ou privées

Nombreuses sont les aides dédiées à l'entrepreneuriat. Elles visent à soutenir les entrepreneurs sur divers sujets : avec de l'argent bien évidemment, mais pas seulement, puisque certains organismes proposent plutôt une assistance administrative, juridique, comptable... en mettant à votre disposition toute une série de services gratuits ou à prix négociés, et proposent des formations entièrement financées.

Renseignez-vous, il y a de nombreux fonds de financement en économie locale ou sociale, mais aussi auprès de grandes fondations, d'aides aux femmes entrepreneuses, à la Bpifrance (Banque Publique d'Investissement), à la Chambre de Commerce et d'Industrie, etc.

Les incubateurs et accélérateurs

Un incubateur est un lieu public ou privé qui propose des bureaux, du matériel de travail et souvent un mentorat pouvant aider à résoudre les problèmes que rencontre toute organisation à son commencement. Il n'est pas rare que l'on propose aussi un financement de départ ou des facilités de crédit pour concevoir un prototype ou avoir le temps de trouver ses premiers clients.

Un accélérateur accueille les porteurs de projet sur une durée plus courte (de 3 à 6 mois généralement) pour faire décoller leur entreprise avec le soutien de capitaux et de mentors très disponibles.

Les business angels et la levée de fonds

Un business angel est une personne qui investit son propre argent dans des projets qui lui tiennent à cœur et qui semblent être voués à un bel avenir selon ses critères. En échange d'une participation au capital de la future entreprise, il aide l'entrepreneur à surmonter les problèmes stratégiques en lui ouvrant les portes de son réseau professionnel.

Auto-évaluation

Retour sur le processus Design Thinking

> **Avez-vous bien retenu le contenu de ce livre ? Répondez aux questions ci-dessous et retrouvez les bonnes réponses en bas de page.**

1. Remettez dans l'ordre les différentes phases du Design Thinking :
- A. Prototypage et expérimentations ☐
- B. Analyse ☐
- C. Implémentation ☐
- D. Immersion et empathie ☐
- E. Idéation ☐

2. L'innovation Design Thinking est le parfait mix entre :
- A. Viabilité, désirabilité, constructibilité et InnovationForGood ☐
- B. Méthode, idéation et implémentation ☐
- C. Aversion, égoïsme et intelligence ☐
- D. Copie, empathie, implémentation ☐

3. Le Design Sprint 2.0 est une version condensée du Design Thinking en :
- A. 2 jours ☐
- B. 4 jours ☐
- C. 10 jours ☐

4. En phase d'immersion et empathie, quel est l'outil qui permet de vivre une expérience dans les conditions réelles ?
- A. l'immersion totale ☐
- B. le photojournal ☐
- C. la visite guidée ☐

5. En utilisant l'outil « Observation : une mouche sur un mur », je dois :
- A. matérialiser ma présence pour que les personnes observées soient au courant de l'étude ☐
- B. faire en sorte d'être invisible ☐

6. En phase d'analyse, je dois :
- A. commencer à proposer des idées ☐
- B. m'en tenir aux faits observés ☐

7. À quoi sert l'outil « reformulation du défi » ? :
- A. à vérifier qu'un nombre suffisant d'interviewés est atteint ☐
- B. à démarrer la phase d'implémentation ☐
- C. à aligner l'équipe sur les besoins et objectifs du projet ☐

8. Que faut-il toujours faire avant de brainstormer ?
- A. s'échauffer le cerveau ☐
- B. raconter son week-end autour d'un café ☐
- C. préparer ses idées dans son coin ☐

9. Un brainstorming réussi est un brainstorming :
- A. avec beaucoup d'idées de qualité variée ☐
- B. avec peu d'idées de qualité variée ☐

10. En phase de prototypage, il ne doit y avoir qu'un seul prototype.
- A. Vrai ☐
- B. Faux ☐

11. Combien d'itérations sont nécessaires pour valider son prototype final ?
- A. 1 ☐
- B. 5 ☐
- C. Autant que nécessaire ☐

12. Le Design Thinking s'arrête définitivement après la phase d'implémentation.
- A. Vrai ☐
- B. Faux ☐

Réponses : 1.DBEAC, 2.A, 3.B, 4.A, 5.B, 6.B, 7.C, 8.A, 9.A, 10.B, 11.C, 12.B.

Outil 67 Du Design Thinking aux méthodes agiles, Lean et Growth Hacking

> *Au lieu de planifier l'imprévisible, rêvons ensemble du futur.*
>
> Jean-Marie Descarpentries

En quelques mots

Nul doute que **vous maîtrisez désormais le Design Thinking**, son processus et ses outils. Une fois votre projet lancé et sur le chemin du succès, vous aurez besoin de nouvelles itérations pour le mettre à jour et l'améliorer, tout comme vos personas ou votre parcours client, en passant par des brainstormings endiablés, de nouveaux prototypes et un bon nombre de nouvelles rencontres d'experts, clients et partenaires…

Il est aussi temps, si vous le souhaitez, d'**aller encore plus loin** et de suivre une évolution logique en intégrant de **nouvelles méthodes**.

UNE CHRONOLOGIE POSSIBLE DES DIFFÉRENTES MÉTHODES DANS LA VIE D'UN PROJET AU LONG COURS

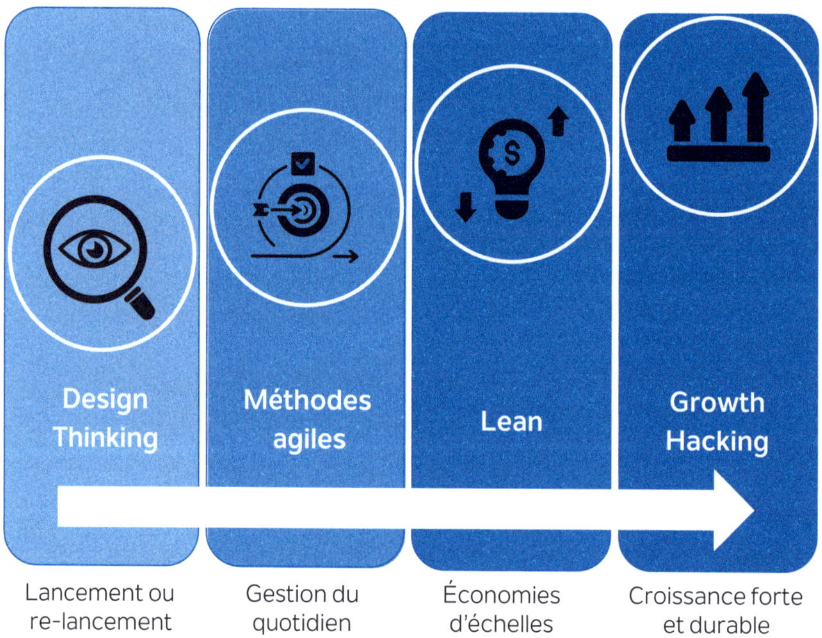

POURQUOI L'UTILISER ?

Objectif

Les méthodes agiles sont dédiées à la gestion de projets techniques pour un client (agence, entreprise...), mais elles peuvent s'adapter à tout type de projet. S'aider des méthodes agiles, c'est répondre au mieux aux désirs du client tout en prolongeant l'état d'esprit du Design Thinking.

Contexte

Les méthodes agiles sont nées au Japon dans les années 1970 et 1980. De grandes entreprises comme Toyota, Honda et Fuji ont révolutionné leurs méthodes en apportant dans leur cycle de production de nombreuses périodes d'itérations. En l'an 2000, à la suite de tensions provenant de l'industrie du logiciel, un groupe de 17 leaders d'opinion américains rédigent le Manifeste agile et ses 12 principes, scellant ainsi les fondations d'un mouvement qui atteint désormais toutes les organisations innovantes.

COMMENT L'UTILISER ?

Étapes

Les méthodes agiles sont fondées sur quatre valeurs fondamentales, très proches et complémentaires de celles du Design Thinking. L'élément de droite est plus important que celui de gauche (qui reste toutefois nécessaire).

1. **Les personnes et leurs interactions** sont plus importantes que les processus et les outils.
2. **Des logiciels opérationnels** sont plus importants qu'une documentation exhaustive.
3. **La collaboration** avec les clients est plus importante que la négociation contractuelle.
4. **L'adaptation au changement** est plus importante que le suivi d'un plan.

Méthodologie et conseils

Voici les 12 principes généraux des méthodes agiles :

- La priorité absolue est de satisfaire le client par une livraison rapide, continue et à haute valeur ajoutée.
- Accueillir favorablement les demandes de changement, même tardives. Elles permettent d'obtenir un avantage concurrentiel pour le client.
- Livrer le plus souvent possible des versions opérationnelles en privilégiant les délais courts.
- Le client et l'équipe projet doivent travailler chaque jour ensemble, tout au long du projet.
- Construire les projets autour de personnes motivées. Leur donner l'environnement et le soutien dont elles ont besoin et leur faire confiance dans leur travail.
- La méthode la plus efficace pour transmettre des informations est la conversation en face-à-face.
- Un logiciel (ou produit) qui marche est la principale mesure d'avancement du projet.
- Les processus agiles favorisent la durabilité. Les responsables, le client, l'équipe projet et les utilisateurs devraient être en mesure de maintenir indéfiniment un rythme constant et soutenable.
- Porter une attention constante sur la conception et l'excellence technique.
- Toujours réaliser la tâche de la manière la plus simple.
- Les meilleurs projets émergent d'équipes auto-organisées.
- À intervalles réguliers, l'équipe réfléchit à la manière de devenir plus efficace, puis teste et ajuste son comportement en conséquence.

Suite outil 67 →

Avant de vous lancer...

✓ **La fin d'un cycle de Design Thinking entraîne le début d'un autre, plus court ou plus long, et parfois encore plus fort en émotions et en rencontres inoubliables. Suivez vos rêves et vos désirs d'innovation... toujours avec empathie.**

Suite outil 67

Du Design Thinking aux méthodes agiles, Lean et Growth Hacking

COMMENT ÊTRE PLUS EFFICACE ?

Il existe de nombreuses méthodes pour continuer votre projet. Nous aborderons ici trois processus dédiés à la gestion de projets complexes.

Un processus d'agilité : le Scrum

Le Scrum est une méthode itérative, chaque itération porte le nom de Sprint.

Le Sprint est un intervalle de temps, généralement 2 à 3 semaines, dont l'équipe va bénéficier pour réaliser un maximum de tâches et obtenir un retour des utilisateurs pour s'adapter.

- En début de chaque Sprint, l'équipe se met d'accord sur les tâches qu'elle pense pouvoir réaliser.
- Quotidiennement, l'équipe se réunit pour se synchroniser. Les échanges se font debout et ne durent pas plus de 15 minutes. Chacun évoque ses réalisations de la veille, son avancement par rapport à son objectif, explique ce qu'il va faire dans la journée et expose les problèmes qu'il rencontre afin que l'équipe puisse l'aider.
- Chaque Sprint se termine par une rétrospective pendant laquelle on partage ce qui s'est bien déroulé et ce qui aurait besoin d'être amélioré.

Grâce au Scrum, l'équipe devient apprenante en améliorant sa manière de fonctionner à chaque Sprint.

Le Lean Management

« Lean » pourrait être traduit par « sans superflu – le strict nécessaire ». On va donc se concentrer à ne garder que l'essentiel tout en supprimant l'inutile, à savoir tout ce qui n'apporte pas de valeur au projet, aux clients ou aux salariés. Il y a cinq principes simples :

- Identifier la valeur : tout ce qui n'apporte pas de valeur doit être considéré comme un gaspillage de temps, d'argent, de motivation.
- Cartographier la chaîne de valeur : en identifiant et incluant toutes les parties prenantes du processus pour mieux les améliorer.
- Créer un flux de travail continu : assurer une fluidité en supprimer les interruptions et les goulots d'étranglements
- Créer un système de traction : on ne produit que quand il y a une demande, donc pas n'importe quand.
- Amélioration continue : chaque partie prenante est impliquée au quotidien dans ce processus de consolidation.

Le Growth Hacking

En 2010, Sean Elliot, l'inventeur du terme utilisait ces termes : « Le Growth Hacker a pour seul objectif la croissance. Son efficacité se mesure en fonction de l'impact de ses actions sur une croissance scalable et durable ». Si on le comparaissait à un marketeur « classique », le Growth Hackeur serait plus inventif, plus créatif et aurait aussi le goût du risque ou une capacité à outrepasser le raisonnable (voire le légal). Une action de Growth Hacking s'effectue via cinq leviers :

- Acquisition : multiplier les canaux de conquête de clients, création de valeur ajoutée, différenciation concurrentielle.
- Activation : inciter les prospects à passer à l'action pour avoir toujours plus de clients.
- Rétention : engager les clients sur le long terme en renforçant la confiance et la dépendance à votre projet.
- Revenus : renforcer les revenus actuels et créer de nouveaux revenus.
- Références : augmenter la notoriété, créer un cercle vertueux d'acheteurs qui deviendront des ambassadeurs.

Cas d'entreprise

Yacine Abid et les méthodes agiles

Yacine Abid exerce le métier de coach agile depuis 2011. En véritable passionné d'agilité et de transformation organisationnelle, il aide les grandes entreprises et les individus à expérimenter de nouvelles approches pour devenir plus adaptables et apprenant.

Pourquoi les organisations s'intéressent-elles à l'agilité ?

« Au fur et à mesure de leur évolution, les entreprises ont cumulé beaucoup de couches de processus et de règles qui les ralentissent. Elles se tournent vers l'agilité car elles y voient un remède pour (re)devenir plus compétitives dans un monde qui évolue très rapidement. »

Comment êtes-vous passé aux méthodes agiles ?

« J'étais chef de projet informatique pour une banque avec une équipe *offshore*. Nous avions plusieurs difficultés : la faible qualité de nos livrables décalait régulièrement nos plannings, la confiance et le plaisir de travailler ensemble en berne... J'ai alors découvert Scrum lors d'une conférence et j'ai décidé de tester ce cadre de travail progressivement sans donner le nom de la méthode, ni utiliser son jargon. Dès la mise en place, les problèmes ont commencé à se débloquer : une vraie entraide s'est installée grâce au Daily Scrum et aux rétrospectives, la qualité de nos livrables est montée en flèche grâce aux livraisons à chaque itération. En un an, nous avions totalement basculé en termes de qualité de travail, d'état d'esprit et de bien-être. J'ai pu observer plusieurs membres de l'équipe devenir progressivement des leaders dans leur domaine. Ce fut une expérience mémorable. »

Un ultime conseil pour ceux qui se lancent dans le Design thinking ?

« Allez à des rencontres dédiées au sujet, participez à des sessions de Design Thinking en conférence. Si vous hésitez ou avez peur de faire le grand saut, osez expérimenter le Design Thinking outil par outil avec les conseils de professionnels. Et surtout prenez de l'assurance et du plaisir au fur et à mesure de votre montée en compétences. »

Bibliographie

Arnaud B., Caruso Cahn S., *La Boîte à outils de l'intelligence collective*, Dunod, 2016.

Barrand J., *Le manager agile - Agir autrement pour la survie des entreprises*, Dunod, 2017.

Barrett R., *L'entreprise inspirée par les valeurs. Libérer le potentiel humain pour une performance durable*, De Boeck Université, 2017.

Batat W., Frochot I., *Marketing expérientiel - Comment concevoir et stimuler l'expérience client*, Dunod, 2014.

Benoit-Cervantes G., *La Boîte à outils de l'innovation*, Dunod, 2016.

Brown T., Katz B., *L'Esprit design : comment le design thinking change l'entreprise et la stratégie*, Pearson Education, 2014.

De Sousa Cardoso C., Messina J.-C., *121 Outils pour développer le Collaboratif. Animer l'intelligence collective dans vos réunions, ateliers et séminaires*, Eyrolles, 2019.

Debois F., Groff A., Chenevier E., *La Boîte à outils de la créativité*, Dunod, 2019.

Dru J.-M., *New : 15 approches disruptives de l'innovation*, Pearson, 2016.

Durand S., *Storytelling - Le guide pratique pour raconter efficacement votre marque*, Dunod, 2018.

Duval M., *De l'Open Innovation à l'Intelligence Collective : Mobilisez votre écosystème pour accélérer votre transformation*, 2e éd., Dunod, 2018.

Frerot O., *Contribuer à l'émergence d'une société neuve et vive : des chemins à investir*, Chronique Sociale, 2017.

Gillibert S., Cassignol F., Creusy O., *Design Branding - (Re)penser les marques par le Design Thinking*, Dunod, 2016.

Gollain V., *Réenchanter les lieux publics - L'expérience utilisateur comme levier d'attractivité*, Territorial éditions, 2020.

Grant A., *Originals: How Non-conformists Change the World*, WH Allen, 2017.

Hamilton P., *The Workshop Book: How to design and lead successful workshops*, Pearson Business, 2016

Hillen V., Mathieu F., *Le design thinking par la pratique : de la rencontre avec l'utilisateur à la commercialisation d'un produit innovant pour les seniors*, Eyrolles, 2016.

Johnson S., *Where Good Ideas Come From, The Natural History of Innovation*, Riverhead Books, 2011.

Kawasaki G., *L'art de l'enchantement : comment influencer les cœurs, les esprits et les actes*, Diateino, 2011.

Kowitz B., Zeratsky J., Knapp J., *Sprint : Résoudre les problèmes et trouver de nouvelles idées en cinq jours*, Eyrolles, 2017.

Kristiansen P., Rasmussen R., *Building a Better Business Using the Lego Serious Play Method*, John Wiley & Sons, 2014.

Laborde O., *Innover ou disparaître - Le lab pour remettre l'innovation au cœur de l'entreprise*, Dunod, 2017.

Laubie R., *Les intelligences multiples en entreprise : 10 compétences à détecter, comprendre et développer*, Dunod, 2019.

Liedtka J., King A., Bennett K., *Solving Problems with Design Thinking – Ten Stories of What Works*, Columbia University Press, 2013.

Lopez S., Lemesle D., Bourguignon M., *Guide de survie aux réunions : 40 techniques pour transformer vos réunions en moments funs et productifs*, Pearson, 2016.

Macanufo J., Brown S., Gray D., *Gamestorming : Jouer pour innover. Pour les innovateurs, les visionnaires et les pionniers*, Diateino, 2014.

Marsan C., Simon M., Lavens J., Chapelle G., Saint Girons S., Gerard T.E., Julien E., *L'intelligence collective : co-créons en conscience le monde de demain*, Yves Michel, 2014.

Messina J.C., De Sousa Cardoso C., *L'art de l'innovation : Thomas Edison, Miles Davis, James Dyson ... 21 histoires inspirantes, 19 habitudes créatives et 18 jeux d'innovation*, Eyrolles, 2017.

Minvielle N., Lauquin M., *Are You Design? Du design thinking au design doing*, Pearson, 2015.

Minvielle N., Wathelet O., Masson A., *Jouer avec les futurs : Utilisez le design fiction pour faire pivoter votre entreprise*, Pearson, 2016.

Moutot J.M., Johnson K., Autissier D., *L'innovation managériale : Design thinking, réseaux apprenants, entreprise libérante, intelligence collective, modes collaboratifs ; ateliers ... cabinet, hackathon, junior entrepreneur...*, Eyrolles, 2018.

Osterwalder A., Pigneur Y., Bernarda G., Smith A., *La méthode Value Proposition Design : comment créer les produits et les services que veulent vos clients*, Pearson, 2015.

Pavie X., Jouanny C., Carthy D., Verrez F., *Le design thinking au service de l'innovation responsable*, Maxima, 2015.

Poupard J.-P., *Devenir facilitateur : Professionnaliser ses pratiques collaboratives en entreprise*, 1Min30 Publishing, 2018.

Radjou N., Prabhu J., *Frugal Innovation: How to Do Better with Less*, The Economist, 2015.

Radjou N., Prabhu J., *Innovation Jugaad. Redevenons ingénieux* ! Diateino, 2013.

Raworth K., *La Théorie du donut – L'économie de demain en 7 principes*, Plon, 2018.

Silberzahn P., *Relevez le défi de l'innovation de rupture*, Pearson, 2015.

Sitographie

Quelques sites de facilitation à distance
Klaxoon.com
Mural.com
Miro.com

Générateur de nuage de mots
Nuagedemots.co
Nuagesdemots.fr

Générateur de Mind Mapping
Mindmeister.com
Framindmap.org
GitMind.com
Freemind.fr.softonic.com

Création de sondages gratuits
SurveyMonkey.com
Google Forms : google.fr/intl/fr/forms/about/

Applications mobiles pour prototyper des applis ou sites
Marvel – App prototype facile
Proto.io

Trouver un FabLab proche de vous
Makery.info/labs-map

Sites de location de pop-up stores
Jeloueuneboutique.com
Ladevanture.com
Thestorefront.fr

85543 - (I) - SOP 90 - 3005 U - BPE - DNN

Dépôt légal : septembre 2023

Imprimé en Espagne par Unigraf S. L.